Denkmäler in
Wiener Neustadt

J.-F.-Kennedy Platz 2
2560 Berndorf
Tel.: +43 (0)2672/82236-0, Fax: DW 4
E-Mail: office@kral-verlag.at

Für den Inhalt verantwortlich: Gerhard Geissl
Umschlag- und grafische Innengestaltung: xl-graphic, Wien,
www.xl-graphic.jimdo.com;
xl-graphic@chello.at

Printed in EU
ISBN: 978-3-99024-167-7

Besuchen Sie uns im Internet: www.kral-verlag.at

Gerhard Geissl

Denkmäler in Wiener Neustadt

Orte des Erinnerns

KRAL
VERLAG

INHALTSVERZEICHNIS

INHALTSVERZEICHNIS

Vorwort

Ein Spaziergang durch Wiener Neustadt. Nahezu an jeder Ecke, an jedem Haus wird Geschichte spürbar, ohne dass man es oft auf den ersten Blick sieht. In der Hektik des Alltags geht man an Kulturschätzen vorbei, deren Geschichte und Geschichten für viele unbekannt oder schon vergessen sind.

Gerhard Geissl öffnet uns mit diesem Führer zu den Kleindenkmälern, Gedenktafeln und Kunstobjekten die Augen für all diese „Orte des Erinnerns“ in Wiener Neustadt. Und man kann ihm gar nicht genug dafür danken. Unsere Stadt hat in ihrer wechselvollen Geschichte sehr viel durchgemacht, aber auch unzählige Erfolgsstorys geschrieben. Viel von all dem ist in den Denkmälern, die in diesem Buch beschrieben sind, wiedergegeben. Aufgeschrieben für die nachfolgenden Generationen, sichtbar gemacht für uns alle.

„Erinnerung ist das einzige Paradies, aus dem wir nicht vertrieben werden können“, sagte der deutsche Erzähler Johann Paul Friedrich Richter. Ich bin nicht dieser Meinung. Wir sind tagtäglich von dieser Vertreibung bedroht. Das Vergessen schwebt wie ein Damoklesschwert über uns. Bücher wie dieses von Gerhard Geissl machen jedoch Hoffnung, dass wir auch in Zukunft aus unserem Paradies der Erinnerung nicht vertrieben werden!

Ich wünsche Ihnen allen viel Spaß beim Lesen oder Suchen nach all den hier angeführten „Orten des Erinnerns“. Vielleicht laufen wir uns dabei ja sogar über den Weg – ich würde mich freuen!

Bernhard Müller, BA
Bürgermeister
der Statutarstadt Wiener Neustadt

Vorwort

„Erinnern ist eine Form der Begegnung" - Kahlil Gibran.

Das vorliegende Buch bietet Ihnen, geschätzte Kunst- und Kulturinteressierte, unter dem Titel „Denkmäler in Wiener Neustadt – Orte des Erinnerns" einen Überblick über eine Vielzahl an Denkmälern, Gedenktafeln und Kunstobjekten im Raum Wiener Neustadt.
Denkmäler erfüllen ganz spezifische Aufgaben: Sie fungieren als visualisierte Laudatoren für herausragende Leistungen, Chronisten geschichtsträchtiger Ereignisse, Repräsentanten der Mächtigen, Mahnmale für tragische Ereignisse usw. Das – meistens - „steinerne Gedächtnis" aus der Vergangenheit, aber auch in jüngerer Zeit installierte „Orte des Erinnerns" sind Ergebnis und Ausdruck von bewusst gepflegter Erinnerungskultur. Als Informationsträger überliefern Denkmäler der Nachwelt eine Auswahl von historischen Fakten. Sie geben wieder, was den jeweiligen Zeitgenossen signifikant erscheint bzw. womit sie sich identifizieren.
Erinnern heißt aber auch auswählen. Denkmäler bilden einen Ausschnitt der Realität ab. Was von der Geschichte abgebildet und überliefert wird, hängt von der jeweiligen gesellschaftspolitischen Interessenslage und dem geistig-kulturellen Stand einer Gesellschaft oder Interessensgruppe ab.
Das Buch lädt Sie, sehr geehrte Leserinnen und Leser, ein, die Stadtgeschichte - anhand von Denkmälern, Gedenktafeln etc. - zu erkunden. Genaue Standortangaben und sorgfältige Objektbeschreibungen machen einen Stadtspaziergang der anderen Art möglich. Und Denkmäler sind keineswegs „stumme Zeugen". Sie erzählen aus der Geschichte und lassen so eine Begegnung mit der Vergangenheit zu.
Für die systematische Zusammenstellung der Kulturdenkmäler und die Ausarbeitung der Buchidee möchte ich den Mitarbeiterinnen und Mitarbeitern des Stadtachivs Wiener Neustadt meinen allerbesten Dank aussprechen!
Ihnen, sehr geehrte Leserinnen und Leser, wünsche ich mit dem aktuellen Denkmalführer viele interessante Stunden auf Ihrem Streifzug zu den Orten des Erinnerns in der „Allzeitgetreuen"!

Mag.a Isabella Siedl
Stadträtin für Kultur, Archiv , Museen und Frauen

Vorwort

Ziel dieses Führers ist es, dem interessierten Wiener Neustädter und dem Besucher der Statutarstadt Wiener Neustadt einen Wegweiser in die Hand zu geben, der es ihm ermöglicht, die weit über das Gemeindegebiet verstreuten Kleindenkmäler, Gedenktafeln und künstlerisch bemerkenswerten Skulpturen in ihrer überraschenden Vielzahl zu erfassen und aufzusuchen. Der Autor hat jedoch Abstand davon genommen, einen Plan mit markierten Wegen dem Text beizugeben, da die gewählte Route bzw. die Auswahl interessanter Objekte ausschließlich im Ermessen des Besichtigenden liegen sollte. Daher erscheint die alphabetische Anordnung nach Straßen, Parks und Plätzen eine geeignete Basis für einen individuellen Entdeckungsspaziergang durch die Allzeit Getreue.

Drei Jahrzehnte sind seit dem Erscheinen des bewährten Kulturführers von Hofrat Dr. Gertrud Buttlar vergangen. Abgesehen, dass dieser seit vielen Jahren vergriffen ist, hat sich im Stadtbild so manches verändert. Der Straßenverlauf musste den modernen Anforderungen angepasst werden, ältere Häuser wichen Neubauten, neue Grünflächen entstanden. So wundert es nicht, dass so manche Gedenktafel mit ihrem Gebäude verschwunden ist, Denkmäler und Skulpturen aus Raumordnungsgründen ihren Platz wechseln mussten und in 30 Jahren selbstverständlich viele sehr wertvolle Kunstwerke im öffentlichen Raum, neue Gedenkstätten und Inschriftentafeln mit wichtigen zeithistorischen und ethischen Inhalten hinzugekommen sind. Ziel dieses Denkmalführers ist es auch, eine weitgehende Bestandsaufnahme der gegenwärtig im Stadtgebiet vorhandenen Kleinobjekte zu bieten. Eine Vollständigkeit wurde jedoch – vor allem bei den Gedenktafeln – nicht angestrebt. Die Grenze zu größeren Baudenkmälern ist mitunter nur schwer zu ziehen, da sie zum Teil mit historischen Informationstafeln in Verbindung stehen und daher nicht übergangen werden sollen. Dies gilt ebenso für einige moderne Sgraffiti mit stadtgeschichtlichem Bezug.

Bei der Beschreibung der Gefallenendenkmäler sind nur die Inschriften mit dem jeweiligen historischen Hintergrund angeführt, jedoch nicht die oft umfangreichen Totenlisten. Diese muss der Interessierte vor Ort oder in bestimmten Internetportalen (Onlineprojekt Gefallenendenkmäler) recherchieren. Ebenso sind die „Stolpersteine“ des Künstlers Gunter Demnig nicht Teil dieses Buches, für welche es mit dem „Stadtführer des Erinnerns“ eine spezielle Literatur gibt.

Die Texte sind in ihrer Ausführlichkeit so adaptiert, dass sie das entsprechende Denkmal ausreichend erklären und beschreiben, aber bei einem Rundgang in angemessener Zeit gelesen werden können, ohne allzu lange aufzuhalten. Ausführliche und vertiefende Information kann nicht am Straßenrand aufgenommen werden. Bei nahezu jedem beschriebenen Objekt findet der Leser weiterführende Literatur oder Quellen, die einen Einstieg in eine intensivere Auseinandersetzung mit der jeweiligen Thematik ermöglichen. Die in Zitaten angegebene Literatur ist bis auf wenige Ausnahmen im Stadtarchiv von Wiener Neustadt verfügbar und einsehbar. Die Beschäftigung mit Denkmälern und Gedenkstätten ist 800 Jahre Stadtgeschichte und mitunter auch Weltgeschichte in kleinen Mosaiken. Falls es dem Autor gelungen ist, das Interesse des Lesers an der Vergangenheit Wiener Neustadts zu wecken, so hat er ein weiteres wesentliches Ziel erreicht.

Für das Zustandekommen dieses Denkmalführers möchte ich einigen Personen herzlich danken, Frau Dr. Brigitte Kukla, NR a. D. HR Dr. Johann Stippel und Mag. Christa Stippel für die Durchsicht des Manuskripts und Anregungen, Herrn Hofrat Prof. Dr. Erwin Reidinger für Informationen und Fotos. Für die Mithilfe bei der Auffindung von Grabdenkmälern am städtischen Friedhof bin ich Herrn Friedhofsverwalter Hans Seiser sehr verbunden. Mein besonderer Dank gilt Herrn Georg Habitsch vom Wiener Neustädter Denkmalschutzverein, der viele Bilder zur Verfügung stellte und durch dessen umfangreiches Fotoarchiv so manches Kleindenkmal erst Eingang in diesen Text gefunden hat. Ebenfalls danke ich Frau Brigitta Listmayr, die mir einen Zutritt zum Akademiefriedhof ermöglichte und mit Hintergrundinformationen half sowie Herrn Bundes-Feuerwehrrat a. D. Ing. Herbert Schanda für die Beschaffung von Daten aus dem Feuerwehr-Archiv. Der Dank gebührt der Stadt Wiener Neustadt, insbesondere dem Kulturamtsleiter Prof. Franz Pinczolits, und dem Kral-Verlag für die Unterstützung bei der Realisierung dieses Buches.

Der Autor

ADLERGASSE

Verläuft nördlich des Hauptplatzes und verbindet die Wiener Straße mit der Grazer Straße. An der der Wiener Straße zugewandten Seite endet die Adlergasse in einem Platz. Den Namen erhielt sie im Laufe des 19. Jhs. auf Grund des Traditionsgasthauses „Zum goldenen Adler“, zuvor hieß sie „Am Grübel“.

1 HYPO-BRUNNEN (PLATZ VOR HAUS ADLERGASSE 3)

Die Landes-Hypothekenanstalt für Niederösterreich eröffnete am 22. Oktober 1971 im „Franz-Brand-Haus“ in der Adlergasse eine Zweigstelle. Im Rahmen der Eröffnungsfeierlichkeiten übergab die Leitung des Geldinstituts einen Brunnen in die Obhut der Gemeinde. Als Künstler verantwortlich zeichnet der Katzelsdorfer Bildhauer Johann Urban. In einem sechseckigen Wasserbecken, aus Naturstein gehauen, erhebt sich eine Skulptur in Form einer Tulpenknospe. Am Wasserbecken ist die Inschrift zu lesen:

GEWIDMET VON DER LANDES-HYPOTHEKENANSTALT
FÜR NIEDERÖSTERREICH.

Literatur: Amtsblatt d. Stadt Wr. Neustadt 1971, Nr. 14, S. 11.//WNN vom 29. 10. 1971, Nr. 44, S. 4.//WNZ vom 28. 10. 1971, Nr. 44, S. 4.//G. Gerhartl, Wiener Neustadt. Österreichischer Kulturführer (Wien 1983) S. 2.

AKADEMIEPARK

Der weitläufige, unter Kaiser Friedrich III. in den Jahren 1446–1465 angelegte Tiergarten, wegen des Dammwildes auch als „Tännelgarten“ bezeichnet, diente ursprünglich der Jagd. Seit damals wird das Areal südöstlich der Burg von der 6 km langen so genannten Zeiselmauer umgeben. Das Zeichen **AEIOU**, sowohl neben dem Tor beim Fohlenhof, als auch beim Mayertor nahe dem Burgplatz, weist den Park als ehemalige Besitzung Kaiser Friedrichs III. aus. Nach der durch Kaiserin Maria Theresia 1752 erfolgten Widmung der Burg als Militärakademie kam der kaiserliche Hof kaum mehr zur Jagd nach Wiener Neustadt. Die Kadetten verwendeten den Tännelgarten von nun an für militärische Übungen. Die Umgestaltung in einen weitläufigen Park geschah unter dem Akademiedirektor Graf Colloredo (1766–1785). Neben baulichen Veränderungen erfolgte unter Akademiedirektor Graf Kinsky (1785– 1805) die Öffnung für Zivilpersonen.

Die im 18. Jh. entstandene Alleen- und Parkanlage ist heute noch weitgehend erhalten, wie etwa der Pionierteich und seine nähere Umgebung, der englische Garten (um 1850) sowie die Kinsky-Allee. Seit 1862 bildet der weitläufige Maria-Theresien-Platz die würdige Umrahmung für das Maria-Theresien-Denkmal. Dies ist ein großzügiger, trapezförmiger, von drei Großdenkmälern umgebener Paradeplatz vor der Ostfassade der Burg. Von der Nordostecke des Platzes verläuft die Hauptallee in östliche Richtung.
Von den ehemaligen Gewässern mussten im Zuge von Bauarbeiten einige zugeschüttet werden, wie der Kröten- oder der Bretterteich am Gelände der heutigen Reitschule und des Stallgebäudes. Erhalten blieb aber der **Knollteich**. Das Gewässer erhielt seinen Namen von Akademiekommandant Oberst Knoll, der dafür sorgte, dass der bisher brach liegende Teil in das Parkkonzept eingefügt wurde. Oberst Knoll ist auch der **Pionierteich** zu verdanken, der ursprünglich nicht als Erholungsraum, sondern wie der Name vermuten lässt, für pioniertechnische Übungen diente. Der **Kehrbach**, eine Abkehrung der Schwarza bei Peisching, ist seit 1198 nachweisbar und durchdringt den Akademiepark heute von Süd nach Nord. Die ursprünglichen beiden Kehrbacharme wurden zu Beginn des 20. Jhs. trockengelegt und der so genannte Oberwerk- und der Unterwerkkanal errichtet, für die aber nach wie vor die Bezeichnung Kehrbach in Verwendung steht.
Von den Gebäuden im Akademiepark erwähnenswert ist die 1939/40 erbaute dreigeschossige und fünfflügelige **Daun-Kaserne**, südlich der Burg, auf dem Areal des ehemaligen Schwimmteichs. Südlich der Kleinen Tour-Allee befindet sich die 1908 hergestellte **Reithalle** mit gemauerten Stallungen. Im Südteil des Parks ist das um 1906 errichtete **Elektrizitätswerk** situiert, das die Akademie über Jahrzehnte mit Strom versorgte. Es besteht aus einem ca. 435 m langen Oberwerkkanal, aus der Turbinenanlage und einem ca. 810 m langen Unterwerkkanal. Das Kleinkraftwerk ist heute noch im Betrieb der EVN.
Der **Fohlenhof** geht auf Graf Kinsky zurück, der am Ende der Spiel-Allee an der Zeiselmauer 1798 ein 14 Joch umfassendes Gelände als Weide für junge Pferde umwidmen und mit Stallungen versehen ließ.
Während des Zweiten Weltkrieges trafen 262 Fliegerbomben das Akademieareal und seine militärischen Gebäude. Es vergingen Jahre, ehe die Bombentrichter und andere Spuren der Zerstörung in diesem Wiener Neustädter Parkjuwel der Vergangenheit angehörten. Der Akademiefriedhof ist durch eine Türe von der Günser Straße aus begehbar, jedoch nicht öffentlich zugänglich (siehe: Günser Straße).

Literatur: J. Jobst, Die Neustädter Burg und die k. u. k. Theresianische Militärakademie (Wien 1908) S. 17ff.//B. Listmayer, A. Hrubant, Die Burg zu Wiener Neustadt (Wr. Neustadt 2005) S. 91.//R. Marwan-Schlosser, Die Neustädter Burg – Theresianische Militärakademie (Wr. Neustadt 1985) S. 161ff.

Denkmäler im Akademiepark

Dem Alter und seiner historischen Dimension entsprechend, gibt es im Akademiepark eine Vielzahl an interessanten Denkmälern, welche sich vorwiegend nahe der Hauptallee und des Paradeplatzes konzentrieren. Während die Militärakademie im Zweiten Weltkrieg erhebliche Schäden erlitt, blieben die Kleindenkmäler, abgesehen von Treffern durch Bombensplitter, weitgehend vor Zerstörung verschont.

2 Maria Theresien-Monument

Auf dem Theresienplatz verweilend, fällt es schwer, sich dem Anblick des imposanten Maria Theresien-Monuments zu entziehen. Es besteht aus der Hauptfigur, einer überlebensgroßen Statue Maria Theresias, und vier allegorischen Sitzstatuen, Religion, Gerechtigkeit, Weisheit und Stärke symbolisierend. Die Figuren sind in Bronze gegossen. Das Modell wurde 1860 vom Bildhauer Hans Gasser in Wien entworfen und modelliert. Der Guss und die Ziselierung der Figuren sind dem Kunst- und Erzgießer Anton Dominik Ritter von Fernkorn zuzuschreiben, das Postament aus geschliffenem Mauthausener Granit sowie der Sockel gehen auf den Hofsteinmetz Franz Wasserburger zurück. Am 31. August 1862 erfolgte in Anwesenheit Kaiser Franz Josephs I. und des Kronprinzen Rudolf die feierliche Enthüllung des von ehemaligen Zöglingen gestifteten Denkmals der Akademiegründerin.

Mit allerhöchster Entschließung vom 14. Dezember 1751 hat die Kaiserin die Errichtung einer Adeligen Militär-Schule und Akademie zur Wienerischen Neustadt angeordnet. Die auf Staatskosten errichtete Militärakademie war für Knaben verarmter Adelsfamilien und Söhne von Offizieren, die sich in Kriegen ausgezeichnet hatten, vorgesehen. Der Akademiebetrieb begann am 11. November 1752 in der für diese Zwecke adaptierten Burg. Auf dem Sockel des Monuments liest man die Inschrift:

DER GRÜNDERIN DER MILITÄR-AKADEMIE.
KAISERIN MARIA THERESIA. DANKBARE ZÖGLINGE 1862.

Zwei Brunnen vor dem Denkmal sind ebenfalls den frühen 1860er Jahren zuzuordnen. Die feierliche Ausmusterung der Leutnante findet jährlich am Maria Theresienplatz statt.

Literatur: J. Jobst, Die Neustädter Burg und die k. u. k. Theresianische Militärakademie (Wien 1908) S. 228ff.//B. Listmayer, A. Hrubant, Die Burg zu Wiener Neustadt (Wr. Neustadt 2005) S. 92.//R. Marwan-Schlosser, Die Neustädter Burg – Theresianische Militärakademie (Wr. Neustadt 1985) S. 168f.//G.Gerhartl, Wiener Neustadt. Geschichte, Kunst, Kultur, Wirtschaft (Wien 1993) S. 323f.

3 Denkmal Kaiser Franz Josephs I.

An der Südseite des Maria Theresienplatzes von Koniferen umsaumt, erinnert das 1912 errichtete Denkmal an das Staatsoberhaupt und an das 160jährige Bestehen der Militärakademie. Die über 3 m hohe Statue auf einem Granitsockel ist aus Geschützbronze – gewonnen aus Geschützbeständen des Wiener Arsenals – gegossen und zeigt den Monarchen in Marschalluniform mit dem Generalshut in der Hand. Dabei handelt es sich um ein Werk von Josef Tuch. Die Statue ist umrahmt von einer dreiachsigen Kolonnade aus Karstmarmor, darüber erhebt sich ein Adler mit ausgebreiteten Schwingen, ausgestattet mit Zepter, Schwert und Lorbeerkranz. Im Architrav steht der Wahlspruch des Kaisers:

VIRIBUS UNITIS.
Auf dem Unterbau sind die Worte
IN TREUE UND DANKBARKEIT ERRICHTET 1912
zu lesen.

Die Kolonnade wurde von dem akademischen Bildhauer Fritz Weghaupt ausgeführt. Stifter des Monuments waren Absolventen und Offiziere der Militärakademie. Nach dem Sturz der Monarchie 1918 hüllte man das Denkmal aus Furcht vor politisch motiviertem Vandalismus in eine Holzkonstruktion. Erst 1934 wagte es die militärische Leitung wieder, die Statue der Öffentlichkeit zu präsentieren.

Literatur: B. Listmayer, A. Hrubant, Die Burg zu Wiener Neustadt (Wr. Neustadt 2005) S. 94.//R. Marwan-Schlosser, Die Neustädter Burg – Theresianische Militärakademie (Wr. Neustadt 1985) S. 169f.//G. Gerhartl, Wiener Neustadt. Niederösterreichischer Kulturführer (Wien 1983) S. 3.

4 Portraitbüste Franz Josef Graf Kinskys

An der nordwestlichen Ecke des Theresienplatzes befindet sich auf einem Hügel die kolossale Portraitbüste von Franz Josef Graf Kinsky (1739–1805). Der Generalfeldzeugmeister, Local- und Oberdirektor der Akademie von 1781 bis 1805, galt als der große Reformator, wobei seine Neuerungen sowohl die Burg, als auch den Ausbildungsbetrieb umfassten. Er trug entscheidend dazu bei, dass die Theresianische Militärakademie ein hohes Ansehen erhielt und zu den vorzüglichsten Ausbildungsstätten für Offiziere in der österreichischen Monarchie avancierte. Über Anregung des Feldmarschall-Leutnants Maximilian Freiherr von Wimpfen stifteten ehemalige Zöglinge der Militärakademie 1828 dieses Denkmal. Die über 2,8 m große, aus Kanonenmetall gegossene Büste, ruht auf einem 5 m hohen Postament. Darauf die Inschrift:

FRANZ GRAF KINSKY. K. K. KÄMMERER. GENERALFELDZEUGMEISTER. INHABER EINES REGIMENTS ZU FUSS. OBERDIRECTOR DER MILIT. AKADEMIE ZU WIENER NEUSTADT VOM JAHRE MDCCLXXXI BIS MDCCCV. VON DANKBAREN ZÖGLINGEN. RESTAUR. AUF BEFEHL S. M. FRANZ JOSEPH I. MDCCCLVI.

Die Büste, ein Entwurf von Oberleutnant Franz Mayern, wurde von Prof. Johann Schaller gefertigt, während der Marmorsockel ein Werk des Wiener Neustädter Steinmetzmeisters Martin Vogel ist. Die feierliche Enthüllung des Denkmals erfolgte am 4. Oktober 1830.

Literatur: J. Jobst, Die Neustädter Burg und die k. u. k. Theresianische Militärakademie (Wien 1908) S. 235ff.//B. Listmayer, A. Hrubant, Die Burg zu Wiener Neustadt (Wr. Neustadt 2005) S. 94f.//R. Marwan-Schlosser, Die Neustädter Burg – Theresianische Militärakademie (Wr. Neustadt 1985) S. 168.//Amtsblatt d. Stadt Wr. Neustadt vom 1. 10. 1969, Folge 19, S. 282f.//C. v. Wurzbach, Biographisches Lexikon, 11. Teil (Wien 1864) S. 290ff.

5 Denkmal „Der Ritter“

Das vierte und mit Abstand jüngste Denkmal am bzw. nahe des Paradeplatzes schuf Brigadier i. R. Professor Wilhelm Wurzer anlässlich des Jubiläums zum 250jährigen Bestand der Theresianischen Militärakademie im Jahr 2002. Auftragsgemäß legte der Künstler, der neun Jahre als Offizier an der Militärakademie tätig war und neben seiner bildhauerischen Arbeit auch Aquarelle malte, zwei Entwürfe vor, ein dreisäuliges abstraktes Werk und einen gegenständlichen Entwurf, der schließlich die Zustimmung der Projektgruppe erhielt. Das schlichte Monument, einen Ritter mit Schild darstellend, soll ritterlich-soldatische Werte wie Disziplin, Dienst für die höhere Sache, Schutz der Schwachen, Standhaftigkeit, Souveränität im Denken und Weitblick symbolisieren. Als Material verwendete der Künstler Sandstein aus St. Margarethen. Den Sockel schufen Soldaten der Pioniertruppenschule. Der Aufstellungsort wurde so ausgewählt, dass sich der Blick der Statue zur Stifterin Maria Theresia richtet. Die Denkmalenthüllung erfolgte am 13. Dezember 2002, am 250. Jahrestag der Gründung der Theresianischen Militärakademie.

Literatur: B. Listmayer, A. Hrubant, Die Burg zu Wiener Neustadt (Wr. Neustadt 2005) S. 93.//H. Kerschbaumer, Der Ritter – Das Denkmal zum 250 jährigem Gründungsjubiläum der Theresianischen Militärakademie. In: Alma Mater Theresiana, Jahrbuch 2003, S. 40ff.

(6) Gedenkstein „Im Dienst verunglückte Offiziere der 2. Republik“

An der Südecke der ehemaligen Rommel-Wiese ist dieser Gedenkstein platziert. Die Enthüllung und Segnung erfolgte am 12. Dezember 1980. Die defensiv gestaltete Figur mit Schild soll die Demokratie und den neutralen Status Österreichs versinnbildlichen. Sie wächst gewissermaßen aus unserem Land, aus den Bergen heraus und weist auf die Stellung unserer Landesverteidigung hin. „Das Denkmal soll uns anspornen, die Werte zu verteidigen, die unser Land uns bietet, die wir uns geschaffen, erkämpft und erarbeitet haben im Frieden“, so die Intention des Künstlers. Am Fuße der Skulptur erkennt man Totenköpfe, die in Verbindung mit einem in den Sockel eingravierten Kreuz zu dem Gedankenschluss veranlassen: „Tot ist nur, wer vergessen ist“. Das Monument aus St. Margarethener Sandstein ist ein Werk des Brigadiers i. R. Wilhelm Wurzer, der damals im Artillerie-Inspektorat im Bundesministerum für Landesverteidigung tätig war. Der Stein wurde als 10 Tonnen schwerer Rohling in den Akademiepark transportiert. Die Arbeiten erfolgten zum Großteil im „Freiluft-Atelier“ in der Kinsky-Allee. Im Museum der Theresianischen Militärakademie wird ein dazugehöriges Gedenkbuch der verunglückten Offiziere aufbewahrt. Ergänzt in jüngerer Zeit, säumen 5 Tafeln den Weg zum Denkmal, auf welchen alle Namen und die Todesursache angeführt sind. Ein Großteil der Verunglückten fiel Flugunfällen zum Opfer.

Literatur: B. Listmayer, A. Hrubant, Die Burg zu Wiener Neustadt (Wr. Neustadt 2005) S. 96.//R. Marwan-Schlosser, Die Neustädter Burg – Theresianische Militärakademie (Wr. Neustadt 1985) S. 170f.//Amtsblatt d. Stadt Wr. Neustadt 1981, Folge 1, S. 35f.

FLIEGERSTEIN

Am Kreuzungspunkt der Hauptallee mit der Fohlenhof-Allee ist der 1913 geschaffene Fliegerstein zu besichtigen. Das Monument aus Karstmarmor dient dem Andenken der im Kampfe um die Beherrschung der Luft gefallenen militärischen Flugpioniere Wiener Neustadts. Der Obelisk weist eine gewollt abgebrochene Spitze auf und erinnerte zunächst nur an den 1912 abgestürzten Semmeringüberflieger Oberleutnant Eduard Nittner und an den im gleichen Jahr verunglückten Oberleutnant Aristid von Petrovics. Später wurden die Namen weiterer Verunglückter eingraviert, wie Oberltnt. Eugen Elser, Ltnt. Dr. Hermann Mahnert, Ltnt. Josef Schmidberger, Oltnt. Walter Vogler, Major Raoul Stoisavljevoic, Ltnt. Werner Hagleitner, Oltnt. Rudolf Jabornigg u. a. Die Idee zur Errichtung kam vom damaligen Akademiekommandanten FML Joseph Roth. Die Fertigung erfolgte durch den Wiener Neustädter Steinmetzmeister Johann Stangl. Vor dem Fliegerstein platzierten die Fähnriche des Jahrganges „Banfield“ eine Gedenktafel zur Erinnerung an ihren Namenspatron Gottfried Freiherr von Banfield (1890–1986), der nach seiner Fliegerausbildung in Wiener Neustadt in 18 Luftkämpfen während des Ersten Weltkrieges erfolgreich blieb und der als Kommandant der Seeflugstation Triest vorstand. Im Rahmen des jährlichen Stiftungsfestes der Theresianischen Militärakademie erfolgte am 10. Dezember 1987 durch den Kommandanten der Milak, Divisionär Erwin Felber, und

Vizebürgermeister Reg. Rat Angst die Enthüllung der Gedenktafel zur Erinnerung an den heldenhaften Piloten und Ritter des Militär-Maria-Theresien-Ordens.

Literatur: B. Listmayer, A. Hrubant, Die Burg zu Wiener Neustadt (Wr. Neustadt 2005) S. 100.//R. Marwan-Schlosser, Die Neustädter Burg – Theresianische Militärakademie (Wr. Neustadt 1985) S. 170.//G. Gerhartl, Wiener Neustadt. Niederösterreichischer Kulturführer (Wien 1983) S. 3.//Dehio. Niederösterreich südlich der Donau, Bd. 2 (Wien 2003) S. 2649.//Amtsblatt d. Stadt Wr. Neustadt 1988, Folge 1, S. 14.

Gedenktafel „Felber-Eiche“

Unmittelbar südlich des Maria-Theresien-Platzes situiert, ist die im September 1999 angepflanzte Felber-Eiche. Die Gedenktafel „Felber-Eiche“ ist dem „Vater“ des Fachhochschulstudienganges KKdt. Adolf Erwin Felber gewidmet. Am 30. September 1999 trat Korpskommandant Felber, der seit 1985 Kommandant der Theresianischen Militärakademie war, in den Ruhestand. Ihm sind viele Neuerungen, vor allem infrastrukturelle Verbesserungen, in der Milak zuzuschreiben. Dazu zählen das Institut für Offiziersfort- und weiterbildung sowie die Unterkünfte für die Militärakademiker und Zöglinge. Höhepunkt seines Wirkens bildete jedoch die Neuordnung der Offiziersausbildung sowie die Einrichtung des Fachhochschul-Studienganges „Militärische Führung“. Seinem Engagement ist es zuzuschreiben, dass diese Ausbildung auf Hochschulniveau institutionalisiert werden konnte.

Literatur: Oberst P. Leeb, Verabschiedung von KKdt. Felber und Divr. Culik. In: Alma Mater Theresiana Jb. 2000, S. 10ff.

Wurzerstein

An der Südostecke der Burg, kurz bevor man auf den Theresienplatz gelangt, ist der so genannte Wurzerstein zu sehen. Es handelt sich dabei um eine weitere Skulptur des Kommandanten des Schulbataillons und Bildhauers Brigadier i. R. Wilhelm Wurzer. Das abstrakte Werk ist eine frühe Arbeit des Künstlers. Mit seiner „Spielerei in Stein“ will der Künstler dem Betrachter eine freie Interpretation überlassen.

Literatur: B. Listmayer, A. Hrubant, Die Burg zu Wiener Neustadt (Wr. Neustadt 2005) S. 101.

8 Kaiserstein

Zu diesem Objekt gelangt man nördlich der Hauptallee. Auf einem seichten Hügel liegt ein 2,8 m hoher Kalkfelsen, welcher von der Malleiten bei

Bad Fischau stammt. Auf dem Steinblock erhebt sich ein großer, aus Bronze gegossener Doppeladler, mit den kaiserlichen Insignien Zepter und Schwert versehen, gerade zum Flug. Das Denkmal, zu dem acht Stufen empor führen, trägt eine Votivtafel mit den Worten:

ZUR ERINNERUNG AN DAS SECHZIGJÄHRIGE JUBILÄUM DER GLORREICHEN REGIERUNG SR. MAJESTÄT DES KAISERS UND KÖNIGS FRANZ JOSEPH I. 1848–1908. ERRICHTET VON DER DANKBAREN THERESIANISCHEN MILITÄRAKADEMIE AM 18. AUGUST 1908.

Das Denkmal geht auf eine Initiative des Akademiekommandanten, Feldmarschall-Leutnants Baron Giesl, zurück. Die Geldmittel stellte der Lehrkörper der Akademie zur Verfügung. Der Entwurf stammt vom Zeichenlehrer der Akademie, Major Loidolt, die Bildhauer Mitterreiter und Dworschak modellierten den Adler, der Guss trägt die Handschrift von Frömmel in Wien. Die Denkmalenthüllung fand unter Beisein Kaiser Franz Josephs I. statt.

Literatur: J. Jobst, Die Neustädter Burg und die k. u. k. Theresianische Militärakademie (Wien 1908) S. 251ff.//B. Listmayer, A. Hrubant, Die Burg zu Wiener Neustadt (Wr. Neustadt 2005) S. 97.//R. Marwan-Schlosser, Die Neustädter Burg – Theresianische Militärakademie (Wr. Neustadt 1985) S. 171f.//G. Gerhartl, Wiener Neustadt. Niederösterreichischer Kulturführer (Wien 1983) S. 4.

9 Jubiläumsstein 1902

Südlich der Hauptallee-Brücke, etwas westlich des Kehrbaches, befindet sich der Jubiläumsstein. Er besteht aus einem Steinpfeiler, bekrönt von steinerner österreichischer Kaiserkrone, weswegen er auch die Bezeichnung „Kaiserkrone-Stein“ erhielt. Der erst 1909 anlässlich eines Akademie-Jubiläums enthüllte Gedenkstein trägt die Inschrift:

ZUR ERINNERUNG AN DIE FEIER DES
150-JÄHRIGEN BESTANDES DER K. U. K.
THERESIANISCHEN MILITÄRAKADEMIE AM
14. DEZEMBER 1902 IN ANWESENHEIT DES
DURCHLAUCHTIGSTEN THRONFOLGERS
ERZHERZOGS FRANZ-FERDINAND VON
ÖSTERREICH-ESTE.

Auf der Rückseite des Sockels steht:
ERRICHTET 1909 – RENOV. 1963.

Literatur: B. Listmayer, A. Hrubant, Die Burg zu Wiener Neustadt (Wr. Neustadt 2005) S. 98.//R. Marwan-Schlosser, Die Neustädter Burg – Theresianische Militärakademie (Wr. Neustadt 1985) S. 172.

10 Denkmal der 1.400

Dieses Denkmal südlich der Hauptallee gegenüber dem Kaiserstein fällt durch seine architektonische Konzeption auf. Es trug ursprünglich und vor seiner Erweiterung den Namen „Denkmal, der vor dem Feind gebliebenen ehemaligen Zöglinge der Akademie“. Das von ehemaligen Kadetten der Militärakademie

gestiftete Denkmal trägt die Handschrift des Wiener Bildhauers Rudolf Weyr. An der feierlichen Enthüllung am 23. Mai 1880 nahmen auch Kaiser Franz Joseph I. und Kaiserin Elisabeth teil. Auf Marmortafeln, welche von zwei Karyatiden flankiert werden, sind sowohl chronologisch als auch nach Schlachtfeldern geordnet die Namen der gefallenen 300 Absolventen der Militärakademie 1757–1880 eingemeißelt. In einem Mittelteil ist, bekrönt von einem Sprengbogengiebel mit reichem Zierwerk, die Widmungsinschrift zu lesen:

TREU BIS IN DEN TOD. DIE EHEMALIGEN ZÖGLINGE DER K. K.
MILITÄR-ACADEMIE ZU WR. NEUSTADT IHREN VOR DEM FEINDE
GEBLIEBENEN KAMERADEN MDCCCLXXX.

Das nach oben abschließende Gesims des von historistischen Formen geprägten Monuments trägt zwei Löwenköpfe. Der Mittelteil wird nach unten durch einen altarartigen Vorbau abgeschlossen. 1927 erweiterte Clemens Holzmeister das Denkmal mit den Namen der 600 im Ersten Weltkrieg gefallenen, in Wr. Neustadt ausgebildeten Offiziere. 1959 erfolgte die Aufnahme der 500 im Zweiten Weltkrieg gefallenen Militärakademiker. Nachdem die Theresianische Militärakademie nach 1945 auch die Pflege der Tradition der beiden anderen Akademien der alten österreichischen Armee übernommen hatte, wurden 1964 zwei Gedenksteine in Form eines Schildes mit Inschriftentafeln zur Erinnerung an die Gefallenen der k. u. k. Technischen Militärakademie und der k. k. Franz Josephs Militärakademie hinzugefügt:

ZUM GEDENKEN AN DIE GEFALLENEN DER 1717 AUF ANTRAG DES
PRINZ EUGEN VON KAISER KARL VI. GEGRÜNDETEN K. K.
INGENIEUR-AKADEMIE DIE NACH VEREINIGUNG MIT DER K. K.
ARTILLERIE-AKADEMIE ZULETZT ALS K. UND K. TECHNISCHE
MILITÄRAKADEMIE BIS 1918 BESTAND.

Auf der zweiten Tafel steht:

ZUM GEDENKEN AN DIE GEFALLENEN KAMERADEN DER VOM
KAISER UND KÖNIG FRANZ JOSEPH I. IM JAHRE 1912 GEGRÜNDETEN
K. K FRANZ JOSEPH MILITÄRAKADEMIE DIE BIS 1918 BESTAND.

Literatur: J. Jobst, Die Neustädter Burg und die k. k. Theresianische Militärakademie (Wiener Neustadt, 1908), S. 243ff.//WNN 1928, Nr. 19, S. 1 und Nr. 21, S. 2.//S. Wedenig, Denkmalenthüllung der k. k. technischen und k. k. Franz Joseph-Militärakademie, Jahrbuch „Alma Mater Theresiana" (1965) S. 57ff.//Listmayer, A. Hrubant, Die Burg zu Wiener Neustadt (Wr. Neustadt 2005) S. 99.//R. Marwan-Schlosser, Die Neustädter Burg – Theresianische Militärakademie (Wr. Neustadt 1985) S. 167.

11 Dietrich-Monument

Am Kreuzungspunkt der Fohlenhof-Allee und der kleinen Querallee begegnet man diesem obeliskartigen Denkmal. Es erinnert an den Generalmajor und späteren Feldzeugmeister Anton Freiherrn von Dietrich, Lehrer für angewandte Taktik und Strategie an der Militärakademie von 1827 bis 1845. Das Monument, eine Arbeit des Steinmetzmeisters Anton Wasserburger, ausgeführt in Wien, ist mit einem militärischen Trophäenstück verziert. Im Jahre 1872 erfolgte die Enthüllung des von Generalmajor Josef Gallina und ehemaligen Zöglingen gestifteten Gedenksteins. Er trägt die Inschrift:

DEM VIELJÄHRIGEN LEHRER UND FREUNDE DER JUGEND ANTON FREIHERRN V. DIETRICH K. K. FELDZEUGMEISTER, KOMMANDEUR DES ÖSTERREICH. LEOPOLD-ORDENS M.K.D. BESITZER DES MILITÄRVERDIENSTKREUZES M.K.D. RITTER DES RUSS. ST. ANNEN-ORDENS MIT DEN SCHWERTERN, WIRKLICHEN GEHEIMEN RATHE, etc. etc. etc. GEB. ZU MITTERBURG IN ISTRIEN IM JAHRE 1783 GEST. ZU OFEN IN UNGARN DEN 19. MAI 1870, VON DANKBAREN SCHÜLERN 1872.

Literatur: J. Jobst, Die Neustädter Burg und die k. u. k. Theresianische Militärakademie (Wien 1908) S. 247.//B. Listmayer, A. Hrubant, Die Burg zu Wiener Neustadt (Wr. Neustadt 2005) S. 101.//R. Marwan-Schlosser, Die Neustädter Burg – Theresianische Militärakademie (Wr. Neustadt 1985) S. 173.

12 Steinobelisk auf dem Rosenhügel

Die auch als Verlobungsstein bezeichnete Skulptur hat ihren Platz am Kreuzungspunkt der Fohlenhof-Allee und der großen Querallee. An diesem Ort, wo einst eine Gloriette stand, hat sich – der Überlieferung nach – die Gründerin der Militärakademie, Kaiserin Maria Theresia, mit Franz von Lothringen im Jahr 1735 verlobt. In den Marmorobelisk sind die Daten der Kaiserbesuche (Maria Theresia,

Joseph II., Franz I. und Franz Joseph I.) von 1765 bis 1899 eingraviert. Das Denkmal, bestehend aus einem abgetreppten konischen Monolith auf Natursteinsockel, ist von einer Weltkugel mit Äquatorial- und Meridianring bekrönt.

Literatur: J. Jobst, Die Neustädter Burg und die k. u. k. Theresianische Militärakademie (Wien 1908) S. 249.//B. Listmayer, A. Hrubant, Die Burg zu Wiener Neustadt (Wr. Neustadt 2005) S. 102.//R. Marwan-Schlosser, Die Neustädter Burg – Theresianische Militärakademie (Wr. Neustadt 1985) S. 173.//G.Gerhartl, Wiener Neustadt. Niederösterreichischer Kulturführer (Wien 1983) S. 4.

13 Der Gnomon

Einen schulischen und wissenschaftlichen Zweck besaß der Gnomon bzw. Meridianmire an der Zeiselmauer, unweit des Fohlenhofes. Einerseits diente er zur Feinjustierung als Visierpunkt des Meridiangerätes im ehemaligen Akademieobservatorium auf dem Rákóczyturm, andererseits als Sonnenuhr. So verwendeten die Erdkundelehrer den Gnomon als Demonstrationsobjekt, um den Zöglingen astronomisch-mathematische Grundkenntnisse beizubringen. Die Errichtung des steinernen Messinstrumentes geht 1821 auf die Initiative des Localdirektors Feldmarschallleutnant Philipp Faber von Ehrenbreitstein zurück. Der Gnomon dürfte bis zur Schließung der Sternwarte 1871 seine Aufgaben erfüllt haben und geriet dann, von Gebüsch überwachsen, in Vergessenheit. Auf einem gemauerten Unterbau ruht ein gemeißelter Steinblock, auf dessen vier, den Himmelsrichtungen entsprechenden Seitenflächen sich jeweils eine Vertikal-Sonnenuhr befindet. Die eingravierten Stundenlinien basieren auf den Berechnungen des damaligen Lehrers für Trigonometrie, Major Bavini. Eine achtseitige Pyramidenspitze bildete den erwähnten Visierpunkt. Nach Renovierungsarbeiten erhielt der Gnomon eine Gedenktafel mit der Inschrift:

MERIDIANPUNKT DES AKADEMIE-OBSERVATORIUMS AM RÁKÓCZYTHURM ERRICHTET 1821 VOM LOCAL-DIREKTOR PHILIPP FABER VON EHRENBREITSTEIN K. K. FELDMARSCHALL-LIEUTNANT. GEOGRAPH. LÄNGE VON FERRO: 33°-54'- 42". RENOVIERT 1889.

Eine umfassende Renovierung des astronomisch-wissenschaftlichen Denkmals erfolgte 1969 über Anregung des Denkmalschutzvereins durch die Bundesgebäudeverwaltung. Gleichzeitig wurde eine Gedenktafel mit einer kurzen Geschichte des Gnomons am Sockel angebracht.

Literatur: J. N. Fronner, Monumenta Novae Civitatis. Die Burg. (Wr. Neustadt 1839) pag. 256, Nr. 165.//J. Jobst, Die Neustädter Burg und die k. u. k. Theresianische Militärakademie (Wien 1908) S. 249.//G. Geissl, Lucem Demonstrat Umbra – Erst der Schatten zeigt das Licht. Sonnenuhren, Denkmäler der Zeitmessung in Wiener Neustadt. In: Unser Neustadt, Jg. 2003, Folge 3, S. 1ff.//E. Stöckelmayer, Der Gnomon. In: Unser Neustadt, Jg. 1969, Folge 2, S. 1f.

ALLERHEILIGENPLATZ

Schmaler, lang gestreckter Platz zwischen Allerheiligengasse und Hauptplatz (SW-Ecke). Durch einen Rundbogendurchgang mit dem Hauptplatz verbunden, bildeten die den Allerheiligenplatz umgrenzenden Häuser bis zur Judenvertreibung auf Befehl Kaiser Maximilians I. im Jahr 1496 das Zentrum des mittelalterlichen Judenviertels.

14 Gedenktafel für Christoph von Habermayer (Allerheiligenplatz Nr. 1)

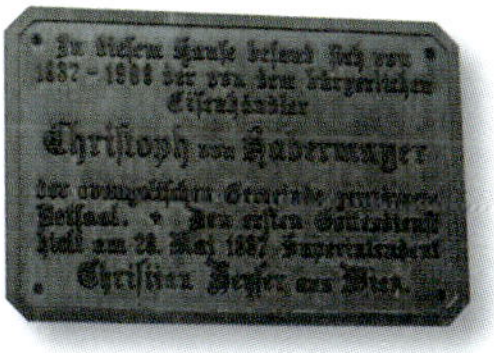

An Stelle des Hauses Allerheiligenplatz 1 befand sich eine 1383 erstmals urkundlich erwähnte Synagoge, welche nach der Judenvertreibung zur Allerheiligenkapelle umgebaut und geweiht wurde. Kaiser Joseph II. verfügte 1784 die Profanierung der Kapelle. Beim verheerenden Stadtbrand 1834 blieb auch dieses Haus nicht verschont. Der Besitzer, Christoph von Habermayer, ein Wiener Neustädter Eisenhändler und evangelischer Glaubensangehöriger, sorgte für die Wiederinstandsetzung des Gebäudes, welches die evangelische Glaubensgemeinde bis zum Jahr 1909 als Kirche verwenden durfte. Durch den Neubau des evangelischen Gotteshauses am Ferdinand Porsche-Ring dienten die frei gewordenen Räumlichkeiten fortan der Gastronomie. Eine Gedenktafel zu Ehren Christoph von Habermayer an der Fassade besagt:

IN DIESEM HAUSE BEFAND SICH VON 1837–1909 DER VON DEM BÜRGERLICHEN EISENHÄNDLER CHRISTOPH VON HABERMAYER DER EVANGELISCHEN GEMEINDE GEWIDMETE BETSAAL. DEN ERSTEN GOTTESDIENST HIELT AM 28. MAI 1837 SUPERINTENDENT CHRISTIAN WEYSER AUS WIEN.

Literatur: Dehio. Niederösterreich südlich der Donau, Bd. 2 (Wien 2003) S. 2654 f.//G. Gerhartl, Wiener Neustadt. Niederösterreichischer Kulturführer (Wien 1983) S. 5.//W. Sulzgruber, Das jüdische Wiener Neustadt (Wien 2010). S. 26f.//Amtsblatt d. stadt Wiener Neustadt 1978, Folge 10, S. 62f.

AM HAIDBRUNNEN

15 HAIDBRUNNEN

Etwas außerhalb des südwestlichen Stadtteils, der Fischelkolonie (Haidbrunner Viertel), unweit der Südbahn befindet sich ein aus Bruchsteinen gemauertes, mit Ziegeln gedecktes Brunnenhäuschen. Seine Errichtung geschah vermutlich an der Wende vom 18. zum 19. Jahrhundert über einem alten Brunnen, der als Tränke für die in diesem trockenen Heidegebiet weidenden Nutztiere in Verwendung stand. Nach der Überbauung stellte man an der Rückseite des Brunnenhäuschens einen Steintrog auf, der über eine Rohrleitung mit Wasser befüllt werden konnte. 1830 erfolgte im Zuge von dringend notwendig gewordenen Restaurierungsmaßnahmen die Ausschmückung des Brunnenraumes mit einem Ölbild, Maria und Jesukind darstellend, sowie einer mit Jahreszahl 1830 versehenen Ansicht der Stadt Wiener Neustadt, die aber heute nicht mehr vorhanden sind. Ein Gittertor verschließt den Zugang zum eigentlichen Brunnenraum. Erhalten geblieben ist ein alter Radabweiser aus Kalkstein an der der Straße zugewandten Seite des Brunnens.

Literatur: Amtsblatt der Stadt Wr. Neustadt 1978 Folge 12, S. 45.//Amtsblatt d. Stadt Wr. Neustadt 1977, Folge 5, S. 17.//G. Gerhartl, Wiener Neustadt. Niederösterreichischer Kulturführer (Wien 1983) S. 5.//J. N. Fronner, Monumenta Novae Civitatis I, De Civitate, pag. 259, Nr. 167.

AM KANAL

Die Straße verläuft über der planierten Trasse des Schifffahrtskanals, der heute beim E-Werk VIII Am Kanal endet, früher aber bis vor das Ungartor führte und gegenüber der Neuklosterkirche in einem Hafenbecken endete.

GEDENKTAFEL DR. PAUL HABETIN (Am Kanal 6, Dr. Paul Habetin-Kindergarten)
An der Fassade des Dr. Paul Habetin-Kindergartens ist eine schlichte Marmortafel angebracht, die an den bedeutenden Wiener Neustädter Arzt erinnert:

IN DIESEM GEBÄUDE BEFAND SICH BIS ZUM JAHRE 1927 DIE VON PRIMARIUS DR. PAUL HABETIN IM JAHRE 1919 EINGERICHTETE UND GELEITETE BERATUNGS- UND FÜRSORGESTELLE FÜR

TUBERKULOSE. DR. HABETIN KONNTE BEI DER BEKÄMPFUNG DIESER FURCHTBAREN KRANKHEIT GROSSE ERFOLGE ERZIELEN.

Anlässlich seines 80. Geburtstages im Jahr 1970 ehrte die Stadtgemeinde den Arzt und Wissenschafter mit der Benennung des Kindergartens.
Paul Habetin erblickte am 16. Jänner 1890 als Sohn des Schneidermeisters Emil und dessen Frau Pauline Habetin das Licht der Welt. Er wuchs im Haus Neunkirchner Straße 24 auf und absolvierte nach Volksschule und Landesoberrealschule das Medizinstudium in Wien. Bereits mit 24 Jahren promovierte er zum Doktor der gesamten Heilkunde. Ein einschneidendes Erlebnis, das seinen weiteren beruflichen Werdegang prägte, verursachte 1915 eine Tuberkulose-Infektion, die ihn zu einem einjährigen Aufenthalt in der Lungenheilstätte Alland bei Baden zwang. Tuberkulose war damals noch eine sehr gefährliche Erkrankung, die allzu oft tödlich verlief. Wieder genesen übernahm er eine Stelle im Krankenhaus Wieden, wo er auf einer Tuberkulose-Station tätig werden konnte. Seine wissenschaftliche Beschäftigung mit dieser Krankheit führte zur Aufnahme in die Gesellschaft der Ärzte Wiens. 1918 kehrte Dr. Habetin zurück in seine Heimatstadt und übernahm die Stelle des Primarius der neu geschaffenen Abteilung für Lungenkranke. Die grassierende Infektion machte es notwendig, eine Tbc-Fürsorgestelle zu gründen, welche in dem Gebäude „Am Kanal 6" eingerichtet wurde und die auf das engste mit der Person Dr. Habetin verknüpft war. Untrennbar mit dem Namen des Lungenarztes verbunden war die ebenfalls 1919 eröffnete Waldschule im Wiener Neustädter Föhrenwald für gesundheitsgefährdete Stadtkinder. Dort gab es bei geeignetem Wetter Unterricht im Freien, eine ausreichende Ernährung und Ruhephasen. Dr. Habetin oblag die ärztliche Aufsicht der Waldschul-Kinder. 1929 übertrug ihm die Stadt die Leitung des Krankenhauses, eine Tätigkeit, für die er um die Zeit des Zweiten Weltkrieges und der mühevollen Nachkriegsjahre nicht zu beneiden war. Vieles von dem, was er bis 1943 aufbauen oder verbessern ließ, fiel den Bomben zum Opfer. Die technischen Anlagen und Gebäude waren zu einem beträchtlichen Teil zerstört, medizinisches Material kaum zu bekommen, während die Zahl der ärztlich zu versorgenden Menschen mit jedem Luftangriff stieg. Es erforderte viel Improvisationstalent und Engagement, um die logistischen Probleme der „Stunde Null" im Wiener Neustädter Krankenhaus nur ansatzweise zu lösen. Dr. Habetin erhielt 1960 das Goldene Ehrenzeichen für Verdienste um die Republik Österreich verliehen. Er starb am 10. Juli 1975 im 86. Lebensjahr.

Literatur: G. Gerhartl, Primarius Dr. Paul Habetin. Eine bedeutende Wiener Neustädter Sammlerpersönlichkeit (Wr. Neustadt 1976.//WNZ vom 23. 9. 1976, Nr. 39, S. 8.//WNZ vom 30. 9. 1976, Nr. 40, S. 6.//Amtsblatt d. Stadt Wiener Neustadt 1990, Folge 7, S. 6.//Protokoll d. 1. Gemeinderatssitzung v. 30. 1. 1970, Punkt 25.//Rathauskorrespondenz, Blatt 27/1970.

16 Wegkreuz

In einer Grünfläche bei der Gabelung der Straßen Am Kanal und Lazarettgasse steht eine Steinsäule. Eine aus Konglomeratstein bestehende, schlicht gehaltene, achteckige Säule mit Kapitell, wird von einem Kreuz bekrönt. Stifter und Künstler sind nicht überliefert, die Säule trägt leider keine Inschrift bzw. ist diese verlorengegangen. Dadurch wird eine historische oder chronologische Einordnung schwierig. Der Lokalhistoriker und Autor Adolf Höggerl äußert in seinem Buch „Wiener Neustadt im Wandel der Zeit" die Vermutung, dass an Stelle der Zemendorfer Kirche diese Gedenksäule errichtet wurde. Zemendorf, Treuchendorf, Gymelsdorf und Alrams sind abgekommene bzw. aufgelassene Ortschaften in unmittelbarer Nähe zu Wiener Neustadt. Zemendorf befand sich in etwa dort, wo sich heute das Ungarviertel erstreckt.

Literatur: A. Höggerl, Wiener Neustadt im Wandel der Zeit 1192–1918 (Wr. Neustadt 1936) S. 270.//H. Güttenberger, Das südöstliche Niederösterreich (Wien/Leipzig 1929) S. 219 u. 221f.

AM SCHAFFLERHOF

Mit Gemeinderatsbeschluss vom 6. Mai 1954 wurde die Straße zwischen der Landstraße nach Lichtenwörth und Gemeindeweg nach Theresienfeld – beginnend an der Gemeindegrenze zu Lichtenwörth bis zum Wiener Neustädter Kanal – in Erinnerung an die ehemalige hier situierte Schäferei „Am Schafflerhof" benannt.

Literatur: Amtsblatt 1983, Folge 9, S. 18.

17 Wegsäule am Schafflerhof

Am Kreuzungspunkt der „Straße nach Bruck" (heute Pottendorfer Straße) und dem Weg, der von Ödenburg über Lichtenwörth und dem Steinfeld in das Piestingtal führte, war ein Schafflerhof (Schaf-Hof) von bedeutender Größe situiert. Das Wegkreuz vor dem Schafflerhof markierte gewissermaßen die historische Stadtgrenze und zugleich auch den Geltungsbereich des

Wiener Neustädter Stadtgerichts. Verbrecher, so genannte „Malefizpersonen“ übergab man dort dem Stadtrichter. Die eingemeißelte Zahl 1665 deutet auf das Errichtungsjahr der steinernen Säule hin, der vermutlich ein Wegkreuz aus Holz voranging. Sie wird von einer Figur, welche ursprünglich ein Zepter in der rechten Hand hielt und Christus als Weltenherrscher darstellt, bekrönt. Weiters trägt die Säule ein Relief, umrahmt von einem Rundbogen, das eine weibliche Gestalt, vermutlich eine Mariendarstellung erkennen lässt. Der Denkmalschutzverein ließ die alte Wegsäule 1991 restaurieren und mit Genehmigung des Grundstücksbesitzers möglichst nahe dem Ursprungsstandort wieder aufstellen und zwar dort, wo heute die Gasse Am Schafflerhof von der Pottendorfer Straße abzweigt.

Literatur: Amtsblatt der Stadt Wr. Neustadt 1991 Folge 5, S. 23.//K. Flanner, Zur historischen Bedeutung der steinernen Wegsäule an der Ecke d. Pottendorfer Straße und des Weges am Schafflerhof. In: Unser Neustadt, Jg. 1990, Folge 2, S. 6.

18 Schafflerwegbrücke und Gedenktafel

Im Jahre 1783 erwarb Franz Launeck eine 300 Joch große Hutweide an der Straße, welche von Lichtenwörth nach Piesting führt, um dort eine Schafzucht zu betreiben. Der Schafflerhof, wie er im Volksmund hieß, versorgte die in Wiener Neustadt auflebende Textilmanufaktur mit Wolle und gab schließlich der über den Schifffahrtskanal führenden Brücke ihren Namen. Aus der Zeit der Errichtung des Wiener Neustädter Kanals (1797–1803) gibt es noch – in mehr oder weniger gutem Zustand – entlang der bestehenden Kanalstrecke einige wenige Ziegelgewölbefeldwegbrücken, die zur Kanalüberquerung mittels Pferdefuhrwerk dienten. Die Schafflerwegbrücke, als letzte ihrer Art auf Wiener Neustädter Boden, wurde als technisches Denkmal erhalten und weitgehend in den Originalzustand versetzt. Ihre Restaurierung geht auf eine Initiative des „Vereins für Geschichte der Arbeiterbewegung“ zurück. Am 18. September 1991 erfolgten die feierliche Enthüllung einer Gedenktafel und die Übergabe der restaurierten Brücke in die Obhut der Stadt. Die Tafel gibt über Geschichte und Renovierung Auskunft:

SCHAFFLER BRÜCKE. ERBAUT UM 1800. BRÜCKE ÜBER DEN WIENER NEUSTÄDTER SCHIFFFAHRTSKANAL. DIE LASTENKÄHNE WURDEN VON PFERDEN AM RECHTEN UFER, DEM TREPPELWEG, GEZOGEN. 1990 VON SCHÜLERN DER HTL WIENER NEUSTADT RESTAURIERT. VEREIN FÜR GESCHICHTE DER ARBEITERBEWEGUNG.

Die Brücke wird heute von Radfahrern, die den Kanalradweg frequentieren, zur Überquerung des künstlich angelegten Wasserweges genutzt. Für den Kraftverkehr steht eine Ersatzbrücke in unmittelbarer Nähe in Verwendung.

Literatur: Amtsblatt d. Stadt Wiener Neustadt 1990, Folge 5, S. 25 und 1991, Folge 10, S. 30.// NÖN vom 24. 9. 1991, S. 9.//K. Flanner, Der andere Stadtführer (Wr. Neustadt 1992) S. 63.//Rathauskorrespondenz, Blatt 442/1991.

ÄUSSERE BAHNZEILE

Sgraffito (Äußere Bahnzeile 43–47)
Die 1959 fertig gestellte Wohnhausanlage, der Etrich-Hof, trägt zu Ehren des Flugzeugkonstrukteurs Igo Etrich seinen Namen. Um der bedeutenden luftfahrthistorischen Vergangenheit der Stadt Rechnung zu tragen, erhielt das Wohngebäude ein weithin sichtbares Sgraffito, welches eine „Etrich-Taube" und einen „Warchalowski-Biplan", zwei Fluggeräte aus der Pionierzeit des Flugzeugbaus, zeigt. Am 14. Mai 1910 gelang Karl Illner mit der Etrich II-Taube eine besondere Leistung, die als wesentlicher Fortschritt in der österreichischen Aviatik zu werten ist, nämlich der erste große Überlandflug von Wiener Neustadt nach Wien/Simmeringer Heide und wieder zurück in die Steinfeldstadt. Eine Inschrift unterstreicht die Stellung der Allzeit Getreuen als Geburtsstätte der Luftfahrt:

WIENER NEUSTADT, DIE WIEGE DER ÖSTERREICHISCHEN AVIATIK. DER ERSTE FLUG VON ETRICH UND ILLNER IM JAHRE 1909. DER ERSTE FLUG VON HIER NACH WIEN UND ZURÜCK IM JAHRE 1910.

Literatur: G. Gerhartl, Wiener Neustadt. Niederösterreichischer Kulturführer (Wien 1983) S. 6.//G. Geissl, 95 Jahre Luftfahrt in Wiener Neustadt. Die Anfänge der Aviatik und die Gründung d. ersten österreichischen Flugfeldes. Dokumentation d. Industrieviertel-Museums 108 (Wr. Neustadt 2004) S. 22 u. 25.

19 Portraitbüste Igo Etrich

(Äußere Bahnzeile 43–47)

In der Grünfläche vor der Wohnhausanlage ließ die Stadtgemeinde im Jahr 1969 ein Denkmal für den österreichischen Flugpionier und Textilindustriellen Igo Etrich (1879–1967) errichten. Etrich war der erste Mieter eines Hangars auf dem 1909 gegründeten Wiener Neustädter Flugfeld. Gemeinsam mit Franz Wels und später mit Karl Illner konstruierte er seine ersten Flugapparate und unternahm 1910 mit der Etrich Taube I den Jungfernflug. Seine Bekanntheit und Leistungen, betreffend den Flugzeugbau, insbesondere durch die Konstruktion der Flugzeuge Taube I und II, bewirkten den Zuzug weiterer Aviatiker, machten das Flugfeld für Zuseher interessant und weit über die Grenzen bekannt. Beim Preisfliegen am 18. September 1910 besuchte sogar Kaiser Franz Joseph I. die Flugveranstaltung, welche 30.000 Gäste anzog. Mit seinen Flugapparaten erzielte Etrich vor allem durch Ankäufe der österreichischen Heeresverwaltung einen kommerziellen Erfolg, während die Taube in Deutschland durch seinen Vertragspartner, der Firma E. Rumpler, unter Umgehung der Lizenzgebühr in den Verkauf gelangte. Der Friedensvertrag von St. Germain sah nach dem Ersten Weltkrieg ein völliges Verbot der Luftfahrt im Lande vor. Das Diktat setzte den Schlusspunkt hinter Etrichs weiteren luftfahrttechnischen Bemühungen und Plänen, sodass er sich wieder der Textilfabrikation zuwandte. Die auf einem Steinsockel applizierte Portraitbüste Igo Etrichs ist ein Abguss der im Technischen Museum in Wien befindlichen Etrich-Büste des Grazer Bildhauers Fred Pirker, welche die Stadt bereits 1967 erworben hatte. Die feierliche Enthüllung des Denkmals nahm Bürgermeister Hans Barwitzius am 29. September 1969 vor.

Literatur: G. Gerhartl, Wiener Neustadt. Niederösterreichischer Kulturführer (Wien 1983) S. 6.// Amtsblatt der Stadt Wr. Neustadt vom 15. 10. 1969, Folge 20, S. 304.//WNZ 1969 Folge 41, S. 3.//I. Etrich, Die Taube. Memoiren des Flugpioniers (Wien o. J.).//Protokoll d. 23. Stadtsenatssitzung v. 4. 12. 1967, Punkt 45.

AUSSTELLUNGSGASSE

Als mit der Veranstaltungshalle „Arena Nova" das alte Messegelände zwischen Raugasse und Grazer Straße seine Bedeutung verlor, errichteten Wohnbaugenossenschaften mehrere Wohnhausanlagen. Die als Zufahrt zu den Häusern angelegte und am 11. Juli 2000 benannte Gasse trägt ihren Namen in Erinnerung an die früher Anfang August abgehaltene Ausstellung am Messegelände.

20 Liese-Prokop-Brunnen

Am 22. Jänner 2010 wurde eine neue Wohnhausanlage in der Ausstellungsgasse eröffnet. Höhepunkt der Feier bildete die Enthüllung des Liese-Prokop-Brunnens und dessen Weihe durch Dompropst Wilhelm Müller. Aus der Mitte des flachen, pentagonalen Brunnenbeckens ragen zwei große Hände aus poliertem Naturstein, die als Symbol für Liese Prokop (1941–2006) gelten. Vor ihrer politischen Karriere war Liese Prokop erfolgreiche Leichtathletin. Sie gewann bei der Olympiade 1968 in Mexiko-Stadt die Silbermedaille im Fünfkampf, stellte einen Punkte-Weltrekord auf und errang 1969 in Athen den Europameistertitel im Fünfkampf. Fünf Piktogramme im Brunnenbecken widerspiegeln die Fünfkampf-Disziplinen. Als Politikerin ebenfalls erfolgreich, wirkte sie als Sportlandesrätin, zuletzt war sie Innenministerin, ehe sie am 31. Dezember 2006 unerwartet starb. Eine Inschriftentafel besagt:

NICHTS AUF DER WELT IST SO WEICH UND NACHGIEBIG WIE DAS WASSER UND DOCH BEZWINGT ES DAS HARTE UND STARKE. GEWIDMET DER POLITIKERIN UND SPORTLERIN LIESE PROKOP.

Es handelt sich um ein Werk des Gestalters künstlerischer Brunnenanlagen Ing. Minkin Branimir.

Literatur: NÖN vom 25. 1. 2010, Nr. 4, S. 26.

BADENER STRASSE

21 Gedenkstein „50 Jahre Badener Siedlung“

Die Gründung der Badener Siedlung geht auf das Jahr 1933 zurück. Damals entschied die Stadtgemeinde, um die Wohnungsnot zu lindern, einen Teil des Heidegrundes entlang der Südbahn und nördlich des Flugfeldes zu parzellieren und der Gemeinnützigen Nebenerwerbssiedlungsgenossenschaft in Wr.

Neustadt Gen.m.b.H. unter Obmann Johann Graner zur Verfügung zu stellen. In der Folge entstanden 74 Wohnhäuser, die um 1938 bezugsfertig waren. Die Errichtung der Häuser geschah, der wirtschaftlich prekären Zeit entsprechend, mit einfachsten Mitteln. Bis zum Jahre 1948 gab es in der Badener Siedlung weder elektrischen Strom noch Gas. Nach dem Tode Graners erfolgte der Beschluss zur Auflösung der Genossenschaft und zum Verkauf der Grundstücke an die Siedler.

Anlässlich des 50jährigen Bestehens der Badener Siedlung enthüllte Bürgermeister Kraupa am 30. Oktober 1988 einen schlichten Gedenkstein in der Grünanlage am Rande der Siedlung. Dieser Gedenkstein besteht aus einer fünfeckigen Betontafel auf Sockel, welche den Grundriss des 1933 zur Parzellierung freigegebenen Heidegebietes darstellt sowie einer Inschriftentafel mit dem Text:

50 JAHRE BADENERSIEDLUNG GEWIDMET DEN GRÜNDERN
UNTER OBMANN JOHANN GRANER.

Literatur: Die Siedlung an der Badener Straße (Wr. Neustadt 1988).//Amtsblatt d. Stadt Wr. Neustadt 1988, Folge 11, S. 25ff.//WNN vom 4. 11. 1988, Nr. 44, S. 7.//Rathauskorrespondenz, Blatt 708/1988.

BABENBERGERRING

Nordwestlicher Abschnitt der um 1900 durch Begradigung und Verbreiterung der Glacis-Straße geschaffenen Prachtstraße zwischen Ferdinand Porschering und Baumkirchnerring.

(22) Gedenktafel Dr. Ludwig Zamenhof

(Esperantopark)

Der während der Zeit der Weltwirtschaftskrise gegründete „Freiwillige Arbeitsdienst der Stadt Wiener Neustadt" legte 1933 auf einem zur ehemaligen Zuckerraffinerie gehörenden Gartengrundstück einen Park an. Obwohl die

Grünfläche nach ihrer Fertigstellung die Bezeichnung Esperanto-Park erhielt, änderte sich politisch motiviert mehrfach der Name. Die Ermordung des österreichischen Bundeskanzlers Dr. Engelbert Dollfuß bewirkte eine Umbenennung in „Dollfuß-Park, während die Nationalsozialisten ihn wenige Jahre später „Horst-Wessel-Park" benannten. Die feierliche Rückbenennung zum ursprünglichen Namen „Esperanto-Park" geht auf den 30. Juli 1958 zurück. Ein Jahr später ließ die Stadtgemeinde in einer sternförmig gestalteten Grünfläche im Südteil des Parks einen Gedenkstein anlässlich des 100. Geburtstages von Dr. Ludwig Zamenhof, den 1917 verstorbenen Erfinder einer internationalen Hilfssprache, des Esperanto, setzen. Die ursprüngliche achteckige Marmorplatte verschwand 1970 spurlos und musste durch eine neue, schwerere Granitplatte ersetzt werden, welche durch die Steinmetzfirma Hönig zur Ausführung kam. Die Inschrift besagt:

ZAMENHOF / AUTORO DE ESPERANTO 1859–1917 / GESTIFTET 1959 VON DER ESPERANTO GESELLSCHAFT WIENER NEUSTADT UNTER OBMANN GUSTAV SCHMID.

Ein fünfzackiger Stern soll die fünf Kontinente symbolisieren.

Literatur: K. Flanner, Esperanto - Ein Hoffender. Dokumentation d. Industrieviertel-Museums Wiener Neustadt 1999/89.//Gleichheit 1958 Folge 32, S. 4.//Gleichheit 1959 Folge 23, S. 3.//Steine Sprechen, 1996 Folge, 105 S. 28.

23 Gedenktafel „Feuerwehrzentrale"

(Babenbergerring 6)

Der verheerende Stadtbrand vom 8. September 1834 zeigte einmal mehr, wie dringend notwendig eine zentral organisierte und effiziente Feuerbekämpfung für die Stadt wäre. Die Anfänge einer Freiwilligen Feuerwehr korrelieren in Wiener Neustadt mit der Gründung eines Turnvereins durch den Juristen Josef Wedl im Jahr 1862. Der Verein, der sich großem Zulauf seitens der männlichen Stadtbevölkerung erfreute, verfolgte jedoch hehrere Ziele als bloße körperliche Ertüchtigung. Denn am 27. Oktober 1862 wurde die „Freiwillige Turner-Feuerwehr" ins Leben gerufen. Die schwierige Arbeit, oft auf Leitern in luftiger Höhe, war für sporterprobte Menschen sicherer durchzuführen, so das Kalkül. Als Kommandant fungierte Dr. Josef Wedl. Bei der Feier zum 25jährigen Bestehen zählte die Feuerwehr bereits 175 Mitglieder sowie 13 pferdebespannte Pumpen- und Schlauchwägen. Untergebracht war die Feuerwehr an der Glacisstraße, dem späteren Babenbergerring, in einem Gebäudeareal der aufgelassenen Zuckerfabrik, welches die Gemeinde – mit der Absicht einen Stadthof einzurichten – ankaufte. Die erste Hälfte des 20. Jhs. gestaltete sich für die Feuerwehr kriegsbedingt äußerst schwierig. Viele Explosionen und gefährliche Brände mussten zwischen 1914 und 1918 in den um Wiener Neustadt reichlich vorhandenen Munitions- und Sprengstofffabriken gelöscht werden. Während im Ersten Weltkrieg die Kriegsschauplätze noch weit entfernt lagen, traf der Zweite Weltkrieg die Allzeit Getreue in 29 Luftangriffen mit voller Gewalt. Die Freiwillige Feuerwehr hatte durch Bergungsarbeiten und Brandbekämpfung in dieser Zeit Übermenschliches zu leisten. In den 1970er Jahren zeigten einige Gebäude des alten Stadthofes deutliche Verfallserscheinungen, sodass die Errichtung eines zeitgemäßen Neubaus, in dem auch die großen Feuerwehrfahrzeuge untergebracht werden können, angezeigt schien. Im Oktober 1982, genau 120 Jahre nach der Gründung der Turner-Feuerwehr, konnte die neue, großzügig dimensionierte Feuerwehrzentrale ihrer Funktion übergeben werden. Die Inschriftentafel im Gebäude besagt:

FEUERWEHRZENTRALE DER FREIWILLIGEN FEUERWEHR WIENER NEUSTADT/ERRICHTET AUS MITTELN DER STADT WIENER NEUSTADT 1981 1982 UNTER BÜRGERMEISTER HANS BARWITZIUS UND STADTRAT FÜR BAUWESEN WALTER BITTNER UND KOMMANDANT OBERBRANDRAT OTTO SOMMER/NACH DER PLANUNG VON STADTBAUDIREKTOR SENATSRAT DIPL. ING. HEINZ BALKER VON DER NEUEN REFORMBAUGESELLSCHAFT M.B.H.

Ein Vierteljahrhundert später stand wieder eine Renovierung und bauliche Erweiterung an. Mit der Erneuerung der Bezirksalarmzentrale 2009 ging auch die Errichtung eines Zubaus an der gegenüberliegenden Straßenseite des Babenbergerrings einher.

Literatur: Amtsblatt d. Stadt Wr. Neustadt 1987, Folge 12, S. 58.//H. Schanda, Wiener Neustädter Feuerwehrgeschichte Bd. 1–6 (Wr. Neustadt 2009ff.).//NÖN 2002, Nr. 22, S. 28.// NÖN 2002, Nr. 24, S. 28.//NÖN 2002, Nr. 30, S. 42.

24 STATUE „GÖTTIN CERES"

(Bahngasse bei Leiner Kaufhaus 1)
In einer Mauernische am Kaufhaus 1 der Firma Leiner auf Höhe des ersten Obergeschosses befindet sich eine Statue, welche die römische Göttin der Fruchtbarkeit und des Ackerbaus Ceres darstellt und die eine Ährengarbe über ihrem Haupt trägt. Ebenso gilt die Gottheit als Gesetzgeberin. Sie war die Tochter des Saturnus und der Ops. Die Statue gehörte ursprünglich, auch in einer Mauernische stehend, zum historistischen Fassadenschmuck des Hauses „Cafe-Casino Bank", das später dem Neubau der Fa. Leiner weichen musste.

Quelle: StAWN: Fotos K3/Inv. Nr. 1116, 1117 Bahngasse, Cafe-Casino Bank.

25 KASEMATTEN (Bahngasse 27)

Die bei dem Türkeneinfall von 1529 offensichtlich gewordenen Mängel der Stadtbefestigung machten eine Verstärkung derselben unumgänglich. Unter anderem wurden nach Plänen des Baumeisters Johann Tscherte zwischen 1551 und 1557 an der südwestlichen Stadtmauer unterirdische Räumlichkeiten, die Kasematten, geschaffen, welche zur Unterkunft der Mannschaft und der Lagerung von Munition dienten und einen schnellen Zugriff unmittelbar bei den Schanzanlagen ermöglichten. Der Begriff Kasematten leitet sich vom Griechischen „chasmatas" bzw. Italienischen „casamatta" ab, was dem Wort „Erdklüfte" gleichkommt und dürfte demnach im südeuropäischen Festungsbau seine Wurzeln haben. Denkbar ist die Ableitung des Wortes aus dem Spanischen „casa matare", was übersetzt so viel wie „Mordkeller" bedeuten würde.

Zugang zu den in Österreich einzigartigen Kasematten erlangt man durch ein von rustiziertem Steingewände umgebenes Rundbogenportal mit der Jahreszahl 1557 und einer Wappenkartusche auf dem Keilstein. Das dreifache

Wappen zeigt links den tirolischen Adler, rechts den herzoglichen österreichischen Bindenschild und darunter das Stadtwappen von Wiener Neustadt. Es ist dies das Grundsigill von Herzog Friedrich mit der leeren Tasche, Graf zu Tirol (1382–1439). Es war der Stadt mit der Absicht verliehen worden, damit ihr Eigentum zum Ausdruck zu bringen. Später wurde meist nur mehr das Wappen mit den beiden Türmen, Torbogen und darüber schwebendem österreichischen Bindenschild verwendet. Im Inneren der erstaunlich weitläufigen, aber nicht frei zugänglichen Anlage befinden sich 37 Räume aus Bruch-, Quader- und Ziegelmauerwerk mit Traversendecken, Tonnen- und Halbtonnengewölben. In den Gewölbescheiteln sind rundgemauerte Belüftungsschächte vorhanden. Sie verhinderten ein zu hohes Ansteigen der Luftfeuchtigkeit und damit die Zerstörung der gelagerten Munition und der Waffen. Die Weitläufigkeit der Anlage, insbesondere der ursprünglich 40 m lange Haupteingang lässt vermuten, dass es sich hier nicht nur um Lagerkasematten, sondern auch um Bereitschaftskasematten handelte, wo sich die Stadtverteidiger vor dem Ausfall sammelten. Die Räume 22–37 liegen außerhalb der südlichen Stadtmauer, dort wo sich einst die Kapuzinerbastei (Grübelschanze) befand. Im 19. Jhdt. dienten die Kasematten zur Lagerung von Hopfen und Malz, im Zweiten Weltkrieg als Luftschutzkeller. Einige der südlichen Räume beherbergen heute Magazine und eine Werkstätte der Stadtgartenverwaltung.

Literatur: J. N. Fronner, Monumenta Novae Civitatis Austriae. De Civitate (Wiener Neustadt 1839) pag. 74ff., Nr. 28.//StAWN, Scrin. Qq Nr. 4/3.//G. Wieshofer, Wiener Neustadt – Bauaufnahme Kasematten Juli 1988.//WNN vom 14. 7. 1989, Nr. 28, S. 10.//WNN vom 2. 9. 1994, Nr. 35, S. 13.//Adressenbuch der Stadt Wr. Neustadt 1937, S. 14.//Dehio. Niederösterreich südlich der Donau, Bd. 2 (Wien 2003) S. 2601.//F. Kozák, Katakomben und Kasematten. In: Unser Neustadt, September 1965, Folge 3, S. 1f.

BAHNHOFPLATZ

(26) **Heimkehrer-Gedenktafel** (Bahnhofplatz 2)

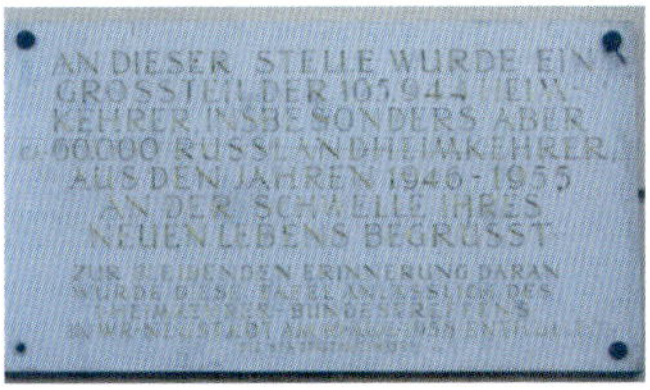

An der dem Bahnhofplatz zugewandten Fassade des Cafe Stadler (Bahnhofplatz 2, damals Dorotheum) ließ die Stadt 1958 die Heimkehrer-Gedenktafel applizieren, die daran erinnert, dass in den Jahren 1946 bis 1955 auf dem Wiener Neustädter Bahnhofsplatz mehr als 100.000, aus der Kriegsgefangenschaft entlassene Österreicher, erstmals wieder heimischen Boden betreten haben. Neben vielen Familienangehörigen und Freunden empfingen

Vertreter der Bundes- und der Landesregierung, der Stadtverwaltung und der russischen Besatzung die Heimkehrer, sodass der Bahnhofsplatz bei jeder Ankunft eines Transportes von einer erwartungsvollen Menschenmasse gefüllt war. Es dauerte oft Stunden, ehe die Heimkehrer durch die suchende Menge ihre Familienangehörigen finden konnten. Ab 1948 endeten die Transporte meist an der Fischauer Gasse, wo die Heimkehrer über eine Rampe in die nahe gelegene Maximiliankaserne gebracht, einer medizinischen Untersuchung unterzogen und erst in der Folge in die Freiheit geleitet wurden.

Literatur: B. Hasel, Die Heimkehrer nach dem Zweiten Weltkrieg. Heimkehrerverbände Österreichs u. d. Bundesrep. Deutschland (Diss., Wien 1992) S. 43ff.//P. Zumpf, Heimkehrer, Wiener Neustadt 1945–1955 (Wr. Neustadt, o. J.).//G. Gerhartl, Wiener Neustadt. NÖ Kulturführer (Wr. Neustadt 1983) S. 9.

Gedenktafel „Im Kampf gegen den Nationalsozialismus getötete Eisenbahner"

An der dem Bahnhofplatz zugewandten Fassade eines zur ÖBB gehörenden Gebäudes ist eine Gedenktafel zu sehen, welche auf im Widerstand gegen das NS-Regime ums Leben gekommene Eisenbahnbedienstete hinweist. Einer von ihnen, Heinrich Sauer, gehörte von der Zeit nach dem Ersten Weltkrieg bis zu deren Verbot im Februar 1934 der Sozialistischen Partei an und war Mitglied der Freien Eisenbahnergewerkschaft. Nach dem Verbot unterstützte er die Organisation der Revolutionären Sozialisten. Josef Höger war ebenfalls Mitglied der Freien Eisenbahnergewerkschaft. Beide mussten für die Gründung einer illegalen politischen Verbindung, wegen Hochverrates vom nationalsozialistischen Regime angeklagt und verurteilt, ihr Leben lassen. Ludwig Huber gehörte einer kommunistischen Gruppierung an, die für die Verbreitung von Flugschriften wegen Hochverrates und Verstoß gegen das Rundfunkgesetz angeklagt wurde. Auf der Tafel steht Folgendes:

IHR KAMPF UND IHR OPFER BLEIBEN UNVERGESSEN.
HEINRICH SAUER – WEICHENSTELLER, 53 JAHRE, LEITER EINER WIDERSTANDSGRUPPE, VON EINEM NAZIGERICHT ZU 12 JAHREN SCHWEREM KERKER VERURTEILT. AM 2. 1. 1945 IM GEFÄNGNIS GESTORBEN. JOSEF HÖGER – STELLWERKMEISTER, 42 JAHRE, ZU 10 JAHREN SCHWEREM KERKER VERURTEILT. UMS LEBEN

GEKOMMEN AM 6. 1. 1945. LUDWIG HUBER – MAGAZINARBEITER, 50 JAHRE, ZU 3 JAHREN SCHWEREM KERKER VERURTEILT, UMS LEBEN GEKOMMEN AM 17. 10. 1944. GEWERKSCHAFT DER EISENBAHNER.

Literatur: Widerstand und Verfolgung in Niederösterreich. Bd. 2, 1938–1945. Hg: Dokumentationsarchiv des österreichischen Widerstandes (Wien 1987) S. 74 und 88f.//160 Jahre Eisenbahner Wiener Neustadt Hrsg. v. der Gewerkschaft der Eisenbahner (Wiener Neustadt 2001) S. 56f.

BAUMKIRCHNERRING

Benannt nach Andreas Baumkircher (um 1420–1471), der als Söldnerführer Kaiser Friedrichs III. mehrfach große Dienste leistete, insbesondere bei der Verteidigung von Wiener Neustadt 1452 gegen das ständische Heer. 1469 wendete er sich jedoch gegen den Kaiser und organisierte einen Aufstand des steirischen Adels, der blutig ausgetragen wurde. Am 23. April 1471 ließ Friedrich III. Baumkircher in Graz enthaupten.

Gedenktafel Anton Proksch (Baumkirchnerring 4)

Anstelle der im Jahre 1902 erbauten, 1938 devastierten und 1952 abgetragenen Synagoge errichtete die Arbeiterkammer und der Österreichische Gewerkschaftsbund ein Gebäude für die Bezirksstelle Wiener Neustadt. Nach der Übersiedlung des ÖGB und der Kammer in einen geräumigen Neubau in der Gröhrmühlgasse, folgten Dienststellen des Magistrats, die aber 2007 in das neue Rathaus wechselten. Ebenfalls übersiedelt und zwar in ein Gebäude am Hauptplatz ist das Dorotheum, das hier im Erdgeschoss großzügige Räumlichkeiten besaß. Eine Gedenktafel im Eingangsbereich erinnert an Anton Proksch (1897–1975), Bundesminister für soziale Verwaltung von 1956–1966, nach dem dieses Haus seinen Namen erhielt. Leider besteht derzeit keine Zugangsmöglichkeit.

Literatur: Rathauskorrespondenz, Blatt 653/1980.//G. Gerhartl, Wiener Neustadt. Niederösterreichischer Kulturführer (Wien 1983) S. 9.

28 **Gedenktafel „Synagoge“** (Baumkirchnerring 4)

An der Fassade des Hauses Baumkirchnerring 4 angebrachte Gedenktafel zur Erinnerung an die 1902 nach Plänen des Wiener Neustädter Architekten Wilhelm Stiaßny von der Israelitischen Kultusgemeinde errichteten und reprä-

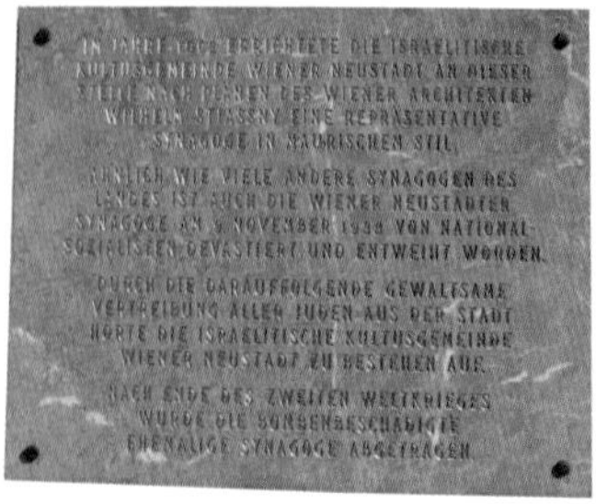

sentativen Synagoge im maurischen Stil. Im Gegensatz zu vielen anderen Synagogen des Landes ist das Wiener Neustädter Bethaus in der Pogromnacht am 9. November 1938 von den Nationalsozialisten weitgehend verschont geblieben. Die nationalsozialistische Stadtregierung unter Dr. Scheidtenberger hegte bereits Nutzungsabsichten mit dem attraktiven Gebäude. Durch die gewaltsame Vertreibung aller Juden aus der Stadt hörte die Israelitische Kultusgemeinde Wiener Neustadt zu bestehen auf. Die Arisierung ermöglichte letztendlich den Ankauf zu einem verschwindend geringen Preis. Die Synagoge ging 1938 an die Stadtgemeinde Wiener Neustadt über und erlitt während des Zweiten Weltkrieges keine nennenswerten Bombenschäden. Nach Kriegsende wurde das gut erhaltene Haus zu Wohnzwecken vermietet. 1952 kaufte der Gewerkschaftsbund die Realität und ließ sie zugunsten eines neuen Gewerkschaftshauses schleifen. Die Enthüllung der Gedenktafel aus grauem Marmor erfolgte im August 1989.

Literatur: W. Sulzgruber, Das jüdische Wiener Neustadt (Wien 2010) S. 36ff.//E. Schneider, Die jüdische Bevölkerung von Wiener Neustadt seit der Gründung der Stadt (Baden 1982).//K. Flanner, Die Wiener Neustädter Synagoge in der Pogromnacht (Wr. Neustadt 1998).//WNN vom 20. 10. 1989, Nr. 42, S. 14.//Amtsblatt der Stadt Wr. Neustadt 1989, Folge 9, S. 11.

(29) Gedenktafel „Arbeiterheim"

(Baumkirchnerring 6)

Anstelle des Domcenters (früher Forum-Kaufhaus), stand bis in das Jahr 1972 das 1905 errichtete Arbeiterheim. Es war zugleich Gaststätte und seit 1908 Versammlungslokal der sozialdemokratischen Arbeiterschaft Wiener Neustadts. Hier fällten die Arbeiter den wichtigen Entschluss zum Jännerstreik 1918, welcher zur Beendigung des Ersten Weltkrieges beitrug. Zwischen 1933 und 1945 war das Gebäude zunächst in der Hand der Heimwehr, ehe wenige Jahre später die Nationalsozialisten sie ablösten. Bald nach Ende des Zweiten

Weltkrieges begann die „Genossenschaft Arbeiterheim“ mit der Revitalisierung dieser Institution, die noch fast drei Jahrzehnte bestehen sollte. Erst als der Beschluss zur Errichtung eines großen Einkaufscenters, dem City- bzw. Forum-Kaufhaus durch die Konsumgenossenschaft Niederösterreich-Süd fiel, musste das Arbeiterheim schließlich weichen. Zur Erinnerung enthüllte die SPÖ-Bezirksorganisation Wiener Neustadt am 1. Oktober 1975 eine von der Firma Hönig schön gestaltete Gedenktafel.

Literatur: Gleichheit vom 21. 6. 1952, Nr. 25, S. 7.//Gleichheit vom 28. 6. 1952, Nr. 26, S. 5.//WNN vom 10. 10. 1975, Nr. 41, S. 5.//Amtsblatt d. Stadt Wr. Neustadt 1989, Folge 1, S. 32.

BAURAT-SCHWARZ-GASSE

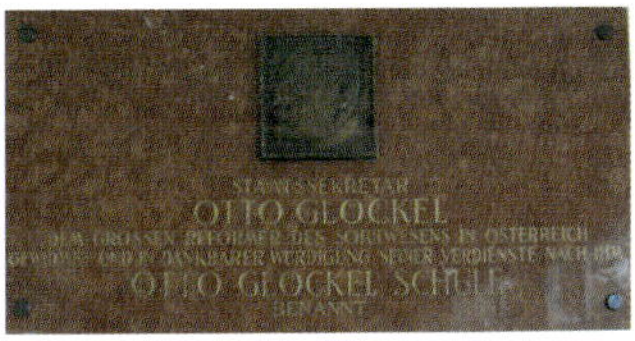

30 GEDENKTAFEL OTTO GLÖCKEL

(Otto Glöckel Schule, Eingangsbereich)
Den Eingangsbereich der 1951/52 unter Bürgermeister Rudolf Wehrl erbauten Otto Glöckel Schule ziert eine Gedenktafel zu Ehren des sozialdemokratischen Politikers. Otto Glöckel (1874–1935) kam am 8. Februar 1874 im alten Schulhaus zu Pottendorf in Niederösterreich als Sohn des Unterlehrers Friedrich Glöckel und dessen Frau Fanni zur Welt. Nach dem Besuch der Volks- und Bürgerschule in seiner Heimatgemeinde absolvierte er das Landeslehrerseminar in Wiener Neustadt. Sein schulpolitisches Engagement bewies er bereits kurz nach dem Abschluss, als er 1894 alle ehemaligen Zöglinge dieser Anstalt zu einem Zusammenschluss aufrief, ohne Rücksicht auf Weltanschauung und politische Gesinnung. Daraus entwickelte sich bald der „Verein der in Wiener Neustadt herangebildeten Lehrer“, dem er als langjähriger Obmann diente und der nach seinem Tod fortbestand. Als Volksschullehrer fand er in Wien im 14. Bezirk eine Anstellung. Dort schockierte den jungen Pädagogen die Armut und Verwahrlosung der Kinder. Manche schliefen während des Unterrichts, weil sie bis spät abends arbeiten mussten, um die Eltern zu unterstützen. Einige hatten nicht einmal ein Stück Brot als Jause zum Essen mit. Glöckel erkannte, dass die gesellschaftlichen Verhältnisse Ursache des Kinderelends waren. Nicht viel besser erging es damals den schlecht bezahlten Unterlehrern, die keinen Anspruch auf eine feste Anstellung hatten. So beschloss er, sich politisch für die Verbesserung der Schulsituation einzusetzen. Vor allem in seiner Funktion als Unterstaatssekretär für Unterricht (1919–

1920) und als geschäftsführender zweiter Präsident des Wiener Stadtschulrates (1922–1934) war er eine treibende Kraft und ein führender Organisator der Schulreform in der Ersten Republik. Er stand für Chancengleichheit durch Abbau von Bildungsbarrieren, soziale Integration und Ausschaltung des kirchlichen Einflusses, Neuformulierung der Lehrpläne und Herausgabe kindgemäßer Lehrbücher.
Die Tafel aus rotem Marmor mit einem bronzenen Portraitrelief des Politikers trägt folgende Inschrift:

STAATSSEKRETÄR OTTO GLÖCKEL. DEM GROSSEN REFORMER DES SCHULWESENS IN ÖSTERREICH GEWIDMET UND IN DANKBARER WÜRDIGUNG SEINER VERDIENSTE NACH IHM OTTO GLÖCKEL SCHULE BENANNT.

Literatur: WNZ 1951, Nr. 35, S. 5. und Nr. 49, S. 5.//WNN 1952, Nr. 38, S. 1.//IN FORM, Jg. 79, 1985, Folge 3, S. 1.//WNN vom 22. 4. 1994, Nr. 16, S. 19.//O. Achs, Zum 100. Geburtstag Otto Glöckels. In: Gedenkblätter – Anlässlich des 80jährigen Bestandes des „Allzeitgetreu", Verein der in Wiener Neustadt und Baden herangebildeten Lehrer und Lehrerinnen (Wien 1974) S. 12ff.// Amtsblatt d. Stadt Wr. Neustadt vom 1. 10. 1952, Folge 19, S. 108.

BEETHOVENGASSE

Anlässlich des 150. Geburtstages des berühmten Komponisten, Ludwig van Beethoven (1770–1827), beschloss der Gemeinderat im November 1920 die Umbenennung der Alleegasse in Beethovengasse.

31 **Rabenturm** (Beethovengasse 17)
Entlang der Beethovengasse verläuft die westliche Stadtmauer. Hier ist der Standort des Rabenturmes, einer von fünf Zwischentürmen. Der dreigeschossige, von Bossenquadern gerahmte Wehrturm, ist neben dem Reckturm eines der anschaulichsten und gut erhaltenen Elemente der mittelalterlichen Stadtbefestigung in Wiener Neustadt. Die Herkunft des Namens ist nicht erforscht, lässt sich aber bis zum Jahr 1485 zurückverfolgen. Er ist heute Sitz der Studentenverbindung „Germania". Geht man die Beethovengasse etwas weiter in Richtung Herzog-Leopold-Straße, erkennt man in der Stadtmauer seltsam anmutende Einbauten, steinerne Fenstergewände, darunter auch so

genannte Biforen- oder Zwillingsfenster. Sie stammen aus dem frühen 13. Jh. und sind Relikte alter Bürgerhäuser, deren Außenmauer die Stadtmauer bildete. Durch die zum Teil unorganische Anordnung, beispielsweise schräg übereinander, drängt sich jedoch die Vermutung auf, dass einige dieser Baufragmente nicht mehr an ihrem ursprünglichen Ort platziert sind.

Literatur: E. Reidinger, Planung oder Zufall. Wiener Neustadt 1192 (Wr. Neustadt 1995) S. 210f. u. 258.//T. Winkler, Die städtebauliche Anlage und mittelalterliche Befestigung von Wiener Neustadt (Wien 2009) S. 85.

BRÄUHAUSGASSE

Die schmale Verbindungsgasse zwischen Neunkirchner Straße und Lederergasse, parallel zur südlichen Stadtmauer, verlief früher bis zum Kapuzinerkloster, ist heute jedoch durch eine Parkplatzanlage in ihrem Verlauf verkürzt. An Stelle des Parkplatzes befand sich zuerst das Bürgerliche Zeughaus, bzw. später ein Bräuhaus, von dem sich der Gassenname ableitet.

(32) Sala Terrena - Barockes Gartenhaus

(Bräuhausgasse 1)

Im Garten des Hauses Neunkirchner Straße 36 bzw. Bräuhausgasse 1 steht ein schön restauriertes Sala Terrena aus dem letzten Drittel des 17. Jahrhunderts. Auftraggeberin könnte die damalige Hausbesitzerin Barbara Perpetua Gräfin Urschenbeck gewesen sein, die sich ihr Stadtanwesen verschönern und eben mit einem Gartenhaus versehen ließ, wie es damals für Adelssitze üblich war. Die in Stukko ausgeführten Darstellungen gaben später Anlass zur Vermutung, das Gartenhaus hätte Mitgliedern einer Freimaurerloge als Treffpunkt gedient. Das kleine, charmante Gebäude mit Pultdach ist unmittelbar an die Stadtmauer angebaut, besitzt ein breites Segmentbogenportal mit maskengeziertem Kämpferstein, Rankendekor in den Bogenzwickeln sowie zwei flankierende Medaillons. Im Inneren sind die Wände mit Steinintarsien verziert. Um 1985 erfolgte die Generalsanierung des bereits stark in Verfall begriffenen interessanten Bauobjektes. Da sich das Sala Terrena in Privatbesitz befindet, ist es derzeit leider nicht frei zugänglich.

Literatur: Amtsblatt d. Stadt Wr. Neustadt, 1984 Folge 10, S. 61f.//Dehio, Niederösterreich südlich der Donau Teil 2, S. 2672.

(33) Teil der südlichen Stadtmauer

Hinter einem Parkplatz in der Bräuhausgasse sind ein Rest der südlichen Stadtmauer und die Fundamente mit Eckbuckelquader eines Zwischenturmes der Stadtbefestigungsanlage, des Stubenbergerturmes, erhalten. Der Name geht auf das ursprünglich aus Pitten stammende Adelsgeschlecht der Stubenberger zurück. Besonders markant – auf den ersten Blick grotesk – wirken die zimmerartigen Einbauten, welche auf die bereits abgetragenen Gebäude, deren südliche Außenmauer eben die Stadtmauer bildete, zurückgehen. Das Raumangebot in der neuzeitlichen Stadt war durch den Mauergürtel beschränkt. Aus Platzgründen bauten die Bürger oft bis zur Stadtmauer heran, wobei die Wehranlage dann als massive Außenmauer diente. Diesem Beispiel folgten die Erbauer mehrerer Häuser in der Singergasse, wo die Stadtmauer schließlich die westliche Außenmauer darstellt. Die Firma Leiner ließ den Mauerrest in der Bräuhausgasse restaurieren und mit einer aufwändigen Metallkonstruktion überdachen.

Literatur: WNN vom 1. 9. 2000, Folge 35, S. 11.//T. Winkler, Die städtebauliche Anlage und mittelalterliche Befestigung von Wiener Neustadt (Wien 2009) S. 85.

Brodtischgasse

Sie führt vom Hauptplatz zur Bahngasse, kreuzt diese und verläuft als kurzes, historisch gepflastertes Straßenstück bis zur Bräuhausgasse. Der Name leitet sich von den „Brodtischen“, den Verkaufsständen im Mittelalter ab, auf denen die Bäcker ihre Waren anboten. Solche Verkaufsstände gab es an verschiedenen Stellen in der Stadt, so zum Beispiel bei der St. Niklas Kapelle, welche sich vor der Errichtung des Grätzls am Hauptplatz befand, sowie die Verkaufsstände der Fleischhauer vor dem Fischauer- bzw. Fleischhackertor.

Literatur: F. Pinczolits, Wiener Neustadt. Straßen-Gassen-Plätze (Wiener Neustadt 1988) S. 22.

Gedenktafel „Historisches Strassenpflaster“

Wie in der Langen Gasse beließ die Stadtgemeinde auch in der äußeren Brodtischgasse zur Erinnerung ein Stück der alten Straßenpflasterung. An einer Hauswand, gestützt von Schwibbögen, die in früheren Jahrhunderten zur

Verstärkung der Stabilität im Falle von Erdbeben dienten, ist auf einer Gedenktafel zu lesen:

DIE STRASSEN DER STADT WAREN URSPRÜNGLICH MIT WEISSEN KALKSTEINWÜRFELN BEFESTIGT. SEIT DEM BEGINN DES 19. JAHRHUNDERTS WURDEN DIESE VOM GRAUEN GRANITPFLASTER ABGELÖST UND DIENTEN NUR MEHR ALS BELAG VON VORHÖFEN GEHSTEIGEN UND RINNSALEN.

Weitere Hinweise zur Geschichte des Straßenpflasters finden sie bei Text: Lange Gasse 14.

BÜRGERMEISTER INGEBORG FRIEBE-PARK

Anlässlich des 35jährigen Bestehens der Städtepartnerschaft Wiener Neustadt und Monheim am Rhein beschloss die Stadtgemeinde, einen Park nach der ehemaligen Monheimer Bürgermeisterin und Landespolitikerin von Nordrhein-Westfalen, Ingeborg Friebe, zu benennen. Am 23. Oktober 2006 gab Bürgermeister Bernhard Müller bekannt, dass die Grünfläche zwischen Baumgartgasse und Reyergasse zukünftig den Namen der deutschen Politikerin und Wiener Neustädter Ehrenbürgerin tragen wird.

Literatur: NÖN vom 30. 10. 2006, Nr. 44, S. 8.

(34) GEDENKSTEIN „HEILIGER MARTIN“

Anlässlich des Frühjahrshauptrapportes der Freiwilligen Feuerwehr am 7. Mai 1978 bedankte sich die italienische Gemeinde Artegna auf ganz besondere Weise für die geleistete Hilfe nach dem Erdbeben von Friaul. Am 6. Mai 1976 hat eines der schwersten Erdbeben, das Oberitalien seit Beginn der Aufzeichnungen erschütterte, die Region Friaul dem Erdboden gleichgemacht. Neben Geld- und Sachspenden von Wiener Neustädter Bürgern und Firmen war es vor allem die Freiwillige Feuerwehr von Wiener Neustadt, welche in der Zeit der schwersten Not vor Ort Hilfe leistete. Als

Zeichen der Dankbarkeit ließ die Gemeinde Artegna einen Stein aus der Region Friaul bearbeiten und mit einer Gedenktafel versehen. Diese trägt das Bildnis des Heiligen Martin, jenes Mannes, der selbst seinen halben Mantel einem Bedürftigen gab, der unbekleidet und ohne Hilfe war. Ein Hinweis geht auf die schrecklichen Ereignisse in Friaul ein und soll daran erinnern, dass es in einer Zeit unsagbarer Not Menschen gab, die in selbstloser Weise geholfen haben. Die Platzierung des Gedenksteins erfolgte in unmittelbarer Nähe des Feuerwehrquartiers in einer Grünfläche, welche später den Namen Bürgermeister Ingeborg Friebe-Park erhielt.

Literatur: Amtsblatt d. Stadt Wr. Neustadt, 1978, Folge 6, S. 17f.//WNN vom 12. 5. 1978, Nr.19, S. 14.

BURGPLATZ

(35) HISTORISCHE INFORMATIONSTAFEL „BURG UND ST. GEORGSKIRCHE“ (Burgplatz 1)

Bereits der letzte Babenberger, Friedrich II. der Streitbare, begann im 2. Viertel des 13. Jahrhunderts mit der Errichtung dieses weitläufigen, historisch und künstlerisch wertvollen Gebäudes in Form einer viertürmigen Kastellburg. Immer wieder als landesfürstliche Residenz in Verwendung, gehörten die Habsburger Herzöge Leopold III. und Ernst der Eiserne sowie Kaiser Friedrich III. (1440–1493) zu den Bauherren und Bewohnern. Vor allem unter Friedrich III., der Wiener Neustadt 1452 zu seiner Residenzstadt erkoren hatte, erfuhr die kaiserliche Burg eine umfassende Neugestaltung und Erweiterung. Neben dem Südtrakt sind die Osthoffassade mit der berühmten **Wappenwand** und die **St. Georgskirche** – beide von dem berühmten Hofbaumeister Peter von Pusica zwischen 1440 und 1460 geschaffen – hervorzuheben. Die Wiener Neustädter Burg ist der Geburtsort Kaiser Maximilians I., der hier am 22. März 1459 als Sohn Kaiser Friedrichs III. und seiner Gemahlin Eleonora zur Welt kam und am 27. Jänner 1519 unter dem Hauptaltar der Georgskirche seine letzte Ruhestätte fand.

Dem 2. Viertel des 16. Jahrhunderts sind die fächerförmigen Eckbastionen zuzuordnen. Zwei Brände in den Jahren 1608 und 1616 verwandelten das

herrschaftliche Gebäude in eine Ruine ohne Bedachung, wobei jedoch bald auf Geheiß Erzherzog Maximilians III. mit der Wiederherstellung begonnen wurde. Der **Rákóczy-Turm**, benannt nach dem späteren Fürsten von Siebenbürgen, Franz II. Rákóczy, der 1701 wegen Hochverrates hier als Gefangener eingesperrt war, erhielt 1617 ein Geläute aus vier Glocken, um 1800 barg er ein Observatorium für astronomische Zwecke.
Zur Unterbringung der von ihr gegründeten „Adeligen Militär-Schule" verfügte Kaiserin Maria Theresia 1752 die Umwidmung der kaiserlichen Burg. Später erhielt die Institution ihr zu Ehren die Bezeichnung **„Theresianische Militärakademie"**. Schäden, welche ein schweres Erdbeben 1768 anrichtete, ließ sie durch die Baumeister Niccoló de Pacassi und Josef Gerl beheben. Der Wiederaufbau stand allerdings mit einem weitreichenden Umbau in Verbindung, der das Erscheinungsbild des Gebäudes verändern sollte. So wurden drei der vier vom Einsturz bedrohten Ecktürme – außer dem nordwestlichen Rákóczyturm – beseitigt, die Flügel verbreitert, die östliche Hoftreppe sowie ein Terrassenvorbau und eine neue Portalanlage an der dem Burgplatz zugewandten Fassadenfront errichtet. Nach dem Zusammenbruch der österreichisch-ungarischen Monarchie musste 1919 die Militärakademie aufgelöst werden. In den leer gewordenen Räumlichkeiten richtete der Staat die **Bundeserziehungsanstalt** ein. Erst im August 1934 verlegte man die Ausbildungsstätte für Offiziere wieder nach Wiener Neustadt und erneuerte die traditionelle Bezeichnung, Theresianische Militärakademie. Nur ein Intermezzo, denn 1938 wandelte das nationalsozialistische Regime die Militärakademie in eine Kriegsschule der deutschen Wehrmacht um. Der wohl bekannteste Kommandeur dieser Kriegsschule war der spätere Generalfeldmarschall Erwin Rommel. Der Zweite Weltkrieg erwies sich für die alte, ehrwürdige Burg und die Georgskirche als verheerend. Nicht weniger als 80 Bomben trafen das Haupt- und die Nebengebäude, sodass 1945 nur ein ausgebrannter Torso übrig blieb. Der schwierige Wiederaufbau nach Kriegsende dauerte bis zum Jahr 1958, danach konnte die Militärakademie wieder von Enns nach Wiener Neustadt übersiedeln.
Eine Gedenktafel aus Marmor mit den historischen Eckpunkten ließ der Denkmalschutzverein am Sockelgeschoss der Durchfahrtshalle applizieren.

Literatur: J. Jobst, Die Neustädter Burg und die k. u. k. Theresianische Militärakademie (Wien 1908).//B. Listmayer, A. Hrubant, Die Burg zu Wiener Neustadt (Wr. Neustadt 2005) S. 29ff.//R. Marwan-Schlosser, Die Neustädter Burg – Theresianische Militärakademie (Wr. Neustadt 1985).//T. Rossiwall, Die alte Burg zu Wiener Neustadt (St. Pölten 1976) S. 25ff.//H. Zainar, Alma Mater Theresiana (Graz 1999).//J. C. Allmayer-Beck, Militärakademie-Kriegsschule-Fahnenjunkerschule (Wien 2006).

36 Bundespolizeidirektion – Frührenaissanceportale

Das dreigeschossige, in den Jahren 1955–57 errichtete Gebäude Burgplatz Nr. 2, welches Bundespolizeidirektion und das Vermessungsamt von Wiener Neustadt beherbergt, wurde 2000 bis 2001 zu einer Vierflügelanlage erweitert. Es befindet sich an der Stelle, wo bis 1955 das durch Kriegseinwirkung beschädigte und schließlich abgebrochene kaiserliche Zeughaus stand. Letzteres war ein lang gestrecktes Gebäude mit zwei seitlichen, steil aufragenden, gezinnten Giebeln. Es diente zur Aufbewahrung der Rüstungen und Waffen für die in der Wiener Neustädter Burg untergebrachten kaiserlichen Söldner. Nur die bemerkenswerten aus dem Jahr 1524 stammenden Frührenaissanceportale blieben erhalten und wurden als Spolien in den Neubau integriert.

Literatur: G. Buttlar, Das kaiserliche Zeughaus. In: Jahrbuch für Landeskunde von Niederösterreich, Jg. 59 (1993) S. 27ff.//StAWN, Scrin. Cc 168.//G. Buttlar, Die Ruhe vor dem Sturm. Wiener Neustadt vor der Zerstörung durch die Bomben (Wr. Neustadt 1989).

37 Das grosse Renaissanceportal

(Burgplatz 2, Bundespolizeidirektion)

Das Hauptportal an der Ostwand des Gebäudes wird Francesco da Pozzo zugeschrieben. Es ist ein pilastergerahmtes Rundbogenportal mit mächtigem Dreiecksgiebel und reichem Dekor. Auf den mit korinthischen Kapitellen gezierten Pilastern und in den Bogenzwickeln sind Medaillons mit antikisierenden Profilportraits (vermutlich Erzherzog Ferdinand und seine Frau Anna von Böhmen und Ungarn) zu erkennen. Die kassetierte Bogenlaibung zeigt Engelsköpfe. In der Attikazone sind seitlich von Engeln gehaltene Wappenschilde zu sehen, den Österreichischen Bindenschild und jenen Altburgunds zeigend, während in der Mitte eine vierzeilige, lateinische Inschrift zu lesen ist:

FERDINANDUS PHILIPPI HISPANIARUM ET IOANNE REG. F.
NEPOS MAXIMILIANI CES. AUG. AC FERDINANDI SENIORIS
REGIS CATHOLICI FRATER GERMANUS CAROLI V. IMP. PRINCEPS
AC INFANS HISPANIARUM ARCHIDUX AUSTRIE ZC HOC
ARMAMENTARIUM OB PATRIE TUICIONEM IN HOSTIUM
TERROREM E FUNDAMENTIS EXTRUEBAT ANNO A NATO
IESU MDXXIIII.

Die deutsche Übersetzung lautet: „Ferdinand, Sohn Philipps von Spanien und der Königin Johanna, Enkel Kaiser Maximilians und Ferdinands des Älteren des katholischen Königs, der leibliche Bruder Kaiser Karls des Fünften / Fürst und Infant von Spanien / Erzherzog von Österreich etc. erbaute dieses Zeughaus zum Schutz des Vaterlandes und zum Schreck für die Feinde vom Grund aus auf im Jahre nach Jesu Geburt 1524". Im Giebelfeld ein von Greifen gehaltenes polychromiertes, bekröntes Wappen Erzherzog Ferdinands (Österreich, Spanien und Burgund zeigend). Dieses Hauptportal gehört zu den bedeutendsten Beispielen der frühen Renaissancekunst in Österreich. Eine Gedenktafel, gespendet vom Lions-Club 1994, trägt die Aufschrift:

GROSSES RENAISSANCEPORTAL DES EHEMALIGEN KAISERLICHEN
ZEUGHAUSES ERRICHTET 1524. DER RENAISSANCEBAU WURDE
1954 ABGETRAGEN NUR DIE PORTALE BLIEBEN ERHALTEN.

Literatur: J. N. Fronner, Monumenta Novae Civitatis Austriae, I. De Civitate (Wr. Neustadt 1839) pag. 111 ff., Nr. 56.//Dehio. Niederösterreich südlich der Donau. Teil 2, S. 2659.//G. Gerhartl, Wiener Neustadt. NÖ Kulturführer (Wr. Neustadt 1983) S. 17.

38 Das kleine Renaissanceportal

(Burggasse, Ecke Burgplatz)
Das kleinere Pendant ist der Burggasse zugewandt an der Nordseite des Polizeidirektionsgebäudes. Im kaiserlichen Zeughaus bildete es das rückseitige Tor und war zur Neunkirchner Straße gerichtet. Mit gerader Verdachung, niedriger Attikazone und gemalter Inschrift ist das Rundbogenportal einfacher ausgeführt als das große Portal. Es wird von zwei

kannelierten, mit Palmenkapitellen versehenen Pilastern begrenzt, auf denen ein breiter Steinsturz ruht. In der Mitte dieses Architravs befindet sich ein von zwei Genien gehaltener, von einem Lorbeerkranz umgebener österreichischer Bindenschild. Die im 17. Jahrhundert erneuerte Inschrift entspricht wortwörtlich jener des Hauptportals.

Literatur: J. N. Fronner, Monumenta Novae Civitatis Austriae, I. De Civitate (Wr. Neustadt 1839) pag. 117, Nr. 57.//Dehio. Niederösterreich südlich der Donau. Teil 2, S. 2659.//G. Buttlar, Das Kaiserliche Zeughaus zu Wiener Neustadt. In: Jahrbuch für Landeskunde v. Niederösterreich Jg. 59 (1993), S. 27.

39 Steinrelief „Heiliger Georg“

In einer Grünfläche vor der Bundespolizeidirektion ist das Denkmal „Heiliger Georg“ zu finden, das nach den Bauarbeiten an der Bundespolizeidirektion und Neugestaltung der Grünfläche im Jahr 2004 wieder aufgestellt wurde. Das Steinrelief zeigt Georg den Drachentöter, der auf einem Pferd sitzend das Untier mit einer Lanze durchbohrt. Eine von Manfred Hönig angefertigte Tafel enthält folgende Inschrift:

„HEILIGER GEORG, DEM ANDENKEN SEINES EHRENMITGLIEDES, DIPL. ING. FRANZ LANG (1887–1963) DER SICH UM DEN DENKMALSCHUTZ IN WIENER NEUSTADT UND UM DAS ÖSTERREICHISCHE BAUWESEN UNVERGESSENE VERDIENSTE ERWORBEN HAT. GEWIDMET VOM WIENER NEUSTÄDTER DENKMALSCHUTZVEREIN 1966“.

Als Leiter der Baufirma Lang & Menhofer hatte sich Dipl. Ing. Franz Lang an der Restaurierung der Spinnerin am Kreuz maßgeblich beteiligt und half bei der Errichtung der Waldschule. Das aus seinem Besitz stammende Steinrelief wurde gemeinsam mit der Gedenktafel am 26. November 1966 in einem feierlichen Akt enthüllt. Eine Restaurierung ließ der Denkmalschutzverein in den Jahren 1986 und 2004 durchführen.

Literatur: WNZ vom 19. 11. 1966, Nr. 46, S. 2.//WNZ vom 3. 12. 1966, Nr. 48, S. 4.//StAWN, Denkmalordner I, Denkmäler.

40 TÜRKENKUGELN

Dieses von Manfred Hönig geschaffene Denkmal entstand im Auftrag des Wiener Neustädter Denkmalschutzvereins im Jahr 1965. Es besteht aus mehreren, zu einer Pyramide aufgeschichteten Steinkugeln, welche von zwei Gedenksteinen flankiert werden. Auf der einen Tafel ist zu lesen: TÜRKENKUGELN 1529–1683. Wiener Neustadt war im 16. und 17. Jahrhundert mehrfach das Ziel türkischer Angriffe. Hervorzuheben ist das Jahr 1529, als es im Herbst für mehrere Wochen nahezu täglich Anstürme an die zum Glück gut befestigte Neustadt gab, die erst aufhörten, als die Türken die Belagerung Wiens einstellten. Nach schweren Kämpfen im Jahr 1532 blieb Wiener Neustadt in den folgenden 150 Jahren vor türkischen Heerscharen verschont. Doch wie zuvor die Akindschi, verbreiteten im August 1683 die Tataren unter ihrem Khan Murad Ghiray Angst und Schrecken in der Wiener Neustädter Bevölkerung. In einem im Stadtarchiv aufbewahrten Schreiben, dem so genannten türkischen Ferman, forderte der Khan die Stadt zur Unterwerfung auf, andernfalls drohe die völlige Zerstörung. Jedoch gelang es einem Dragonerregiment unter Befehl von Oberst Friedrich Graf von Castell, das osmanische Heer zu dezimieren, was den feindlichen Druck auf die Allzeit Getreue deutlich verminderte. Die Belagerung der gut befestigten Stadt wagten die Tataren danach nicht mehr. Auf den Wällen und im Zeughaus standen mehr als 500 Geschütze, darunter die „Ferdinandinische Sängerin“, welche 25 Pfund schwere Steinkugeln zu schleudern vermochte, sowie 200 Zentner Pulver, Blankwaffen und Kürassen, um ein ganzes Regiment auszustatten.

Die andere Gedenktafel trägt die Inschrift:

DIESE KUGELN WURDEN VON HERRN OSKAR HANDLER
GEBORGEN UND ZUR VERFÜGUNG GESTELLT IM JAHRE 1965.
ERRICHTET VOM WIENER NEUSTÄDTER
DENKMALSCHUTZVEREIN.

Literatur: H. Lacom, Niederösterreich brennt. Tatarisch-Osmanische Kampfeinheiten 1683 (Wien 2009) S. 98f.//G. Gerhartl, Wiener Neustadt. Geschichte, Kunst, Kultur, Wirtschaft (Wien 1993) S. 218f., 222ff., 296ff.

41 Gedenktafel Prälat Dr. Leopold Ungar

(Burgplatz 5)
An dem von der Bundesgebäudeverwaltung restaurierten Haus Burgplatz 5, dem „Freien Kornellhof", ließ die Stadt im März 1994 eine Gedenktafel anbringen. Aus der Inschrift der Tafel geht hervor, dass der Baumeister Josef Kornell im Jahre 1858 dieses Mietsgebäude errichten ließ. Am 8. August 1912 erblickte in einer der Wohnungen ein berühmter Mann das Licht der Welt, Prälat Dr. Leopold Ungar (1912–1992), Präsident der Caritas Österreich in den Jahren 1964 bis 1991. Dr. Ungar besuchte in Wiener Neustadt die Volksschule und das humanistische Gymnasium in der Frauengasse. Die Familie Leopold Ungars war eng mit der Neustädter Israelitischen Kultusgemeinde verwoben, wo sein Vater auch im Vorstand tätig war. Das Jusstudium schloss er mit der Promotion ab, trat aber – nachdem er bereits als Student zum katholischen Glauben konvertierte – 1935 in das Wiener Priesterseminar ein. Er wohnte gemeinsam mit seinen Eltern im Kornellhof bis zur Machtübernahme durch die Nationalsozialisten. Der ihm damals drohenden Verfolgung musste er sich durch Flucht nach Frankreich und später England entziehen. Nach Kriegsende kam Dr. Ungar zurück nach Österreich, wo er die Lebensmittelhilfe für die hungernde Bevölkerung organisierte und an den „Wiedergutmachungsverhandlungen" beteiligt war. Die Arbeit als Leiter und Präsident der Caritas betrachtete er als Lebensaufgabe. Ungar baute die österreichische Caritas im In- und Ausland zu einer bestens funktionierenden Organisation aus und agierte weltweit als Anwalt der Armen und Notleidenden. Als moralisches Gewissen der Wohlstandsgesellschaft war seine Stimme über alle politischen Lager und Konfessionen anerkannt.

Literatur: Amtsblatt der Stadt Wr. Neustadt 1994, Folge 4, S. 27//Rathauskorrespondenz, Blatt 100/1994.//NÖN vom 5. 5. 1992, Nr. 19, S. 2.//WNN vom 8. 5. 1992, Nr. 19, S. 13.

CORVINUSRING

Der in einem weiten Bogen nordöstlich um das Krankenhausareal laufende Corvinusring erinnert an den Ungarnkönig Matthias Corvinus (1443–1490), der nach fast zweijähriger Belagerung am 17. August 1487 die kaiserliche Residenzstadt Wiener Neustadt einnahm. Er verhielt sich jedoch als sehr ehrenhafter Fürst, dem es nicht daran gelegen war, der Stadt oder den Bürgern Schaden zuzufügen. Der nach ihm benannte **Corvinusbecher**, einer der wertvollsten mittelalterlichen Prunkpokale, welcher im Stadtmuseum zu besichtigen ist, kann auf Grund der mangelhaften Quellensituation nicht mit Gewissheit Matthias Corvinus zugeordnet werden.

42 43 **Reste der ehemaligen Stadtbefestigung**

(Gelände des Krankenhauses)

Am Gelände des Krankenhauses sind noch Reste der ehemaligen **Stadtbefestigung** zu sehen. Zwischen Spitals-Parkdeck und Grünangergasse blieb ein Mauerrest mit Opus spicatum (Ähren- oder Fischgrätvermauerung) und Bruchsteinmauerwerk erhalten. Im Hof der Physikalischen Abteilung können noch die Grundmauern des nordöstlichen Eckturmes, des **Deutschherrenturms** – der Name leitet sich vom ehemaligen Deutschherrenkloster ab – besichtigt werden. Im Park des Krankenhauses hat neben einem niedrigen, ostseitigen Mauerrest mit Opus spicatum, der **Schlegel- oder Schlögelgartenturm** seinen Standort. Der früher mindestens dreigeschossige, heute zweigeschossige Zwischenturm mit quadratischem Grundriss und einem neuzeitlichen tonnengewölbtem Untergeschoss ist auf seiner Westseite mit Friedrichs III. Eignerzeichen AEIOU und der Jahreszahl 1470 versehen. Die Fundamente des Bauwerkes gehen jedoch auf die Zeit der Stadtgründung Ende des 12. Jhs. zurück. Der Name erinnert an den Wiener Neustädter Grundbesitzer Schlegel (Schlögel), der den Garten, in dem der Turm stand, der Stadt verkaufte. Diese errichtete dann ab 1884 das städtische Krankenhaus. Der Zwischenturm der östlichen Stadtbefestigung weist eine abwechslungsreiche Vergangenheit auf. Zuerst Teil der Wehranlage, war später eine Büglerei und Näherei untergebracht, schließlich diente das in die Jahre gekommene Gebäude als Abstellraum für Gartengeräte. Zwei Jahre arbeiteten Schüler und Lehrer der HTL Wiener Neustadt an der Sanierung. Das Ergebnis nach 10.000 Arbeitsstunden wurde mit der Eröffnung des Krankenhausmuseums am 15. Dezember 2000, das nunmehr in dem Turm untergebracht ist, präsentiert.

Literatur: NÖN vom 19. 12. 2000, Nr. 51, S. 54.//NÖN vom 1. 9. 2008, Nr. 36, S. 15.//Amtsblatt der Stadt Wiener Neustadt 2004, Folge 1, S. 38.//E. Reidinger, Planung oder Zufall. Wiener Neustadt 1192 (Wr. Neustadt 1995) S. 236ff.//T. Winkler, Die städtebauliche Anlage und mittelalterliche Befestigung von Wiener Neustadt (Wien 2009) S. 84.//Rathauskorrespondenz, Blatt 262/2000.

DEUTSCHGASSE

Die Deutschgasse führt, beginnend bei der Wiener Straße, seit 1954 durch die Ortsdurchfahrt Grazer Straße unterbrochen, direkt zur Portalfront der Karmeliterkirche. Vom 13. bis zum 15. Jhdt. befand sich hier jedoch die Deutschordenskommende. Der Deutsche Ritterorden erfreute sich in Wiener Neustadt bis zur Zeit Kaiser Friedrichs III. großer Zuwendung. Einige topografische Bezeichnungen gehen auf diesen bedeutenden, zur Stadtverteidigung verpflichteten Orden zurück. So lautet der historisch gewachsene Name des nordöstlichen Stadtteils „Deutschherrenviertel“, des (nur noch in Fundamenten erhaltenen) nordöstlichen Eckturmes der Stadtbefestigung „Deutschherrenturm“ und des zur ehemaligen Kommende weisenden Verkehrsweges „Deutschgasse“.

44 Sgraffito „Falkenzucht“

(Deutschgasse 15)

Das von der Großhandelsfirma Alfred Ötsch in der zweiten Hälfte der 1950er Jahre an der Grazer Straße Ecke Deutschgasse errichtete Gebäude wird an der Front der Deutschgasse durch ein bemerkenswertes Sgraffito zu einem Blickfang. Die gelungene Darstellung, ein Werk des akadem. Malers Sepp Buchner, erinnert an die im Mittelalter hier ansässige Falkenzucht. Das Bild zeigt einen Falkner mit einem an der Leine geführten Jagdhund und zwei abgerichteten Falken bei der Beizjagd auf Federwild. Eine gegenüber befindliche weibliche Person bereitet einen dritten Falken, dessen Augen noch verbunden sind, für die Jagd vor. Eine Inschrift gibt über die einstige Falkenzucht Auskunft:

AUF DEM GELÄNDE DIESES GEBÄUDES BEFAND SICH SCHON ZUR ZEIT DES BABENBERGERHERZOGS FRIEDRICH DES STREITBAREN – 1230–1246 – EINE FALKENZUCHT, WELCHE NOCH ÜBER DIE ZEIT KAISER FRIEDRICH III. 1440–1493 EXISTIERTE.

Im 13. Jhdt. befand sich auf dem Gelände der späteren Häuserreihen entlang der Deutschgasse, der Grünangergasse und der Schlögelgasse ein herzoglicher Garten, der unter anderem der Falknerei diente. Die Falkenzucht erforderte viel Geduld, da es lange dauert, ehe die Tiere die gestellte Aufgabe

wunschgemäß erfüllen. Sie wurden vorzugsweise zur Jagd auf Kraniche, Reiher, Schwäne und Fasane abgerichtet. Der mit einer Haube bedeckte Vogel wurde auf der durch einen Lederhandschuh geschützten Faust getragen und vor dem Anwerfen auf das Wild abgehaubt. Der Jagdhund hatte die Aufgabe, das Federvieh aus den Gebüschen aufzuscheuchen, dann folgte der tödliche Einsatz des Falken. Nach der Jagd kehrte der Raubvogel, angelockt durch ein Stück Fleisch, zurück auf die Faust des Jägers. Die Falkenzucht hat eine sehr lange Tradition, entstand vermutlich vor 3500 Jahren in Asien und erlebte im Mittelalter ihre Blütezeit, als die Beizjagd zum Vergnügen der adeligen Gesellschaft avancierte.
Sepp Buchner (1921–2000), der schon in früher Kindheit mit dem Zeichnen begann, besuchte die Höhere Grafische Bundeslehr- und Versuchsanstalt in Wien. Nach dem Zweiten Weltkrieg inskribierte er in der Meisterklasse für Wandgestaltung bei Albert Paris Gütersloh. Neben Sgraffiti schuf der Künstler zahlreiche Gemälde, unter anderem Portraits von den Liechtensteiner Fürsten Franz Josef II. und dem Erbprinzen Hans Adam. Eine von ihm 1979 gestaltete Briefmarke mit einer Mariendarstellung wurde 1981 zur „schönsten Marke der Welt“ gekürt.

Literatur: WNZ vom 20. 7. 1957, Nr. 29, S. 3.//J. Mayer, Geschichte von Wiener Neustadt, Bd. 1 (Wr. Neustadt 1924) S. 100.//NÖN vom 1. 12. 1992, Nr. 49, S. 30.//WNN vom 22. 9. 2000, Nr. 38, S. 24.

DR.-ECKENER-GASSE

Diese von der Fischauer Gasse zur nordwestlich gelegenen Julius-Willerth-Gasse führende Verkehrsverbindung erhielt ihren Namen nach dem Luftschiffer Dr. Hugo Eckener (1868–1954), der mit dem Luftschiff „Graf Zeppelin“ eine Amerikafahrt (1928), eine Weltfahrt (1929) und eine Polarfahrt (1931) unternahm.

45 **METALLPLASTIK „DER AUFSTIEG“** (Dr.-Eckener-Gasse – Julius Willerth-Gasse)

In der Grünanlage vor dem „Franz-Prack-Hof“ befindet sich die Metallplastik „Der Aufstieg“ des Künstlers Prof. Gotthard Fellerer, in Form eines stufenförmig aufstrebenden Kreissegments. Sie entstand als Auftragswerk für die 1974–1978 von der Stadt Wiener Neustadt mit der Ersten Burgenländischen Gemeinnützigen Wohnbaugesellschaft Pöttsching errichteten Wohnhausanlage. Die offizielle Einweihung erfolgte am 30. Juni 1979.

Literatur: Morgen 1982, Folge 23, S. 181.//G. Gerhartl, Wiener Neustadt. NÖ Kulturführer (Wr. Neustadt 1983) S. 18.//Amtsblatt d. Stadt Wiener Neustadt 1979, Folge 8, S. 40.

DOMPLATZ

Im Nordwesten der Altstadt gelegener, beinahe quadratischer Platz, der vom Dom eingenommen wird. Im Mittelalter und Frühneuzeit bestand an der Südseite des Domes ein kleiner Friedhof mit Karner. Südlich des Domes befindet sich heute eine kleine Grünfläche mit einem Brunnen. Die vorwiegend zwei- und dreigeschossigen, den Platz umsäumenden Gebäude sind zum Teil historisch, zum Teil den 1950er und 1960er Jahren zuzuordnen. Die Platzgestaltung geht auf das Jahr 2009 zurück.

46 BISCHOFSTOR

(Propstei, Domplatz 1)

Die bemerkenswerte hochbarocke Portalanlage ließ Bischof Franz Anton Graf von Puchheim um 1710 errichten. Das von säulengerahmten Atlanten flankierte Rundbogentor trägt ein verkröpftes Gebälk. Eine Wappenkartusche mit dem Wappen und den Insignien des Bischofs (Bischofshut mit 10 Quasten, Kreuz und Krummstab), gehalten von zwei Löwen, davor zwei allegorische weibliche Figuren und Aufsatzvasen bilden die Bekrönung des monumental wirkenden Portals. Erwähnenswert erscheint auch das reich verzierte Schmiedeeisengitter mit dem Monogramm FACDP (Franziscus Antonius Comes De Puchheim). Die letzte Restaurierung erfolgte erst kürzlich im Jahr 2012.

Literatur: J. N. Fronner, Monumenta Novae Civitatis Austriae. De Civitate (Wiener Neustadt 1839) pag. 150ff., Nr. 80.//Dehio. Niederösterreich südlich der Donau. Teil 2, S. 2615.//WNZ vom 24. 8. 1907, Nr. 67, S. 2.//Monatsblatt des Altertumsvereins, Jg. 12, Bd. 12, S. 155.

47 PROPSTEIGARTEN-LAPIDARIUM

Einer Initiative des Rotary Clubs 1987 ist ein Lapidarium (lat. „Steinsammlung“) im Propsteigarten zu verdanken. Zu sehen sind Grabsteine, welche in früheren Jahrhunderten ihren Standort in der Domkirche hatten, aber durch die Renovierung des Domes 1977/78 weichen mussten. Mit Hilfe des Rotary Clubs erfolgte die Restaurierung und Wiederaufstellung im Garten der Propstei. Die Grabsteine von verstorbenen Wiener Neustädtern (darunter der Bürgermeister Hippolyt Stainer, verst. 1506 und Ludwig Wilhelm Kaich, Assessor des Inneren Rates, gest. 1648) sind mittelalterlichen und frühneuzeitlichen Ursprungs. Am 17. September 1987 lud Hausherr Dompropst Hahn Bürgermeister Kraupa und Vertreter des Rotary Clubs zu einer Feier anlässlich der Fertigstellung des Lapidariums. Letzteres befindet sich im hinteren Teil des ebenfalls im Jahr 2012 renovierten Propsteigartens.

Literatur: Amtsblatt d. Stadt Wr. Neustadt 1987, Folge 10, S. 12.//Rathauskorrespondenz, Blatt 554/1987.

48 POSTREITER (Domplatz 8)

In den Jahren 1907–1909 ließ die Post- und Telegraphenverwaltung fünf angekaufte Altgebäude an der östlichen Seite des Domplatzes schleifen und stattdessen nach Plänen der bekannten Architekten Theiß und Jaksch einen Monumentalbau aufführen. Die beiden Stararchitekten konnten sich in einem Wettbewerb, bei dem 27 Entwürfe zur Auswahl standen, durchsetzen. Leider war dem am 8. Mai 1909 eröffneten Posthof, dessen Errichtung über 1 Million Kronen kostete, kein langes Dasein beschieden, denn Bombentreffer im Zweiten Weltkrieg machten den Abbruch des einst unverwüstlich erscheinenden und architektonisch wertvollen Objektes unumgänglich. An seiner Stelle folgte in der Nachkriegszeit ein Wohn- und Geschäftsbau. Die Figur eines Postreiters aus Sandstein an der südwestlichen Gebäudeecke erinnert noch an diesen ehemaligen Posthof.

Literatur: G. Gerhartl, Wiener Neustadt. NÖ Kulturführer (Wr. Neustadt 1983) S. 22f.//Amtsblatt d. Stadt Wr. Neustadt 1979, Folge 9, S. 39f. und 49.

49 Gedenktafel „Michaelskarner“

Bis etwa um das Jahr 1870 bestand am südlichen Teil des Domplatzes ein dem Heiligen Michael geweihter Karner. Die Errichtung dieses Gebeinhauses über polygonalem Grundriss erfolgte gleichzeitig mit dem Langhaus der Wiener Neustädter Domkirche in der ersten Hälfte des 13. Jhs. und gehörte seiner Baugeschichte nach der romanisch-gotischen Stilepoche an. Zwischen Pfarrkirche und Karner erstreckte sich, wie in vielen anderen Städten des Landes, der mittelalterlich-frühneuzeitliche Friedhof. Dieser Umstand barg, abgesehen von der schnellen Erreichbarkeit, zwei entscheidende Nachteile: Das Begraben der Toten in unmittelbarer Nähe der Wohnstätten und Brunnen verschlechterte zum einen die sanitären Verhältnisse auf Grund der Seuchengefahr, zum anderen erlaubte die Enge des umbauten Platzes keine Ausweitung der Grabanlagen. So war es den derart Bestatteten nicht vergönnt, die ewige Ruhe in ihrem Grab zu finden. Sobald kein Verwandter bzw. Nachfahre mehr die Grabanlage pflegte, kamen die sterblichen Überreste in den Michaelskarner. Dieser wies, wie auch so manches andere Gebeinhaus, einen zweigeschossigen Bauplan auf, der unter einem Andachtsraum das eigentliche Ossarium vorsah.

Kaiser Joseph II. erließ 1781 eine Friedhofsordnung mit dem Ziel, hygienische Missstände zu beseitigen und Friedhöfe außerhalb der Stadtmauern zu errichten. In der westlichen Vorstadt St. Ulrich wurden seit dem ausgehenden 16. Jh. Leichen beigesetzt. Dieser Gottesacker sollte nunmehr den Friedhof am Pfarrplatz ersetzen. Einzelne, bedeutende Grabtafeln bekamen einen neuen Standort innerhalb der Domkirche. Der entweihte Michaelskarner diente fortan als Getreidemagazin und als Depot für Feuerlöschrequisiten. Um 1870 erhielt die Feuerwehr in der aufgelassenen Zuckerrohrfabrik eine zweckmäßigere Räumlichkeit zur Verfügung gestellt. Der Karner galt im Zuge missverstandener Modernisierungsbestrebungen nur noch als ein Verkehrshindernis und fiel – wie die Stadttore wenige Jahre zuvor – der Spitzhacke zum Opfer. Bei der Umgestaltung des Domplatzes im Jahr 2009 stieß man auf Fundamentteile des ehemaligen Karners. Die Lage des Langhauses konnte mittels einer Geo-Radarmessung, durchgeführt von der Zentralanstalt für Meteorologie und Geodynamik (ZAMG), ermittelt werden. Die im November 2012 aufgestellte Gedenktafel in einer Grünfläche südlich des Doms erinnert an das einstige Gebeinhaus.

Literatur: WNN vom 21. 12. 1990, Nr. 51/52, S. 13.//NÖN vom 20. 7. 2009, Nr. 30, S. 12.//NÖN vom 27. 7. 2009, Nr. 31, S. 10.//M. Dvorak, Katechismus der Denkmalpflege (Wien 1916) Abb. S. 6.//F. Kozak, Der Karner. In: Unser Neustadt, Jänner 1959, Folge 1, S. 5f.

(50) MOSESBRUNNEN

Der malerische, in eine Grünfläche an der Südseite des Domes eingebettete, von Prof. Ernst Fuchs geschaffene Brunnen wurde am 10. Oktober 1997 durch Staatssekretär Dr. Peter Wittmann der Öffentlichkeit übergeben. Die Überlegungen des Künstlers gingen dahin, dass Wiener Neustadt, ein Schmelztiegel alter Kulturen, wie Moses für Gerechtigkeit, Völkerverbundenheit und Brüderlichkeit steht. Das Haupt Moses hat einen der Gottheit Neptun ähnlichen Charakter, denn er schlug aus dem Felsen das Wasser und teilte das Meer, so der Künstler über sein Werk. An der Mosesfigur befinden sich vier Masken, die Himmelsrichtungen versinnbildlichend, in welche sich das Wasser ergießt. Der Brunnen besteht aus einem muschelförmigen Becken, in dessen Gestaltung Fauna und Flora der Region miteinbezogen wurden. Für die Skulptur verwendete Fuchs Bronze, für die Brunnenschale Glasmosaik, Kiesel und Steinmosaik. Wie eine Inschriftentafel besagt, ist der Mosesbrunnen, wie die ihn umgebende Grünfläche, zu Ehren des in Wiener Neustadt geborenen Nationalratsabgeordneten (1970–1978) und Präsidenten der Österreichischen Nationalbank (1978–1988) o. Univ. Prof. Dr. Stephan Koren (1918–1988) gewidmet. Die Nationalbank beteiligte sich finanziell an der Errichtung des hochwertigen Kunstwerkes. Zur Erinnerung an den Nationalbank-Präsidenten wurde im Bereich des Stadtteiles Civitas Nova auch eine Prof.-Dr.-Stephan-Koren-Straße benannt.

Literatur: Amtsblatt der Stadt Wr. Neustadt 1997, Folge 11, S. 43.//NÖN vom 23. 10. 1996, Folge 43, S. 9.//WNN vom 17. 10. 1997, Folge 42, S. Infobox IV.//NÖN vom 15. 10. 1997, Folge 42, S. 8 und S. 27.//Rathauskorrespondenz, Blatt 253/1997.

51 Epitaph des Grabes von Zrinyi und Frangipani

Die sterblichen Überreste der im bürgerlichen Zeughaus am 30. April 1671 wegen Hochverrats hingerichteten kroatischen Magnaten Graf Peter Zrinyi und Franz Christoph Frangipani fanden zunächst am Friedhof vor der Domkirche ihre letzte Ruhestätte. Das Grab war unmittelbar neben dem St. Michaels-Karner situiert, der Grabstein an der Außenmauer befestigt. Das Epitaph trägt neben einer Darstellung von zwei über einem Schwert angeordneten Totenköpfen eine in lateinischer Sprache verfasste Inschrift:

HOC IN TVMVLO / IACENT / COMES PETRUS ZRINIVS / BANVS CROATIAE / (E)T / MARCHIO FRANCISCVS FRANGEPAN / VLTIMVS FAMILIAE / QVI, QVIA / CAECVS CAE(C)VM DVXIT / AMB(O) IN HANC FOVEAM CECIDERVNT. DISCITE MORTALES ET CASV DISCITE NOSTRO / OBSERVARE FIDEM REGIBUS (A)TQVE DEO / ANNO DOMINI M DC L X XI / DIE X(XX) APRILIS HORA IX. AMBITIONIS M(E)TA EST TVMBA.

Die deutsche Übersetzung des makabren Textes lautet:

IN DIESEM GRABE LIEGEN GRAF PETER ZRINYI, BANUS VON KROATIEN, UND MARKGRAF FRANZ FRANGEPAN, DER LETZTE SEINER FAMILIE, WELCHE, WEIL EIN BLINDER DEN ANDEREN FÜHRTE, BEIDE IN DIESE GRUBE GEFALLEN SIND. LERNET IHR STERBLICHEN, UND LERNET AUS UNSEREM FALLE, DEN KÖNIGEN UND GOTT TREUE ZU BEWAHREN. IM JAHRE DES HERRN 1671, AM 30. APRIL UM DIE 9. STUNDE WURDE DAS GRAB DAS ENDE DES EHRGEIZES.

Zu Beginn des 19. Jhs. erfolgte die Profanierung des Karnergebäudes und die Verlegung des Magnatengrabes nächst dem Südturm des Domes. Während das aus rotem Marmor hergestellte Epitaph heute noch an der Südmauer der Domkirche zu betrachten ist, wurden die Skelette 1883 auf den städtischen Friedhof überstellt (siehe auch die ergänzenden Texte Lederergasse „Gedenktafeln Zrinyi und Frangipani“ und städtischer Friedhof „Grabplatte Zrinyi und Frangipani“).

Literatur: R. Kohn, Die Inschriften der Stadt Wiener Neustadt (Wien 1998) S. 237f.//J. N. Fronner, Monumenta Novae Civitatis Austriae, III. Die Domkirche (Wr. Neustadt 1839) pag. 174, Nr. 70. // Amtsblatt der Stadt Wr. Neustadt vom 15. 2. 1970, Nr. 4, S. 72f.

Kriegerdenkmal „Eiserner Ritter“

An der Südseite des Domes neben dem Brauttor ist dieses, zur Erinnerung an die Gefallenen der Weltkriege angefertigte Denkmal zu besichtigen. Es zeigt einen, auf einem den Feind symbolisierenden Lindwurm stehenden überlebensgroßen Ritter, der mit ausgestreckten Armen zwei Lanzen in seinen Händen hält. Diese beiden Lanzen sind durch ein Fahnenband mit der Aufschrift „Allzeit Getreu“ verbunden. Die Figur besteht aus einer Kupferlegierung. Der Wiener Bildhauer Heinrich Krippel schuf dieses Werk, welches eine Jury aus zahlreichen Entwürfen auswählte. Am 15. November 1931 fand die feierliche Enthüllung und Einweihung durch den damaligen Dompropst Leopold Uhl statt. Der im 12. und 13. Jahrhundert errichtete Dom hatte den Künstler wohl dazu verleitet, dem Denkmal ein mittelalterliches Gepräge zu verleihen. Die martialisch-heroische Wirkung entsprach dem Zeitgeist und konnte den Auftraggeber, den Kriegsdenkmäler-Verein Wiener Neustadt, überzeugen. Aber erst der Text offenbart die Bedeutung des Denkmals:

DEN GEFALLENEN DER WELTKRIEGE
1914–1918 und 1939–1945.

Die Daten zum Zweiten Weltkrieg kamen ergänzend natürlich erst nach 1945 hinzu.

Literatur: Amtsblatt der Stadt Wiener Neustadt 2003, Folge 7, S. 27.//Spurensuche. Der andere Stadtführer durch Wiener Neustadt (Wr. Neustadt 2011) S. 4.

Wertesäulen

Im Zuge eines Architekturwettbewerbes erhielt der Domplatz 2009 ein neues Aussehen. Auffällig sind vier so genannte Wertesäulen, welche durch LEDs beleuchtet, die Worte TREUE, MUT, TOLERANZ und GERECHTIGKEIT erkennen lassen. Die über eine Schaltung gemeinsam mit der Stadtbeleuchtung aktivierbaren LEDs ändern automatisch die Farbe. Es handelt sich dabei um eine künstlerische Intervention des Architekten Dipl. Ing. Mag. Markus Grabenwöger.

Literatur: NÖN vom 26. 10. 2009, Nr. 44, S. 10f.

BODENDENKMAL „ABSTECKPUNKT DOM“

Wie der Absteckpunkt – Stadtgründung 1192 am Hauptplatz, ist in die Bodenpflasterung des Domplatzes, und zwar unmittelbar vor dem Westportal der Domkirche, der mit mehreren Orientierungsstrahlen versehene „Absteckpunkt Dom“ eingelassen. Dieses Denkmal basiert auf die Vermessungsarbeiten von Prof. Dr. Erwin Reidinger, der die mittelalterliche Stadtplanung der Allzeit Getreuen erforschte und der auf Grund der Geometrie der Stadt und der Ausrichtung des Domes das Pfingstfest 1192 als Gründungszeitpunkt ermittelte. Er gewann die Erkenntnis, dass zum Pfingstfest 1192, damals am 24. Mai, der Absteckpunkt und die Lage des Langhauses festgelegt wurden. Zu Pfingsten 1193 (16. Mai) erfolgte neuerlich nach dem Sonnenaufgang die Orientierung des Chores. Weil Pfingsten ein bewegliches Fest ist, ging die Sonne in unterschiedlichen Richtungen auf, was den bekannten Achsknick zwischen Langhaus und Chor zur Folge hatte. Ein weiteres bemerkenswertes Zeichen städtebaulicher Konstruktion ist der Umstand, dass die verlängerte Achse des Domes die Nord- und Westseite der Stadt genau in der Mitte schneidet. Der Halbierungspunkt an der Westseite der Stadt ist der „Absteckpunkt Fischauertor“. Bei der Umgestaltung des Domplatzes im Jahr 2009 ließ die Stadtgemeinde die Pflasterung nach der Achse des Domes ausrichten, um das Gründungsdatum der Stadt zu Pfingsten 1192 auf diese Weise zu dokumentieren.

Literatur: E. Reidinger, Planung oder Zufall. Wiener Neustadt 1192 (Wr. Neustadt 1995)S. 268–389.//E. Reidinger, Der Dom ist Zeuge der Stadtgründung. In: Der Dom in neuen Glanz. Festschrift (Wr. Neustadt, o. J.) S. 33ff.

PLASTIK „HEILIGER GEORG“ (Domplatz 19)

In einer Nische über dem Haupttor des Hauses steht eine spätbarocke Reiterstatue, Georg den Drachentöter darstellend. Bis zur Übertragung des Wiener Neustädter Bistums nach St. Pölten im Jahr 1785, bewohnten die Benefiziaten des St. Georgs-Benefiziums im Dom dieses Gebäude. In Wiener Neustadt findet man, abgesehen von der beeindruckenden St. Georgskirche bei der Theresianischen Militärakademie, mehrere Kleindenkmäler zu Ehren des Hl. Georg (siehe: Burgplatz und Günser Straße). Dies überrascht nicht, da der in der Allzeit Getreuen residierende Kaiser Friedrich III. es war, der am 1.

Jänner 1469 den St. Georgs-Ritterorden in Millstatt/Kärnten gründete und dessen vorzüglichste Aufgabe die Bekämpfung der Türken sein sollte. Im Jahr 1479 übersiedelte dieser Ritterorden jedoch auf Wunsch des Kaisers nach Wiener Neustadt. Papst Sixtus IV. gab im selben Jahr seine Zustimmung zur Vereinigung des Bistums und des St. Georgs-Ritterordens.

Literatur: G. Gerhartl, Wiener Neustadt. NÖ Kulturführer (Wr. Neustadt 1983) S. 23.//G. Gerhartl, Wiener Neustadt. Geschichte, Kunst, Kultur, Wirtschaft (Wien 1993) S. 163f. u. 170f.//F. Katzettl, Wiener Neustadt und der St. Georgs-Ritterorden Kaiser Friedrichs III. (Wien 1996) S. 66ff.

Gedenktafel Dr. Peter Schuster (Domplatz 20)

Am 7. Mai 1992 starb ein Wiener Neustädter, der die lokale Kulturszene der 70er und 80er Jahre prägte. Peter Schuster wurde 1945 in Wiener Neustadt geboren und erhielt hier seine Schulausbildung. Nach seinem Publizistik- und Theaterstudium lebte er in der Allzeit Getreuen und arbeitete als Buchautor, Kulturkritiker und Journalist. Er veröffentlichte mehrere literarische Werke, darunter „Alltage ohne Alltag“ und „Der Hund Gran´Fello“. Die Schriftstellerin Jeannie Ebner bezeichnete Schuster als einen „sich listig hinter dem Unernst verbergenden Philosoph“. Als Mitbegründer und Vorstand des Wiener Neustädter Literaturkreises ging es ihm auch darum, das Schaffen anderer in der Umgebung von Wiener Neustadt angesiedelter Autoren zu fördern und Literatur, welche die Stadt in welcher Form auch immer berührte, zugänglich zu machen. Davon zeugen unter anderem die Bücher „Das Wiener Neustädter Lesebuch“ und das „Wiener Neustädter Literaturlexikon“. Dr. Schuster war Mitglied des österreichischen P.E.N.-Clubs und erhielt für sein literarisches Werk den Förderungspreis des Landes Niederösterreich sowie den Kulturpreis der Stadt Wiener Neustadt. Am 20. Juni 2002 – zehn Jahre nach seinem Ableben – hielt der P.E.N.-Club im Innenhof des Hauses Domplatz 20, wo Schuster wohnte, eine Lesung. Als Höhepunkt der Veranstaltung folgte die Enthüllung einer Gedenktafel:

IN DIESEM HAUS LEBTE DR. PETER SCHUSTER
AUTOR, VERLEGER UND JOURNALIST 1945–1992.

Literatur: Amtsblatt d. Stadt Wr. Neustadt 1992, Folge 6, S. 14.//NÖ Kulturberichte 1992, Folge 6, S. 23.//Amtsblatt d. Stadt Wr. Neustadt 1986, Folge 3, S. 16.//NÖN vom 17. 6. 2002, Nr. 25, S. 42.

FERDINAND-PORSCHE-RING

Beginnt Herzog-Leopold-Straße 29 und endet Maria-Theresien-Ring 9. Dieser Verkehrsweg wurde bereits mehrere Male umbenannt, so hieß er im ausgehenden 19. und im 20. Jahrhundert zuerst Grabnerring und in der Folge Bismarckring. Nach dem Tode Ferdinand Porsches (1875–1951) erhielt er zu Ehren des Automobilkonstrukteurs, der siebzehn Jahre in Wiener Neustadt als technischer Direktor den Österreichischen Daimler Motorenwerken vorstand, den Namen Ferdinand-Porsche-Ring.

55 EHEMALIGER EISKELLER

Aus der Zeit um 1850 stammender Rest eines etwa 1 m dicken Quadermauerwerkes mit einem heute vermauerten, mit Ziegeln und Keramiken verzierten Portal. Der Türrahmen geht in ein dreieckiges Giebelfeld mit im Tympanon befindlichen Sechspass über. Der obere Abschluss der Mauer erfolgt durch ein waagrechtes, architravartiges Kranzgesimse. Zwei vorkragende Zylinder in der Fassade dienten einst zur Belüftung. Es ist das letzte Relikt des seit 1836 in Besitz des Anton Dreher befindlichen Bierdepots in Wiener Neustadt und bildete den Zugang zum Eiskeller. Tief im Boden konnten so auch im Sommer niedrige Temperaturen gehalten werden, um das im Wiener Neustädter Brauhof erzeugte alkoholische Getränk zu lagern. Bis vor dem Zweiten Weltkrieg stand das Kühlhaus als Bierlager in Verwendung. Durch einen Bombentreffer 1945 kam es zur Zerstörung beträchtlicher Teile des Bauobjektes und nach Umbauten im Jahr 1966 blieb nur die zum Ring zugewandte Außenmauer erhalten.

Literatur: G. A. Stadler, Das industrielle Erbe Niederösterreichs. Geschichte-Technik-Architektur (Wien 2006) S. 860f.//K. Flanner, Der andere Stadtführer (Wiener Neustadt 1992) S. 72.

FISCHAUER GASSE

56 INSTALLATION „GESCHLOSSENE FORM" (Fischauer Gasse 109, Wohlfahrtgasse)

Im Jahre 1978 wurde in einer Grünfläche vor der wenige Jahre zuvor neu errichteten Polytechnischen Schule (heute Neue Mittelschule für Wirtschaft und Technik) eine von dem in Lichtenwörth geborenen akademischen Bildhauer Franz Katzgraber 1977 geschaffene und von der Kulturabteilung des Landes Niederösterreich gespendete Installation aus Stahl, „Geschlossene

Form“, aufgestellt. „Durch das Betonen der Vertikale in meinen Arbeiten soll das Lebensbejahende, das Aufgerichtete zum Ausdruck kommen. Das Zerteilen und Aufreißen soll das Diabolische veranschaulichen, den Drang des Menschen, das was er geschaffen hat, zu zerstören“, äußerte der Künstler über seine Metallplastiken.

Literatur: Veröffentlichte Kunst – Kunst im öffentlichen Raum 2, Katalog d. NÖ Landesmuseums, Neue Folge Nr. 331 (1993).//G. Gerhartl, Wiener Neustadt. NÖ Kulturführer (Wr. Neustadt 1983) S. 24.

FLUGFELDGÜRTEL

Erstes österreichisches Flugfeld

Von der Fischa nordwärts bis zum Südbahndamm führender Verkehrsweg. Der Straßenname erinnert daran, dass sich in Wiener Neustadt das erste offizielle österreichische Flugfeld befunden hat. Die Anregung, das Steinfeld bei Wiener Neustadt der Aviatik nutzbar zu machen, geht auf den Reichsratsabgeordneten Viktor Silberer und den Kommandanten der k. u. k. Militär-Aeronautischen Anstalt Hauptmann Hinterstoißer zurück. Infolge des Gemeinderatsbeschlusses vom 11. März 1909 erteilte die Stadt unter Bürgermeister Franz Kammann die Genehmigung „Zum Zwecke der Förderung des mechanischen Flugwesens ...“ auf einem an der Wöllersdorfer Straße gelegenen Grundstück eine Aeroplan-Halle zu errichten sowie die umliegenden städtischen Grundstücke zu Flugversuchszwecken zur Verfügung zu stellen. Östlich des Flugfeldgürtels bis zur Trasse der Südbahn reichend, erstreckt sich das **Flugfeldviertel**, das als Wohngebiet für die in der Industrie, insbesondere in den Österreichischen Daimler Motorenwerken und in der Lokomotivfabrik, Beschäftigten nach dem Ersten Weltkrieg angelegt wurde und im Laufe des 20. Jahrhunderts deutlich an Ausdehnung gewann.

Literatur: C. Chitta, I. Steffelbauer, 100 Jahre Flugfeld Wiener Neustadt West. Wo die Zukunft begann (Wien 2009).//G. Geissl, 95 Jahre Luftfahrt in Wiener Neustadt. Dokumentation des Industrieviertel-Museums 2004/108.//Protokoll d. X. Gemeinderatssitzung v. 11. 6. 1909, Punkt 3.

57 **GUSTAV-KRAUPA-BRUNNEN** (Gustav Kraupa-Wohnhausanlage, Kouba-Park)

In einem feierlichen Akt unter Anwesenheit von Bürgermeisterin Traude Dierdorf und dem damaligen Bundeskanzler Viktor Klima erhielt die Gustav Kraupa-Wohnhausanlage an der Ecke Flugfeldgürtel und Äußere Bahnzeile

(Kouba-Park) am 14. Mai 1999 ihren Namen. Neben der Hauseinweihung fand auch die Enthüllung des Gustav Kraupa-Brunnens statt. Gustav Kraupa (1939–1995) war sozialdemokratischer Vizebürgermeister von 1975 bis 1984 und Bürgermeister von 1984 bis 1993. Er setzte sich politisch besonders in den Bereichen Umweltschutz, Sozial- und Bauwesen ein. Der Stadtpolitiker war Träger des Goldenen Ehrenzeichens für Verdienste um die Republik Österreich und seit 1993 Ehrenbürger von Wiener Neustadt. Bürgermeister a. D. Kraupa verstarb am 14. November 1995 nach längerer Krankheit.
Der Brunnen im Innenhof der weitläufigen Wohnhausanlage mit über 240 Wohneinheiten sollte ein Denkmal im doppelten Sinne werden. Denn als die Stadt im Herbst 1998 an Prof. Kurt Ingerl herantrat und ihn mit der Herstellung eines Denkmals für den verstorbenen Bürgermeister beauftragte, ahnte niemand, dass es eine der letzten Arbeiten des bekannten Neustädter Künstlers sein würde. Ingerl starb am 4. März 1999, noch bevor er den Brunnen fertig stellen konnte. Allerdings gab es bereits ein Gestaltungskonzept und Gipsmodelle der Bronzetafeln, welche den Brunnen in Zukunft zieren und an den Politiker erinnern sollten, sodass einer Realisierung nichts im Weg stand. Mit der Umsetzung des künstlerischen Vermächtnisses wurde die Kunstgießerei Wolfgang Wagner in Wartmannstetten betraut. Der Rieselbrunnen besteht aus fünf wellenförmig geschwungenen Steinscheiben aus rotschwarzem Granit. An den beiden polierten Seitenflächen befinden sich, wie Ingerl es vorsah, die Bronzetafeln. Auf der einen Seite sind ein Portraitrelief und zwei Texttafeln mit der Aufschrift:

GUSTAV KRAUPA 1939–1995 und
BÜRGERMEISTER DER
STATUTARSTADT WIENER NEUSTADT 1984–1993

zu sehen. Auf der gegenüberliegenden Seite ist zu lesen:

GUSTAV KRAUPA WOHNHAUSANLAGE ERBAUT 1991–1999 UNTER
BGM. GUSTAV KRAUPA – BGM. DR. PETER WITTMANN –
BGM. TRAUDE DIERDORF – STR. HORST PAMMER.

Literatur: Amtsblatt d. Stadt Wiener Neustadt, 1995, Folge 12, S. 9ff.//Amtsblatt d. Stadt Wiener Neustadt 1999, Folge 6, S. 14f.//NÖN vom 16. 3. 1999, Nr. 11, S. 47.//NÖN vom 30. 3. 1999, Nr. 13, S. 3.//NÖN vom 18. 5. 1999, Nr. 20, S. 1 und 22.

FÖHRENWALD

Ein von Kaiser Maximilian I. im Jahre 1497 erteilter Auftrag sah die Anlage eines Föhrenwaldes zwischen Wiener Neustadt und Neunkirchen vor. Dieser so genannte Große Föhrenwald ist vermutlich die älteste Nadelholzaufforstung Österreichs.

58 KEMPEN VON FICHTENSTAMM-KREUZ

(Großer Föhrenwald, nahe d. städtischen Forsthaus)

Als nach Unterdrückung der Revolution im Oktober 1848 die Monarchie wieder festen Boden unter den Füßen gewahrte, unterzeichnete Kaiser Franz Joseph I. am 8. Juni 1849 ein Dokument, mit dem er die Einführung einer Landessicherheitswache für die gesamte Monarchie veranlasste. Es war die Geburtsstunde der österreichischen Gendarmerie. Sie sollte – wie bereits einige Vorläuferorganisationen – dazu dienen, Landstreicher, Räuber und Verdächtige zu fangen und zu arretieren. Mit der Unterfertigung erfolgte gleichzeitig auch die Auswahl einer geeigneten Persönlichkeit, der die Organisation der Gendarmerie übertragen wurde: Johann Franz Freiherr Kempen von Fichtenstamm (1793–1863). Dieser hatte sich als loyaler Offizier des kaiserlichen Heeres verdient gemacht. Seine Ausbildung genoss er in der Theresianischen Militärakademie. Der Aufenthalt dürfte bei dem Kadetten eine gewisse Verbundenheit mit der Allzeit Getreuen und seiner Umgebung ausgelöst haben, denn nach seiner Pensionierung 1859 siedelte er sich in dem nahe bei Wiener Neustadt gelegenen Ort Schwarzau am Steinfeld an. Noch im Jahre seiner Pensionierung veranlasste er die Errichtung einer „Gedächtniskapelle“ im Wiener Neustädter Föhrenwald. Die Weihe am 29. Juni 1859, begleitet von einem Volksfest, war bestens besucht. Neben vielen Bewohnern der Stadt fanden sich zahlreiche hohe Offiziere, das priv. uniform. Bürgerkorps und Bürgermeister Purgleitner ein. Die Weihe der hölzernen Bethalle nahm der Neustädter Pfarrpropst Karl Gößmann vor. Das circa 5 m hohe Kreuz ist ein Werk des Künstlers Josef Angelor. Eine ältere Inschriftentafel besagt:

DEN ANDÄCHTIGEN WALDBESUCHERN DURCH DIE MUNIFICENZ SR. EXZELLENZ DES HERRN K. K. FELDMARSCHALLLEUTNANTS JOHANN FREIHERRN KEMPEN VON FICHTENSTAMM IM JAHRE 1859 GEWEIHET.

Auf einer darunter befindlichen neueren Tafel ist zu lesen:

KEMPEN VON FICHTENSTAMM / GRÜNDER DER GENDARMERIE.

Baron Kempen wollte seinem Testament zufolge bei dieser Kapelle beigesetzt werden. Als er 1863 in Schwarzau starb, widersetzte sich die Wiener Neustädter Stadtverwaltung aus sanitären Gründen seiner Bestattung in diesem von Menschen stark frequentierten Teil des Föhrenwaldes. Kempen von Fichtenstamm fand daher am Akademiefriedhof in Wiener Neustadt seine letzte Ruhestätte. Im Laufe der Zeit verschwanden Teile der von ihm gestifteten Gedächtniskapelle, sodass schließlich nur das Kruzifix übrigblieb. 1979 ließ die Gendarmerie eine Restaurierung des Kreuzes durchführen.

Literatur: W. Hufnagel, Kempens Nachlass. In: Öffentliche Sicherheit 1–2/2010. Hrsg. v. Bundesministerium f. Inneres.//Die Gendarmerie in Österreich. Hrsg. v. Bundesministerium für Inneres (Wien 1989) S. 9ff.//Amtsblatt d. Stadt Wr. Neustadt 1979, Folge 9, S. 34f.

FREIHEITSPARK

Grünfläche, die im Westen von der Wiener Straße, im Osten von der Grazer Straße und im Süden von der Giltschwertgasse begrenzt wird. Der Ankauf eines Gartengrundstückes durch die Stadtgemeinde ermöglichte die Errichtung dieses Parks, der durch zwei zeitgeschichtlich wertvolle Objekte und ein beindruckendes Naturdenkmal zu einem Besuch anregt.

59 GEDENKSTEIN ZUR ERINNERUNG AN DEN ÖSTERREICHISCHEN WIDERSTANDSKAMPF

Das Denkmal ist all jenen gewidmet, die im Widerstand gegen den aufkommenden Faschismus in den 20er Jahren, gegen die autoritäre Diktatur von 1934 bis 1938 und gegen das nationalsozialistische Regime kämpften. Die Träger dieses Widerstandes waren vorwiegend Arbeiter und Angestellte, von denen viele in den Gefängnissen und Konzentrationslagern starben bzw. hingerichtet wurden. Die Enthüllung des im Freiheitspark aufgestellten, von der Wiener Neustädter Steinmetzfirma Hönig geschaffenen Gedenksteins, erfolgte am 25. Oktober 1968 im Rahmen der Feierlichkeiten zum Nationalfeiertag. Bürgermeister Barwitzius erklärte damals in seiner Rede: Wenn wir heute in einem freien, demokratischen Staat, der Österreich heißt, unseren Nationalfeiertag feiern dürfen, so drängt sich uns ein Gefühl des tiefen Dankes und der Verpflichtung denen gegenüber auf, die das Entstehen, die Geburt dieser Nation, mit dem wertvollsten, unersetzlichsten Gut erkauften, mit ihrem Leben."

Literatur: WNN 1968, Folge 43, S. 5.//WNN 1968, Folge 44, S. 14.//K. Flanner, Der andere Stadtführer (Wr. Neustadt 1992) S. 44.//Amtsblatt d. Stadt Wiener Neustadt 1978, Folge 4, S. 42f.// Rathauskorrespondenz, Blatt 295/1968.

Camus-Eiche und Gedenkstein

Ebenfalls im Freiheitspark zu finden ist dieses Naturdenkmal, eine 90 Jahre alte Eiche, welche von Mag. Enzio Camus, dem ehemaligen Besitzer der Heiland-Apotheke in der Pottendorfer Straße, bald nach dem Ersten Weltkrieg in seinem Garten gesetzt wurde. Die Eiche überstand den Bombenhagel im Zweiten Weltkrieg unbeschadet. Auch die Änderung des Straßenzuges durch die Errichtung der Grazer Straße bedeutete nicht das Ende des ehrwürdigen Baumes, weil das Grundstück, auf dem er steht, nach Ankauf durch die Stadt als Grünfläche bzw. Parkanlage erhalten blieb. Eine Inschriftentafel auf einem Steinsockel verrät:

„DIESE EICHE WURDE IM JAHRE 1922 VON DEM APOTHEKER MAG. ENZIO CAMUS AUF EHEMALIGEM PRIVATGRUND GEPFLANZT UND DURCH DEN AUSBAU DER GRAZER STRASSE VON DER STADTGARTENVERWALTUNG IM JAHR 1977 ALS NATURDENKMAL UNTER NATURSCHUTZ GESTELLT UND IN PFLEGE ÜBERNOMMEN".

Literatur: NÖN vom 12. 10. 1977, Nr. 41, S. 7.//Rathauskorrespondenz, Blatt 587/1977.

60 Schutträumerdenkmal

Die konzentrierte Rüstungsindustrie machte Wiener Neustadt im Zweiten Weltkrieg zu einem vorzüglichen Ziel der alliierten Bomberverbände. Zwischen dem 13. August 1943 und dem 2. April 1945 fielen den zahlreichen Luftangriffen mindestens 1.000 Menschen zum Opfer, viele trugen schwerste Behinderungen davon. Von den Wohnbauten und infrastrukturellen Einrich-

tungen blieb kaum etwas unbeschädigt. Die Steinfeldstadt galt 1945 als die durch Kriegseinwirkung am meisten zerstörte Stadt Österreichs. Doch trotz des unsäglichen Leides begannen Hausbewohner bereits wenige Tage nach der Befreiung des Landes auf eigene Initiative mit der Schuttbeseitigung. Im Sommerhalbjahr 1946 kam diesbezüglich ein Aufruf seitens der Stadtregierung, wonach alle Bewohner, die körperlich in der Verfassung dazu waren, 30 Stunden Arbeit zur Schuttbeseitigung zu leisten hatten. Durch diese gemeinschaftliche Hilfe gelang es, den Straßenverkehr wieder in Gang zu bringen und Voraussetzungen für den Wiederaufbau zu schaffen. Von bedeutender zeitgeschichtlicher Relevanz ist daher dieses, den Schutträumern gewidmete Denkmal im Freiheitspark. Es zeigt das Bruchstück einer Ziegelmauer, angelehnt sind Spitzhacke und Schaufel. Eine Inschriftentafel, hergestellt von der Firma Nemetz-Guß, weist auf die Arbeit der an der Schutträumung Beteiligten hin: Die in der weitgehend zerstörten Stadt zurückgebliebenen Frauen, betagte Männer und Kinder haben 1945/46 bei Hunger und unter großen Entbehrungen die zerbombten Häuser und verschütteten Gassen freigeschaufelt und dabei 220.000 Kubikmeter bzw. 396 Tonnen Schutt aus der Stadt gebracht. Ihre selbstlose Leistung für die Allgemeinheit soll mit diesem von Schülern der Höheren Technischen Lehr- und Versuchsanstalt errichteten Denkmal in Erinnerung gehalten werden. Die Enthüllung erfolgte am 13. August 1983 – 40 Jahre nach dem ersten Luftangriff auf Wiener Neustadt.

Literatur: K. Flanner, Das Denkmal zur Erinnerung an die Schutträumer von 1945–1946 im Freiheitspark zu Wiener Neustadt. Dokumentation d. Industrieviertel-Museums Wiener Neustadt 1991/1.//Spurensuche. Der andere Stadtführer durch Wiener Neustadt (Wr. Neustadt 2011) S. 13.//WNN vom 28. 4. 1995, Folge 17, S. 34.//ARCHIV, Mitteilungsbl. d. Vereins f. Geschichte d. Arbeiterbewegung Jg. 23 (1983) Heft 3, S. 64.

FRIEDRICHSGASSE

Der habsburgische Monarch Friedrich III. (1415–1493), an den diese Straße erinnert, war der Sohn Herzog Ernsts des Eisernen und der Herzogin Zimburgis von Massowien. In Innsbruck geboren, verbrachte er doch einen Teil seiner Kindheit und Jugend in Wiener Neustadt und lernte so die Stadt und ihre Bewohner schätzen. Als er später durch seinen raschen Aufstieg vom Herzog zum König und schließlich zum Kaiser in politische Bedrängnis geriet, wählte der Herrscher, der gewaltsame Auseinandersetzungen lieber mied und deshalb den Beinamen „Der Friedfertige" erhielt, die Allzeit Getreue als seine Residenzstadt.

61 SGRAFFITO „FRIEDRICH III."

(Friedrichsgasse 4)

Im Zuge der Neuerrichtung des Gebäudes Friedrichsgasse 4 im Jahr 1974 ließen die Besitzer, Familie Ferstl, von dem Wiener Neustädter Grafiker, Maler und Lehrer für Bildnerische Erziehung Walter Bilek die Hausfassade künstlerisch aufwerten. Das großformatige Sgraffito zeigt unter einem gotischen Vierpass und dem Eignerzeichen AEIOU Kaiser Friedrich III. in Rüstung und mit Zepter ausgestattet. Unterhalb der Darstellung, für die der Künstler ein gotisches Maßwerkfenster zum Vorbild nahm, erinnert die Inschrift: FRIEDRICH III. 1440–1493 an die Regierungsjahre des Monarchen. Friedrich III., im Jahre 1440 von den Kurfürsten in Frankfurt als Nachfolger Albrechts II. zum deutschen König gewählt und 1452 von Papst Nikolaus V. in Rom zum Kaiser gekrönt, war der Stadt Wiener Neustadt immer zugeneigt. Schließlich bezog er und seine Gemahlin Eleonore von Portugal die Burg zu Wiener Neustadt, wodurch die Allzeit Getreue in den Rang einer kaiserlichen Residenzstadt aufstieg. Dies brachte einerseits wirtschaftliche Vorteile für die Bürger und führte andererseits zur Errichtung zahlreicher Baudenkmäler wie zum Beispiel der Georgskirche mit ihrer beeindruckenden Wappenwand, die heute das Antlitz der Stadt bereichern.

Neben der Darstellung Friedrichs III. besteht das Sgraffito aus einer Stadtvedute, welche von der Befestigungsanlage und der viertürmigen kaiserlichen Burg dominiert wird. In der linken oberen Ecke des Bildes befindet sich das Stadtwappen, rechts der österreichische Bindenschild, unterhalb ist die Inschrift:

zu lesen.

Literatur: F. Kaindl, Zur Graphik Walter Bileks. In: Walter Bilek – Hans Schandl. Malerei – Grafik. Hrsg. Landesverband der NÖ Kunstvereine (St. Pölten 1983) S. 12ff.//G. Gerhartl, Wiener Neustadt. Geschichte, Kunst, Kultur, Wirtschaft (Wien 1993) S. 93ff.

FRITZ-RADEL-GASSE

Prof. Fritz Radel (1878–1951) war Professor für Musik an der Lehrerbildungsanstalt in Wiener Neustadt sowie Chorleiter des Männergesangsvereins und komponierte Kirchenmusik.

Steinquader mit Tafel „Wiener Neustädter Kanal"

(Fritz-Radel-Gasse, Am Triangel)
Am südlichen Ende der Fritz-Radel-Gasse, unweit des Schifferlwirts beim Triangel, wo der Kanal in einem scharfen Knick nach West verläuft, sind direkt an der Kanalböschung zwei Kalksteinblöcke zu sehen, von denen der aufrecht stehende eine Gedenktafel trägt. Diese erinnert an die Errichtung des Wiener Neustädter Schifffahrtskanals (1797–1803), der dazu diente, den Transport der immer zahlreicher werdenden Güter zu bewältigen. Am Landweg waren um 1800 täglich an die 20.000 Lastenfuhrwerke zwischen Wien und Triest unterwegs, wobei die Straßen damals in einem sehr schlechten Zustand waren, sodass sich die Fahrten als äußerst langwierig gestalteten. Der 1803 eröffnete Kanal zwischen Wien und Wiener Neustadt mit einer Länge von 56 km erlaubte es, mit nur einem Pferd einen beladenen 30 t schweren Lastenkahn zu ziehen. Bereits 1804 konnten auf diesem Wasserweg 32.000 t Güter, vorwiegend Brennmaterial und Baustoffe, transportiert werden. Im Bereich des Triangels zweigte früher ein Arm des Kanals in Richtung Pöttschinger Höhe ab, wo im Umfeld bedeutende Braunkohlereviere bestanden. Ein weiterer Arm, der seit der Errichtung des E-Werkes (Am Kanal) nur noch als Torso besteht, führte ursprünglich bis zum Kanalhafen in die Ungargasse. An Stelle des Denkmals befand sich einst die Brücke der alten Straße nach Lichtenwörth, welche auf Steinquadern, wie den hier aufgestellten, ruhte.
Die Gedenktafel geht auf die „Niederösterreichische Industriestraße", einer

Gesellschaft zur Förderung und Erforschung der niederösterreichischen Industriekultur im Viertel u. d. Wienerwald, zurück. Aus dieser Vereinigung entstand später der Museumsverband „Abenteuer Industrie".

Literatur: V. Riebe, Der Wiener Neustädter Schiffahrtskanal (Wien 1936) S. 33ff.//Amtsblatt d. Stadt Wr. Neustadt 1976, Folge 11, S. 23.//NÖN vom 3. 9. 1991, Nr. 36, S. 8.

GRAZER STRASSE

Als Ostumfahrung des Hauptplatzes bzw. der Innenstadt in den Jahren 1949 bis 1954 angelegt, bildete diese Straße einen Bestandteil des von Univ. Prof. Dr. Karl Kupsky nach dem Zweiten Weltkrieg für Wiener Neustadt entworfenen Flächenwidmungs- und Bebauungsplanes. Diese wichtigste innerstädtische Nord-Südverbindung zwischen Sudetendeutschem Platz und Burgplatz konnte nur durch Erweiterung der ehemaligen Bastei-, Mühl-, Pogner- und Niederländergasse realisiert werden, wo man jeweils die östliche Häuserfront schleifte. Dass in diesem Bereich durch Fliegerbomben besonders arge Zerstörungen auftraten und zahlreiche Häuser dem Erdboden gleichgemacht wurden, erleichterte die Trassierung. Leider fielen dem Straßenbauprojekt auch einige historisch interessante Objekte zum Opfer, wie etwa der Mühlturm, ein Zwischenturm der Stadtbefestigung. Dagegen blieben die vom Zweiten Weltkrieg verschonten Teile des ehemaligen Paulinerklosters (Nr. 95–97) erhalten.

Literatur: Die neue Ortsdurchfahrt Wiener Neustadt. Festschrift anl. d. Eröffnung im Jahre 1954.//G. Geissl, 50 Jahre Ortsdurchfahrt Grazer Straße. Dokumentation d. Industrieviertelmuseums 111/2004.

63 GEDENKTAFEL „LUFTANGRIFF 14. MÄRZ 1945"

(Grazer Straße 90)

Das eigentliche Angriffsziel der amerikanischen Bomberverbände an diesem wolkenverhangenen Märztag waren der Bahnhof von Bruck an der Mur und infrastrukturelle Einrichtungen in Westungarn. Der Befehl der 277 B24 „Liberator" Bomber und 92 Begleitjäger lautete, bei klarer Sicht die genannten Ziele zu zerstören. Bei Schlechtwetter sollten allerdings als Ersatzziel der Wiener Neustädter Bahnhof und die Industrie bombardiert werden. Am 14. März 1945 lag zum Unglück der Neustädter Bevölkerung eine durchgehende Wolkendecke über Ostösterreich und Westungarn. Obwohl keine Sicht auf das Stadtgebiet bestand, warfen die US-Bomber in mehreren Angriffswellen 2.550 Brand- und Sprengbomben ab. Während der Bahnhof und die

Bahnanlagen nur einzelne Treffer aufwiesen, hatte das stundenlange Bombardement eine vernichtende Auswirkung im Stadtgebiet. Über dem Eingangsportal des Hauses Grazer Straße 90 ist eine Gedenktafel angebracht mit der Inschrift:

IN DIESEM HAUSE VERLOREN BEI EINEM LUFTANGRIFF AM 14. MÄRZ 1945 100 MENSCHEN IHR LEBEN.

Tatsächlich befand sich unter dem Hauskomplex Hauptplatz 24/Niederländergasse 6 ein Luftschutzkeller. Ein Bombentreffer brachte den der Niederländergasse (heute Grazer Straße) zugewandten Teil des Gebäudes zum Einsturz und begrub die im Luftschutzkeller befindlichen Personen unter sich. Erst zwei Tage später drangen Hilfskräfte zu den Verschütteten vor. Für sie kam jedoch jede Hilfe zu spät. Herabstürzende Teile und Sauerstoffmangel machten ein Überleben unter den Schuttmassen unmöglich. Nach dem Zweiten Weltkrieg ersetzte die Grazer Straße ältere schmalere Gassen, und 1955 trat ein Neubau an Stelle des eingestürzten Unglückshauses, weshalb die Gedenktafel heute an der Adresse Grazer Straße 90 zu finden ist. An der Gebäudefassade sticht eine auf einem Kragstein stehende männliche Figur ins Auge. Eine lateinische Inschrift umgibt die Skulptur, vermittelt im Wesentlichen den Text der Gedenktafel, und lautet:

HOC LOCO ANNO MCMXLV DIE XIV MENSIS MARTII GENTUM HOMINES BELLO OCCISI SUNT.

Literatur: M. Reisner, Bomben auf Wiener Neustadt (Wiener Neustadt, o. J.) S. 883ff.//Stadtarchiv Wr. Neustadt, Luftschutz-Schadensmeldungen vom 14. März 1945, Lit. B Nr. 2035 a–f.

Europabrunnen (Grazer Straße – Südtiroler Platz)
Der Springbrunnen beim Wasserturm, Europabrunnen benannt, erhielt seinen Namen im Zuge einer Festsitzung des Gemeinderats anlässlich des Euro-

patages am 3. Mai 1968. Das Ziel bestand darin, wie andere Städte in Europa es gleichtaten, ein bleibendes Symbol für den Europagedanken zu setzen. Ein Marmorblock trägt in Bronzelettern die Aufschrift „Europabrunnen". Der erste Buchstabe ist, symbolisch für das Emblem der Europa-Fahne, von 8 Sternen umgeben. Den Brunnenentwurf lieferte der Baudirektor der Stadt Wiener Neustadt, Arch. Dipl. Ing. Heinz Balker, die Ausführung des Brunnens unterlag dem Steinmetzbetrieb Hönig, der als Baumaterial Rohrbacher Konglomerat verwendete.

Literatur: Amtsblatt der Stadt Wr. Neustadt 1968, Folge 10, S. 72.//Österreichische Gemeinde-Zeitung (ÖGZ) 1968, Folge 11, S. 257.

64 WASSERTURM

Die Wasserversorgung galt jahrhundertelang als Sache der Haushalte. Die Brunnen lieferten jedoch keineswegs gesundes Wasser, sodass immer wieder Epidemien ausbrachen. Um 1900 konnte sich die Gemeinde einem Projekt zur Herstellung eines öffentlichen Wasserversorgungsnetzes nicht länger verschließen. Dennoch dauerte es bis zum Jahr 1909, ehe die städtische Tiefquellenwasserleitung in Betrieb genommen werden konnte. Zu diesem Wasserversorgungssystem zählte als Reservoir und Druckausgleichsbehälter auch ein Wasserturm. Am 1. September 1909 begann die Baufirma A. Koblischek mit der Errichtung des Turmes nach Plänen der bekannten Architekten Theiss und Jaksch. Im folgenden Jahr lieferte die Firma C. Korte u. Co. die Eisenkonstruktion und installierte den 780 m3 Wasser fassenden Hochbehälter. Mit der Fertigstellung des rund 50 m hohen Wasserturms am 13. Dezember 1910 war nun der letzte Bauabschnitt des Wasserleitungssystems vollendet. Obwohl ein technisches Bauwerk, gefiel der im historistischen Stil gehaltene Turm durch seine gelungene Architektur. Über einem runden Sockel mit sich nach oben verjüngendem, mit Lisenen gegliederten rundem Schaft, ruht auf einem Konsolkranz ein vorkragendes, polygonales Behältergehäuse. Den Abschluss nach oben bildet ein steiles, mansardartig geknicktes Zeltdach. Auf Grund seiner kelchartigen Form verglichen mehrere Autoren den Wasserturm mit dem Corvinusbecher und sahen darin einen Quell der Inspiration. Vergleicht man den Wiener Neustädter Wasserturm mit denen anderer Städte, so fällt sofort auf, dass diese Kelchform nicht selten zur Ausführung kam. Theiss und Jaksch ist es jedoch zuzusprechen, dass ein besonders ästhetisches Werk entstand, welches die Bewohner bald als ein Wahrzeichen der Stadt betrachteten und mithin wohl einen Grund für den weitgehend originalgetreuen Wiederaufbau nach dem Zweiten Weltkrieg bot. Denn ein Bombentreffer am 4. März 1945 führte zur völligen Zerstörung des Hochbehälters, sodass nur ein Torso des Turmes übrig blieb. Der große Bedarf von 80 Tonnen Metall für die Wiederherstellung des Behälters verhinderte einen schnellen Wiederaufbau. Erst am 30. April 1951 konnte Bürgermeister Rudolf Wehrl den, abgesehen von wenigen Details, in seiner ursprünglichen Form wiedererrichteten Wasserturm feierlich in Betrieb nehmen.

Literatur: W. Kitlitschka, Historismus und Jugendstil in Niederösterreich (St. Pölten, Wien 1984) S. 128.//G. Schwalm-Theiss: Theiss und Jaksch (Wien 1986) S. 132.//Dehio. Niederösterreich südlich der Donau. Teil 2 (Wien 2003), S. 2682.//G. Stadler, Das industrielle Erbe Niederösterreichs. Geschichte-Technik-Architektur (Wien 2006) S. 868f.//Amtsblatt der Stadt Wr. Neustadt vom 15. 8. 1969, Folge 16, S. 232ff.//Amtsblatt d. Stadt Wr. Neustadt, Sondernummer, August 1978, S. 15ff.//WNN vom 25. 8. 2000, Nr. 34, S. 29.//NÖN vom 29. 9. 2008, Nr. 40, S. 22.

GRÖHRMÜHLGASSE

Beginnt Babenbergerring 7–9 und endet in geschwungenem Verlauf bei der Fischauer Gasse. Der Verkehrsweg, deren mittelalterliche Bezeichnung Zochmanngasse lautete, erhielt ihren Namen nach der an der Fischa gelegenen „Mühle im Gröhr". Die Bezeichnung „Gröhr" (mittelhochdeutsch: geroere) findet ihren Ursprung im Sumpfgebiet von Fischa und Hammerbach, welches von Schilfrohr bzw. „Röhricht" bewachsen war. Die frühesten Grunderwerbe in der Zochmann-/Gröhrmühlgasse gehen auf das 14. Jahrhundert zurück. 1405 wird die Mühle im Gröhr erstmals Schwärzermühle genannt. Sie befand sich im Besitz des Chorherrenordens, später des St. Georgsordens und der Stadtgemeinde. Um 1800 kaufte die Familie Klinghofer die Mühle, 1896 der Klenganstaltbesitzer Julius Stainer und ließ das Gebäude in ein Wohnhaus umbauen, den so genannten „Stainerhof". Um 2000 wurde dieses im Kern mehrere hundert Jahre alte Objekt abgetragen.

Literatur: F. Pinczolits, Wiener Neustadt – Straßen, Gassen, Plätze (Wr. Neustadt 1988) S. 59f.

GEDENKTAFEL FRANZ STAUB (Gröhrmühlgasse 32c)

Der Historiker Franz Staub (1860–1945) kam in der Gröhrmühlgasse 32 in dem Gebäude einer ehemaligen Tonpfeifenfabrik zur Welt und sollte 85 Jahre später in diesem Haus sterben. Ein Bombentreffer zertrümmerte das Wohnobjekt und begrub Staub und seine Schwester unter Schuttmassen. Schon als Student betätigte er sich schriftstellerisch durch das Verfassen historischer Artikel in den Lokalzeitungen. Franz Staub gilt durch sein Engagement als Retter kunsthistorisch wertvoller Wiener Neustädter Denkmäler. So sorgte er für eine längst überfällige Restaurierung der Spinnerin am Kreuz und bewahrte die bedeutende gotische Wegsäule vor ihrem endgültigen Verfall. Noch Schlimmeres geschah mit dem Reckturm. Er sollte als letzter, gut erhaltener Eckturm der mittelalterlichen Befestigungsanlage der Stadterweiterung und Modernisierung zum Opfer fallen. Ein Teil des Turmes war bereits abgerissen, ehe Staub 1901 einen Stopp des Frevels erwirkte. Durch seine publizistischen Interventionen wie etwa „Die Reckturmfrage in Wiener Neustadt“ wurde der Turm in der Form wieder aufgebaut, wie er sich um 1500 präsentierte und zwar mit hohem Keildach und vier Dachtürmchen. Zudem schrieb er eine Vielzahl kunstkritischer Abhandlungen über die Denkmäler der Stadt, wohl auch, um deren Bedeutung aufzuzeigen in einer Zeit, in der die Wertschätzung von historischem Kulturgut gegenüber anderen Interessen sträflich in den Hintergrund getreten war. Anlässlich des 25. Jahrestages der Rettung des Reckturmes erhielt Staub im Februar 1927 die Ehrenbürgerschaft der Stadt Wiener Neustadt verliehen. Zehn Jahre nach seinem tragischen Tod ließen Stadtgemeinde und Denkmalschutzverein eine Gedenktafel an der Fassade des Objektes Gröhrmühlgasse 32c anbringen und mit der Inschrift versehen:

AUF DEM GELÄNDE STAND DAS WOHNHAUS DES HISTORIKERS
FRANZ STAUB 1860–1945 MINISTERIALRAT, ARCHIVDIREKTOR
EHRENBÜRGER DER STADT WR. NEUSTADT RETTER DER
WEGSÄULE „SPINNERIN AM KREUZ“ UND DES „RECKTURMES“.
ER WURDE EIN OPFER DES BOMBENKRIEGES AM 26. MÄRZ 1945
IN DIESEM HAUS.

Literatur: F. Staub, Die Reckturmfrage in Wiener Neustadt (Wien 1901).//Unser Neustadt, Jg. 39, 1995, Folge 4, S. 1ff.//Unser Neustadt, Jg. 40, 1996, Folge 1, S. 4f.//WNZ vom 19. 2. 1927, Nr. 8, S. 3.

65 Kapelle „Zum gefangenen Herrgott“

Bereits im 19. Jahrhundert gab es vor der Klinghofermühle eine bescheidene Kapelle, bestehend aus einem kleinen Kapellenraum und einem offenen, mit einem Satteldach ausgestatteten Andachtsraum. Bemerkenswert ist die geschnitzte Holzstatue, Jesus nach der Gefangennahme darstellend, vermutlich

die Arbeit eines Häftlings des Wiener Neustädter Gefangenenhauses zu Beginn des 19. Jahrhunderts. 1897 kaufte der Fabrikant Julius Stainer die Mühle und ließ sie in ein Wohnhaus, den „Stainerhof", umbauen. In diese Zeit fällt die Verbreiterung der Gröhrmühlgasse, der die alte und etwas desolate Kapelle zum Opfer fiel. Statt ihr ließ Julius Stainer auf seinem Besitz eine kleine, aber sehr harmonisch wirkende Kapelle im neoromanischen Stil errichten. Er übernahm für sich und seine Rechtsnachfolger die Verpflichtung, die Kapelle für immerwährende Zeiten in Stand zu halten und widmete den Grund, auf dem diese steht, dem Gemeindeeigentum. Die Fassade ist teils rustiziert, teils in Sichtziegelbauweise ausgeführt. Über dem Eingangsportal befindet sich ein rundbogiger Tympanon mit Reliefbild, den Kreuz tragenden Christus zeigend. Die Seitenwände sind durch massive Stützpfeiler und Rundbogenfenster gegliedert, das Satteldach trägt einen Dachreiter mit rundbogigen Öffnungen und Spitzhelm.

Literatur: WNZ 1897, Folge 25, S. 4.//WNN 1930, Folge 42, S. 3.//G. Gerhartl, Wiener Neustadt. NÖ Kulturführer (Wr. Neustadt 1983) S. 26.//Die Verwaltung der k. k. Stadt Wiener Neustadt in den Jahren 1897–1901 (Wr. Neustadt 1902) S. 224f./Gemeinderatssitzung vom 15. Juni 1897.

GRÜNANGERGASSE

„Gletzlergasse" lautete der mittelalterliche Name der entlang der nördlichen Stadtmauer führenden, bei der Wiener Straße 42 bis 44 beginnenden, von der Grazer Straße gekreuzten und bei der Schlögelgasse 33 endenden Grünangergasse. Die angrenzende Fläche außerhalb der Stadtmauer, zwischen Wiener Tor und dem Deutschherren-Turm, beließ man lange Zeit unverbaut, als Wiese bzw. „grüner Anger" (althochd.: angar = grasbewachsenes Land), was der Gasse schließlich ihre Bezeichnung gab.

66 BAROCKPORTAL

An der Ecke Grünangergasse und Schlögelgasse ist ein schönes barockes, von Pilastern flankiertes Rundbogenportal zu sehen, das ursprünglich in den Garten der ehemaligen Basteimühle führte, nunmehr als Rettungseinfahrt in das Spitalsgelände dient. Wie die Wappenkartusche des Grundstückeigentümers am Keilstein des Torbogens vermittelt, gehörte es im Jahr 1700 dem Wiener Neustädter Eisenhändler Zacharias Gundian.

Literatur: G. Gerhartl, Wiener Neustadt. NÖ Kulturführer (Wr. Neustadt 1983) S. 26.

GÜNSER STRASSE

Die Straße trägt den Namen der königlich ungarischen Freistadt Güns-Kőszeg, nach der sie führte und mit der Wiener Neustädter Handelsleute rege wirtschaftliche Kontakte pflegten.

67 St.-Johann-von-Nepomuk-Statue

Einst am Stadtgraben vor dem Neunkirchnertor, später im Gastgarten des ehemaligen Gasthauses Kasteiner (Günser Straße 1), heute im Garten des Holland Blumenmarktes, ist eine aus Sandstein gefertigte St. Johann von Nepomuk-Statue zu sehen. Der Heilige im Chorrock und Barett hält in der rechten Hand ein Kruzifix. Die Figur steht auf einem verzierten, barock geschwungenen Steinsockel. Als Entstehungszeit gilt das 2. Viertel des 18. Jahrhunderts, Stifter und Künstler sind unbekannt. Eine Inschrift besagt, dass Michael Kasteiner, der Pächter eines vor dem Neunkirchnertor gelegenen Bauholzplatzes die Statue 1825 renovieren ließ. In neuerer Zeit wurde um das Denkmal eine einfache Nische aus Blech errichtet.

Literatur: J. N. Fronner, Monumenta Novae Civitatis, I. De Civitate, S. 255, Nr. 163.//Dehio. Niederösterreich südlich der Donau, Teil 2, S. 2680.

68 69 Akademiefriedhof

Von der Günser Straße gelangt man durch eine Türe (versperrt, Anfrage bei Milak-Leitung) in der westlichen Zeiselmauer in den Akademiefriedhof. Die 1753/54 errichtete Friedhofskapelle präsentiert sich als schlichter barocker Bau mit Halbwalmdach und Dachreiter. Der ursprüngliche, von Oberdirektor Graf Kinsky gestiftete Glockenturm fiel einem Brand im Jahr 1865 zum Opfer. Die Kapelle erlitt damals erheblichen Schaden und musste in der Folge restauriert werden. Josef Angeler, ein einheimischer Bildhauer, gestaltete das Kapelleninnere 1867 im neugotischen Stil. Aus Bruchstücken von zertrümmerten, barocken Altären der Georgskirche entstand behelfsmäßig ein neuer Altar. In einer Gruft fanden früher Offiziere ihre letzte Ruhestätte.

Die Kapelle umgibt ein kleiner Friedhof mit Grabanlagen der in der Burg Bediensteten. Zu den prominentesten Toten des Akademiefriedhofes zählen, um nur einige zu nennen: der Oberdirektor der Militärakademie, Feldzeugmeister Franz Graf Kinsky (gest. 1805), die Akademiekommandanten Reinisch (gest. 1843) und Knoll (gest. 1880) sowie der Gründer der Gendarmerie, Feldzeugmeister Freiherr Kempen von Fichtenstamm (gest. 1864) und der Sohn Conrad von Hötzendorfs, dem Generalstabschef der österreichischen Armee (gest. 1914). Bemerkenswert ist der Grabstein der Familie Dillmann von Dillmont. Ing. Major Ferdinand Dillmann v. Dillmont unterrichtete Fortifikation und bürgerliche Baukunst an der Militärakademie. Er heiratete Franziska Schwendenwein, deren Familie das Gasthaus „Zum Goldenen Adler" besaß. Der Dillmannhof in der Günser Straße und mehrere Stadthäuser befanden sich im Eigentum der Dillmanns. Von den drei Kindern ist vor allem Therese von Dillmont (1846–1890) hervorzuheben, die durch ihre Bücher über die Grenzen hinaus Bekanntheit erlangte. Sie zog nach Mülhausen am Rhein, eine Stadt, die von Textilindustrie geprägt war. Dort verfasste sie die „Enzyklopaedie der weiblichen Handarbeiten", ein internationales Standardwerk, das

in deutscher, französischer, englischer und italienischer Sprache erschien. In dem Verlag D.M.C. publizierte sie zahlreiche weitere Schriften über teils sehr spezielle und aufwendige Sticktechniken. Sie starb am 22. Mai 1890. Wie dem Grabstein zu entnehmen ist, wurde sie im Jahre 1909 von Baden-Baden in Deutschland, wo sie begraben war, nach Wiener Neustadt überführt und im Familiengrab am Akademiefriedhof beigesetzt.
Der am 22. Jänner 1753 erstmals erwähnte Akademiefriedhof erfuhr im Laufe der Zeit mehrere Erweiterungen. Nach Auflassung der Theresianischen Militärakademie 1918/19 übernahm der Verein „Alt-Neustadt" die Erhaltung des Friedhofes, 1934 wieder die Militärakademie und das Ortskommando. Die Ereignisse des Zweiten Weltkrieges hinterließen an der Friedhofsanlage deutliche Spuren. Die Gräber und die Kapelle waren teilweise zerstört, die Gruft geplündert. 120 Jahre nach dem Brand und dem damit notwendigen Wiederaufbau ließ die Akademieleitung die Friedhofskapelle erneut renovieren. Über dem Eingang sind die Worte zu lesen:

SURGITE MORTUI ET VENITE AD JUDICIUM

(Stehet auf ihr Toten und kommt vor Gericht). Durch ein schönes schmiedeeisernes Tor gelangt man vom Akademiefriedhof in den Akademiepark. An der Außenseite der steinernen Toreinfassung ist die Aufschrift zu lesen:

TOT IST NUR, WER VERGESSEN IST.

Literatur: Dehio. Niederösterreich südlich der Donau, Teil 2, S. 2649.//G. Gerhartl, Wiener Neustadt. NÖ Kulturführer (Wr. Neustadt 1983) S. 27.//A. Hrubant u. B. Listmayr, Die Burg zu Wiener Neustadt (Wr. Neustadt 2005) S. 105f.//J. N. Fronner, Monumenta Novae Civitatis Austriae, Bd. 2, Die kaiserliche Burg (Wr. Neustadt 1838) pag. 109ff.//H. Goll, Der Akademiefriedhof. In: Unser Neustadt, Jg. 34 (1990), Folge 3, S. 1ff.

70 **Grabdenkmal U20** (Akademiefriedhof)
Besonders hervorzuheben ist das Grabdenkmal für die Mannschaft der U20. Eine Gedenktafel am Boden trägt die Aufschrift:

LETZTE RUHESTATT DER BESATZUNG DES K. U. K.
UNTERSEEBOOTES U20 / DIE SEIT DER VERSENKUNG AUF
FEINDFAHRT AM 3. JULI 1918 VOR DER INSEL GRADO BIS ZUR
BERGUNG IM JULI 1962 AUF DEM GRUNDE DER SEE GERUHT
HATTE / KOMMANDANT LSCHLT. LUDWIG MÜLLER, FREGLT.
ZDENKO BELSKY UND JOHANN SENTNER, FRITZ SCHMIDT, JOSEF

GERNY, JOSEF FAHRENBERGER, JOSEF KÖC, KURT KRETSCHMER, LUDWIG LANGHANS, FRANZ MIHEVA, GERO PAJOR, NORBERT RETUHSNIG, ANTON SLOSU, LOTHAR SOUSCHEK, JOHANN SWOBODA, RUDOLF TOMAY, FRANZ WILDNER, KARL WITT / GEWIDMET VON D. KAMERADEN DER K. U. K. KRIEGSMARINE U. VOM ÖSTERREICHISCHEN SCHWARZEN KREUZ.

Die unter dem Kommando des Marineschiffsleutnants Ludwig Müller stehende U20 wurde durch das italienische Unterseeboot F12 versenkt. Die Italiener fanden bei der bald eingeleiteten Suche zwar einen Ölteppich, jedoch kein Wrack. Erst 44 Jahre später, am 21. Juli 1962, gelang es, das Heck und am 3. Oktober 1962 den Bug der an der Mündung des Tagliamento bei Grado versenkten U20 zu bergen. Die Beisetzung der getöteten Mannschaft erfolgte im August 1962. Sechs Österreicher, sieben Böhmen, ein Ungar, drei Istrier und ein Pole – Angehörige des Vielvölkerstaates Österreich-Ungarn – fanden nun am Akademiefriedhof in Wiener Neustadt ihre letzte Ruhestätte. Der Turm, ein Anker und andere Reste der U20 sind im Heeresgeschichtlichen Museum in Wien untergebracht. Den nachhaltigen Bemühungen des Marineverbandes und des Schwarzen Kreuzes ist es zu verdanken, dass zwei Jahre nach der Beisetzung am 20. Juni 1964 ein würdiges Grabdenkmal mit Gedenktafel am Akademiefriedhof enthüllt werden konnte.

Literatur: P. Kemp, Die deutschen und österreichischen U-Boot-Verluste in beiden Weltkriegen (Gräfelfing 1998).//WNZ vom 18. 8. 1962, Nr. 33, S. 3.//WNZ vom 27. 6. 1964, Nr. 26, S. 3.

(71) **Gedenkstein „Tödlich verunglückte Militärakademiker“** (Akademiefriedhof)

Nahe dem Eingang steht dieser behauene Kalksteinquader mit Inschriftentafeln auf vier Seitenflächen, bekrönt von einem aus Stein gefertigten Urnengefäß. Der Gedenkstein wurde anlässlich des Stiftungstages am 14. Dezember 1935 enthüllt. Auf ihm sind aus der Zeit der Ersten Republik von 1929 bis 1937 die Namen von acht Militärakademikern des ersten Bundesheeres eingraviert. Die Alma Mater Theresiana hat nach ihrer Übersiedelung von Enns nach Wiener Neustadt im Jahr 1958 diese Tradition fortgesetzt und weitere sieben während der Ausbildung verunglückte Militärakademiker namentlich festgehalten. Besonders tragisch war der Flugzeugabsturz bei Waldegg im Piestingtal im Rahmen eines großen Manövers am 6. Oktober 1965, bei dem der Sohn des späteren Generals Leeb, Fähnrich Gert Leeb, und drei weitere Militärakademiker ums Leben kamen. Das einmotorige Propellerflugzeug vom amerikanischen Typ L 20 mit dem Piloten Franz Wilfling, dem Copiloten Harald Hofer und den vier Passagieren flog in einem Verband. Das Flugzeug sollte zusammen mit drei anderen Maschinen im Raum von Waldegg Fallschirmeinheiten absetzen. Die vier Maschinen flogen in einer Reihe, an zweiter Stelle das Unglücksflugzeug. Dieses scherte plötzlich aus, flog in einer Schleifenbahn und raste direkt in einen Berghang.

Literatur: Amtsblatt d. Stadt Wiener Neustadt 1981, Folge 1, S. 35.//Gleichheit vom 16. 10. 1965, Nr. 42, S. 1.//WNN vom 8. 10. 1965, Nr. 41, S. 1.

72 Keramikmosaik „Heiliger Georg“

(Günser Straße, Akademiemauer)

Ein weiteres, dem Heiligen Georg gewidmetes Denkmal, ist in der Günser Straße an der Akademiemauer zu betrachten. Bei dieser modernen Darstellung handelt es sich um ein 1949 geschaffenes Keramikmosaik des Wiener Neustädter Künstlers Florian Jakowitsch, das sich in einer pilastergerahmten Nische an der Akademiemauer, wenige Meter nach dem Eingang zum Akademiefriedhof, befindet. Das Mosaik stellt den Heiligen Georg zu Pferde dar, wie er den Drachen tötet, darunter eine Abbildung der kaiserlichen Burg mit der Georgskirche. Zu lesen sind die Worte: SANCTE GEORGI und ORA PRO NOBIS (bete bzw. bitte für uns). Es ersetzte nach Angaben des Künstlers ein älteres, stark verwittertes Bildnis und wurde von der Bundesregierung in Auftrag gegeben.

Literatur: F. Smolda, Florian Jakowitsch. Leben und Werk (St. Pölten, Wien, Linz 2003).

HAGGENMÜLLERGASSE

Die Haggenmüllergasse, bis 1890 als Judengasse bezeichnet, beginnt bei der Allerheiligengasse 10/12 und endet bei Singergasse 16/18. Die Häuser der Haggenmüllergasse gehören zu einem sehr alten Stadtteil und sind vorwiegend der spätmittelalterlichen und frühneuzeitlichen Epoche zuzuordnen. Es ist eine der Gassen von Wiener Neustadt, die nach einem Bürgermeister benannt wurde. Johann Baptist Haggenmüller bekleidete dieses Amt in den Jahren 1766 bis 1775 und 1779. Haggenmüller, der sich 1737 in Wiener Neustadt niederließ, betrieb neben seiner politischen Tätigkeit eine Seidenraupenzucht „in dem Maulbeergarten vor dem Ungartor". Bereits um 1750 gehörte er dem Inneren Rat der Stadt an und fungierte von 1761 bis 1765 als Stadtrichter. Haggenmüller galt als Wohltäter, so stiftete er testamentarisch 1.000 Gulden für die Armenkinderschule der Stadt, einen beträchtlichen Teil seines Vermögens hatte der honorige Mann verliehen. Im Alter von 67 Jahren verstarb er am 24. September 1780.

Gedenktafel Johann Baptist Haggenmüller

Haggenmüller (1713–1780) übersiedelte nach seinem juristischen Studium von Wien nach Wiener Neustadt. 1758 erwarb er das Haus Haggenmüllergasse 8. Das im Kern spätmittelalterliche, heute denkmalgeschützte Gebäude war von 1488 bis zur Judenvertreibung im Jahr 1497 im Besitz des jüdischen Arztes Elach Hatschl. Um 1600 ließ es der Besitzer im Stile der Renaissance umbauen. Über einem schönen, pilastergerahmten und mit Radabweiser versehenem Rundbogenportal befindet sich eine Gedenktafel mit der Inschrift:

DIESES HAUS GEHÖRTE VON 1758 AN DEM JOHANN BAPTIST HAGGENMÜLLER BÜRGERMEISTER UNSERER STADT 1780.

Literatur: H. Fuchs, Joseph Ferdinand Washuber und Johann Baptist Haggenmüller im Spiegel der Geschichte Wiener Neustadts (Diss. Wien 1974).//Amtsblatt d. Stadt Wr. Neustadt 1975, Folge 11, S. 44f.//WNZ 1948, Nr. 13, S. 3.//Deutsches Volksblatt 1887, Nr. 32, S. 4.

HAUPTPLATZ

Der rechteckige Platz liegt annähernd in der Mitte des historischen Stadtkerns. Seine Seiten sind jedoch in Bezug auf das Viereck der Stadteinfassung verdreht. Die Hauptstraßen führen vom Hauptplatz geradlinig zu den (heute nicht mehr vorhandenen) Stadttoren. Seine Größe zeigt, dass er für wirtschaftliche Zwecke sehr bedeutsam war und deshalb schon in der ersten Hälfte des 13. Jhs. urkundlich als Marktplatz bezeichnet wurde. Im westlichen Teil befindet sich eine isoliert stehende Häusergruppe, das so genannte „Grätzl". Dieser Name scheint in den Gewerbüchern erstmals 1551 auf. In mittelalterlichen Schriften ist nur von einem Friedhof und der Kapelle St. Niklas die

Rede, um die sich hölzerne Kramerläden gruppierten. Im ausgehenden 14. Jahrhundert kam es zur Errichtung gemauerter Kramerhäuser. Die Kapelle erlitt bei dem schweren Erdbeben von 1768 erhebliche Schäden und musste in der Folge abgetragen werden. Ein Kataster von 1820 weist am Grätzl sechs Häuser aus, was bereits der heutigen Anzahl entspricht. Der Hauptplatz war im Mittelalter für den Verkauf verschiedener Produkte in Sektoren eingeteilt. Der östliche Teil hieß Kornmarkt, der südwestliche Bereich war der Fragnermarkt (Kleinmarkt) und der nordwestliche Abschnitt trug die Bezeichnung Fischmarkt oder Fischplatz. Entlang der Häuser gab es Reihen, die ebenfalls nach bestimmten Gütern streng gegliedert waren, wie die Brottische, die Milchzeile oder die Reffelzeile für Korbwaren.
Die Verbauung besteht fast durchwegs aus drei- bis viergeschossigen Bürgerhäusern. Bemerkenswert für die Gesamtoptik des Hauptplatzes sind spätgotische Erdgeschossarkadengänge einzelner Häuser an der Nord-, Ost- und Südseite. Der Baubestand geht im Kern auf das Mittelalter zurück. Die Fassaden stammen vorwiegend aus der Zeit des 16. bis 19. Jahrhunderts und nach 1945. Veränderungen an der Bausubstanz bewirkten vor allem die Extremereignisse wie das schwere Erdbeben von 1768, der Stadtbrand vom 8. September 1834 und Bombentreffer im Zweiten Weltkrieg.

Literatur: J. N. Fronner, Monumenta Novae Civitatis Austriae. De Civitate (Wiener Neustadt 1839) pag. 27f., Nr. 1.//J. Mayer, Geschichte von Wiener Neustadt, Bd.1–4.//Dehio. Niederösterreich südlich der Donau, Teil 2, S. 2650.//E. Reidinger, Planung oder Zufall. Wiener Neustadt 1192 (Wr. Neustadt 1995) S. 105ff.//N. Sangl, Das Grätzl. In: Unser Neustadt, Juni 1978, Folge 2, S. 7.

73 Historische Informationstafel „Rathaus“

Das alte Wiener Neustädter Rathaus setzt sich heute aus einem Komplex der Häuser Hauptplatz Nr. 1, Nr. 2 und Nr. 3. zusammen, welche die südwestliche Front des Hauptplatzes bilden. Ursprünglich diente jedoch nur das Haus Nr. 1 der Stadtverwaltung als Unterkunft. Die erste urkundliche Nennung geht auf das Jahr 1401 zurück. Dreißig Jahre später bezeichnete man das Gebäude, vor dem der Pranger stand, als „Schranne“, weil auch das Stadtgericht hier seinen Sitz hatte. Mitte des 16. Jhs. bewegte ein Einbruch im Südturm des Domes, wo die Urkunden und Stadtprivilegien lagerten, die Stadtverwaltung dazu, die Archivalien in einem Gewölberaum des Rathauses, dem späteren Trauungssaal, unterzubringen (siehe auch Wiener Straße, Vorstadtkirche). In dieser Zeit erfuhr das gotische

Rathaus einen Umbau im Stile der Renaissance. Der im Bereich der südöstlichen Gebäudeecke (Neunkirchner Straße/Sparkassengasse) situierte Eckturm ist urkundlich den Baumeistern Anton Wollner und Markus Pagamin zuzuschreiben. Der schwere Stadtbrand vom 8. September 1834 verschonte den ehrwürdigen Rathausbau nicht. Es erfolgte eine Restaurierung, welche der Fassade – trotz einiger späterer Veränderungen – sein heute bekanntes klassizistisches Gepräge verlieh. Über dem Mittelrisalit befindet sich ein von Balustraden flankierter Dreiecksgiebel, bekrönt von einer Steinplastik, den kaiserlichen Doppeladler in einem Medaillon darstellend, vor dem Waage und Schwert als Symbol der Gerechtigkeit liegen. Dabei handelt es sich um eine Arbeit des Wiener Bildhauers Franz Procop um 1835. Oberhalb des Balkons sind sechs Wappenreliefsteine zu sehen. Sie stammen von den um 1860 abgebrochenen Stadttoren. An der Fassade des Rathauses ist eine Tafel des Lions-Clubs appliziert mit der Aufschrift:

RATHAUS / SITZ DER STADTVERWALTUNG SEIT 1401 / UMBAU IM STIL DER RENAISSANCE 16./17. JH. / KLASSIZISTISCHE FASSADE VON CA. 1840 MIT WAPPEN DER UM 1860 ABGETRAGENEN STADTTORE.

Das Haus Hauptplatz Nr. 2, nach dem Vorbesitzer, der Familie Trauer, als „Trauerhaus“ bezeichnet, gelangte 1893 durch Kauf in den Bestand der Stadtgemeinde. Die Amtsräume im alten Rathaus waren völlig ausgelastet und eine Erweiterung dringend notwendig. Das ehemalige Hotel „Zum weißen Rössl“ (Hauptplatz Nr. 3) erwarb die Stadt erneut im Jahr 1914, nachdem es bereits 1571 bis 1785 dem städtischen Eigentum angehörte. Während im 20. Jh. Magistratsabteilungen in dem großen Repräsentationsbau Platz fanden, diente er vom 16. bis zum 18. Jh. als Sitz des Stadtgerichtes. Im Jahr 1937 erhielt der Wiener Neustädter Bildhauer Hans Vonmetz den Auftrag, einen Fassadenschmuck zu gestalten. Er schuf sieben Bilder in Sgraffitotechnik von historischen Persönlichkeiten (v. l.): Herzog Leopold V. – der Stadtgründer, der in Wiener Neustadt geborene Herzog Friedrich II. „Der Streitbare“, der Minnesänger Ulrich von Liechtenstein, Kaiser Friedrich III. – der in Wiener Neustadt residierte, Kaiser Maximilian – der in der Burg in Wiener Neustadt geboren und in der Georgskirche bestattet wurde, Kardinal Leopold Graf Kollonitsch und der Ritter Andreas Baumkircher.

Literatur: Dehio. Niederösterreich südlich der Donau. Teil 2 (Wien 2003), S. 2650f.//G. Gerhartl, Wiener Neustadt. NÖ Kulturführer (Wr. Neustadt 1983) S. 30f.//G. Gerhartl, Das Rathaus. In: Jahrbuch für Landeskunde von Niederösterreich 1968-70 (Wien 1970) S. 295ff.//A. Höggerl: Alt-Neustadt. Kunstdenkmäler – Der Bombenkrieg (Wiener Neustadt 1954) S. 67ff.

Gedenktafel Julius Leopold Kinner (Hauptplatz 1, Rathaus, Eingangsbereich) Julius Leopold Kinner zog als vierjähriger Knabe mit seinen Eltern nach Wiener Neustadt. Bereits mit 12 Jahren begann er eine Buchbinderlehre, die er abschloss und der er einige Jahre auf der Walz in Deutschland folgen ließ, welche seinen Horizont erweiterte und sein politisches Denken beeinflusste. Wieder in Wiener Neustadt, ließ er sich mit seiner Frau in der Herzog Leopold Straße 26 nieder, wo Kinner ein Kleingewerbe als Buchbinder und Galanteriearbeiter führte. Neben dieser beruflichen Tätigkeit begann er sich in der sozialdemokratischen Arbeiterbewegung zu engagieren und befasste sich vor allem mit der prekären Wohnsituation der Arbeiter in Wiener Neustadt. Er initiierte 1869 gemeinsam mit Ludwig Neumayr, dem Herausgeber der Zeitung „Gleichheit", ein Gründungskomitee für eine Arbeiter-Bau-Genossenschaft. Die Genossenschaft kaufte eine nördlich der Fischauer Gasse liegende große Hutweide. Das erste Haus der so genannten Vereinssiedlung entstand 1870. In den kommenden Jahren und Jahrzehnten entstand hier ein ganz neuer Stadtteil mit finanziell leistbaren und den gesundheitlichen Anforderungen entsprechenden Arbeiterwohnungen, die Josefstadt. Die Gedenktafel im Eingangsbereich des Rathauses trägt die Inschrift:

BEI DER GEMEINDERATSWAHL IM DEZEMBER 1870 WURDE DER BUCHBINDER JULIUS LEOPOLD KINNER OBMANN DES SOZIALDEMOKRATISCHEN ARBEITERVEREINS „GLEICHHEIT" UND GRÜNDER DER ARBEITERSIEDLUNG JOSEFSTADT ZUM GEMEINDERAT GEWÄHLT. ER WAR SOMIT DER ERSTE SOZIALDEMOKRATISCHE GEMEINDERAT EINER STADT DER DAMALIGEN MONARCHIE. KINNER WIRKTE IN DIESER FUNKTION BIS 31. 12. 1876. VEREIN FÜR GESCHICHTE DER ARBEITERBEWEGUNG.

Literatur: M. Rosecker, Julius Leopold Kinner (1837–1894) Sein Leben und Arbeiten. Dokumentation d. Industrieviertel-Museums (Wr. Neustadt 1997).//Amtsblatt d. Stadt Wr. Neustadt 1974, Folge 2, S. 30.//J. Heitzenberger, Julius Leopold Kinner. In: Unser Neustadt, Juni 1958, Folge 2, S. 5f.

74 Mariensäule

Im Jahre 1678 versammelten sich die Mitglieder des kaiserlichen Hofes zwei Mal in Wiener Neustadt. Anlass dafür boten die Hochzeitsfeiern der Erzherzoginnen Eleonora Maria Josefa und Maria Anna Josefa, Schwestern Kaiser Leopolds I., die in der St.-Georgs-Kirche mit zwei deutschen Fürsten getraut wurden. Zur Erinnerung an diese prominenten Hochzeitsfeste ließ der Neustädter Bischof Graf Kollonitsch auf dem Hauptplatz eine Marmorsäule er-

richten, bekrönt von Maria mit dem Jesukind. Die schlanke Säule aus Adneter Marmor mit kompositem Kapitell ruht auf einem rechteckigen und dreigeschossigen Sockel. Am untersten Geschoss befinden sich zwei medaillonartige Reliefs mit Malteser-Kreuz. Dieses stellt die Verbindung zum bischöflichen Stifter her, der Ritter des Malteserordens war. Außerdem hat sich Kollonitsch mit seinem vergoldeten Wappen an der Ostseite des mittleren Sockelgeschosses verewigt. Gegenüber an der Westseite ist ein ebenfalls vergoldetes Relief, den heiligen Josef mit Jesukind darstellend, zu sehen. Nord- und Südseite tragen Inschriften, die über den Anlass zur Errichtung der Säule und den Stifter Bericht erstatten. Das Säulenpostament darüber zeigt in Reliefform die Heiligen St. Aloysius, St. Hieronymus und St. Ignatius. Umgeben ist das Postament von vier Sandsteinfiguren, darstellend die Heiligen St. Johann Baptist, St. Leopold, St. Antonius von Padua und St. Florian.
Die feierliche Einweihung der Mariensäule erfolgte am 15. August 1679 durch Bischof Leopold Graf Kollonitsch, der vor der Säule auch mehrere Andachten abhielt, um Hilfe gegen die grassierende Pest zu erflehen. Einige Jahrzehnte später ließ einer seiner Nachfolger, Bischof Franz Anton Graf von Puchheim, zur Erinnerung an die glücklich überstandene Pest Sandsteinstatuen von sechs Pestheiligen (Rosalia, Karl Borromäus, Franz Xaver, Sebastian, Rochus und Benno) hinzufügen. Sie wurden rund um den Sockel der Mariensäule auf einer sechseckigen, konkav geschwungenen Balustrade platziert und am 10. Juni 1714 eingeweiht. Hoher Besuch fand sich am 20. Juni 1915 neben dem Monument ein, als das Wehrschild in Eisen unmittelbar vor der Mariensäule präsentiert wurde. Es handelte sich dabei um eine groß angelegte Spendenaktion mit Erzherzog Leopold Salvator und dessen Gattin als Galionsfiguren. Jeder Spender durfte einen Nagel in den Wehrschild einschlagen. Not leidende Familien, deren Söhne und Väter im Ersten Weltkrieg dienten und ihr Leben ließen, sollten mit dem erzielten Geld eine Hilfestellung erhalten. Dem Spendenaufruf schlossen sich einem im Stadtarchiv aufbewahrten Verzeichnis der Spender zufolge mehrere Tausend Personen, Institutionen und Firmen an.

Die Mariensäule musste im Laufe der Zeit immer wieder restauriert werden. Der Zweite Weltkrieg und eine Sturmkatastrophe im Jahr 1946 verursachten jedoch die schwersten Schäden an dem barocken Bauwerk. Die letzte Generalrestaurierung geschah Mitte der 1990er Jahre. Im Jahr 2005 war eine weitere Restaurierung unumgänglich, nachdem sich gefährliche Risse in der Marienstatue gebildet hatten.

Literatur: J. N. Fronner, Monumenta Novae Civitatis Austriae. De Civitate (Wiener Neustadt 1839) pag. 34ff., Nr. 6.//J. Mayer, Geschichte von Wiener Neustadt, 3. Bd. (Wr. Neustadt 1926) S. 272f.// E.J. Pöck, Bauaufnahme Hauptplatz, Mariensäule.//G. Gerhartl, Die Mariensäule auf dem Wiener Neustädter Hauptplatz. In: Unser Neustadt, 1971, Folge 3, S. 4.//G. Gerhartl, Wiener Neustadt, Geschichte, Kunst, Kultur, Wirtschaft (Wr. Neustadt 1993) S. 294 f //WNZ vom 26. 6. 1915, Nr. 51, S. 2f.//Amtsblatt der Stadt Wr. Neustadt 2005, Folge 9, S. 14.//StAWN: Wehrschild in Eisen. Ehrenbuch, Bd. Nr. 948.

75 Schrauthammerbrunnen

(nordwestl. Teil des Hauptplatzes)

Nicht mehr in seiner ursprünglichen Fassung erhalten ist der Schrauthammerbrunnen, der 1936 am nordwestlichen Teil des Hauptplatzes, am ehemaligen Fischplatz, aufgestellt wurde. Das zwischen 1609 und 1623 errichtete Original befand sich dagegen vor dem Haus des Hans Schrauthammers, Hauptplatz Nr. 30, also zwischen Grätzl und Rathaus. Der Handelsmann stiftete den Brunnen nach einer schweren Feuersbrunst, welcher im Jahr 1608 beträchtliche Teile der Stadt zum Opfer fielen. Das Monogramm I.B.Z.F. (Johann Baptist Zelpi fecit) verrät den Künstler. Der Steinmetz und Bildhauer Zelpi schuf um 1609 das steinerne Brunnengewände. Das kunstvolle schmiedeeiserne Gitter entstand deutlich später im Jahr 1623, wobei der Name des Kunstschlossers nicht überliefert ist. Bis in die zweite Hälfte des 19. Jahrhunderts lässt sich der Brunnen am ursprünglichen Aufstellungsort nachweisen, dann dürfte er verfallen sein. Einzelne Fragmente lagerten vermutlich auf der Pöckwiese in der Herrengasse, ehe man sie für die Rekonstruktion des Brunnens wieder verwendete. Ein Stein mit der Jahreszahl 1615 kann allerdings nicht zugeordnet werden, was die Provenienz der verbauten Teile in Frage stellt.

Der rezente, dem Original nachempfundene Brunnen besteht aus einer steinernen Einfassung in Kelchform, hergestellt von der Firma Hönig, und einer aufwändigen, schmiedeeisernen Brunnenhaube in Renaissanceformen. Es handelt sich dabei um einen Entwurf von Senta Platzer um 1936. Eine Brunnenskizze in der Bestandsaufnahme der Wiener Neustädter Denkmäler von Johann Nepomuk Fronner „Monumenta Novae Civitatis Austriae“ (1839) diente als Vorlage und gestattete die hochwertige Rekonstruktion des Gitters. Am 27. Juni 1936 erfolgte im Zuge der Bundestagung für Heimatpflege die Enthüllung des Brunnens und Segnung durch Dompropst Leopold Uhl.

Literatur: W. Siska, Der Schrauthammer-Brunnen am Fischplatz. In: Unser Neustadt, Jg. 41 (2003) Folge 2, S. 5ff.//Amtsblatt der Stadt Wr. Neustadt vom 15. 2. 1969, Folge 4, S. 44f.//Amtsblatt der Stadt Wr. Neustadt 2003, Folge 5, S. 28.//J. N. Fronner, Monumenta Novae Civitatis Austriae. De Civitate (Wiener Neustadt 1839) pag. 31f., Nr. 4.

76 Erinnerungsmal „Blutgericht 1522“

Ursprünglich durch einen Steinkreis markierte Hinrichtungsstelle am Hauptplatz, wo die rebellischen Ratsherren der Wiener Landesregierung im August 1522 ihren Tod fanden. 1519 verweigerten sie der alten Regentschaft von Niederösterreich die Anerkennung, welche Kaiser Maximilian einst erteilt hatte. Die selbst ernannten Regenten übernahmen die gesamte Landesverwaltung, ließen Münzen prägen und verfügten über das landesfürstliche Kammergut. Am 17. Juni 1522 forderte Erzherzog Ferdinand all jene auf, nach Wiener Neustadt zu kommen, die am Wiener Landtag des Jahres 1519 teilgenommen hatten, damit ihre Klagen bzw. Beweggründe gehört und Recht gesprochen werden könnte. Als führende Köpfe der neuen, nicht legitimierten Landesregierung galten der Wiener Bürgermeister, Dr. Martin Siebenbürger, die Adeligen Michael von Eytzing und Hans von Puchheim sowie die fünf Wiener Ratsherren Hans Rinner, Stefan Schlagindweit, Friedrich Pietsch, Martin Flaschner und Hans Schwarz. Sie alle ereilte im August 1522 der Tod durch Enthauptung. Die Hinrichtungsstelle, auf dem sich das Schafott befand, bestand aus Steinplatten, welche einen Kreis bildeten. Mit der Zeit verschwanden sie jedoch im Erdreich. Zur Erinnerung an das blutige Ereignis ließ die Stadt später ein Kreuz aus Terrazzo in den Boden setzen. 1974 war dieses jedoch durch Krieg und Verwitterung derart in Mitleidenschaft gezogen, dass der Rotary-Club beschloss, einen neuen Gedenkstein zu spenden. Die Gestaltung kam in Form eines Wettbewerbes zur Ausschreibung, den Ing. Emmerich Beranek gewann. Seither markiert eine in den Boden des Hauptplatzes eingelassene elfeckige Syenitplatte mit der Jahreszahl 1522 und 11 Kreuzen die Hinrichtungsstelle.

Das Erinnerungsmal wurde am 18. Oktober 1974 durch den Rotary Club Wiener Neustadt an die Stadt übergeben. Eine Hinweistafel findet sich einige Meter entfernt an der Ostseite des Grätzls (Hauptplatz 35). Die symbolische Ausrichtung des Gedenksteins auf die Zahl 11 kann nur so gedeutet werden, dass früher von 11 in Wiener Neustadt Hingerichteten ausgegangen wurde bzw. dass Chronisten die Zahl der Angeklagten mit der Zahl der tatsächlich Hingerichteten gleichsetzten (siehe Mayer, Bd. 3, S. 5).
Bei Grabungsarbeiten anlässlich der Hauptplatzneugestaltung konnte im Oktober 1996 die ursprüngliche, gepflasterte Hinrichtungsstelle aufgefunden und verortet werden.

Literatur: StAWN, Scrin. XLII/3a.//StAWN, Scrin. LXXX/5.//J. N. Fronner, Monumenta Novae Civitatis Austriae. De Civitate (Wiener Neustadt 1839) pag. 33, Nr. 5.//J. Mayer, Die Geschichte von Wiener Neustadt. Band 3 (Wr. Neustadt 1926) S. 5.//t. Winkelbauer, Österreichische Geschichte 1522-1699. Ständefreiheit und Fürstenmacht, Teil 1 (Wien 2003) S. 36ff.//G. Haring, Das Neustädter Blutgericht. In: Unser Neustadt, Jg. 43 (1999), Folge 1, S. 5ff.//Amtsblatt d. Stadt Wr. Neustadt 1974, Folge 4, S. 18ff., Folge 7, S. 14, Folge 10, S. 9.//Amtsblatt der Stadt Wr. Neustadt 1993, Folge 6, S. 71.

77 Bombengedenksäule

(Lauben des Rathauses)
Auf Anregung des Bürgermeisters Rudolf Wehrl, 1946 geschaffenes Denkmal unter den Lauben des Rathauses. Es soll an die Luftangriffe und unzähligen Bomben erinnern, die auf Wiener Neustadt im Zweiten Weltkrieg fielen. Der alte gebrochene Baumstamm aus dem Föhrenwald ist eine Reminiszenz an die im Krieg geborstene Mariensäule. Eisengitter und Sockel stammen von zerstörten Gebäuden. Über 50.000 Bomben in 29 Luftangriffen haben die Stadt in Schutt und Asche gelegt. Die in den Stamm eingeschlagenen Nägel symbolisieren diese Fliegerbomben, aber auch die Hilfsbereitschaft und den Aufbauwillen. Den ersten Nagel schlug am 29. September 1946 Bundespräsident Dr. Karl Renner ein, der gleichzeitig eine Spende von 1.000 Schilling zur Wiedererrichtung der Waldschule überreichte. Dem guten Beispiel folgten zahlreiche Wiener Neustädter Bürger und Freunde der Not leidenden Stadt. Der Text auf einer Baumscheibe informiert den interessierten Betrachter des Denkmals:

DIESE BOMBENSÄULE IST EIN ERINNERUNGSZEICHEN AN DIE 52.000 BOMBEN, DIE WIENER NEUSTADT ZU EINEM TRÜMMERFELD MACHTEN. AUFGESTELLT ANLÄSSLICH DER 750 JAHR FEIER AM 22. 9. 1946.

Literatur: Volkstribüne 1946, Folge 36, S. 13.//Amtsblatt der Stadt Wr. Neustadt 1968, Folge 11, S. 88f.//Spurensuche. Der andere Stadtführer durch Wiener Neustadt (Wr. Neustadt 2011) S. 5.

78 **Gedenktafel „Sturmkatastrophe 1946“** (Lauben des Rathauses)

Unmittelbar neben der Bombengedenksäule hat eine weitere Baumscheibe als Gedenktafel Verwendung gefunden. Der Text verrät den tragischen Anlass und erklärt, welches Holz hier als Werkstoff zum Einsatz kam:

BEI DER STURMKATASTROPHE IM FEBRUAR 1946 WURDEN IM FÖHRENWALD MEHR ALS 100.000 KUBIKMETER HERRLICHEN BAUMBESTANDES VERNICHTET. DIESE PLATTE STAMMT VON EINEM 300 JAHRE ALTEN VOM STURM GEFÄLLTEN WALDRIESEN.

Nach einer schweren Sturmkatastrophe 1930 folgte am 18. Februar 1946 eine noch heftigere. Ein Weststurm fegte mit einer Geschwindigkeit von 20–25 m/sek. über Niederösterreich und verursachte erhebliche Sachschäden. Besonders schwer betroffen war der Wiener Neustädter Föhrenwald. Durch den flachgründigen, aufgeweichten und von Bombentrichtern durchsetzten Schotterboden hatte der Sturm leichtes Spiel, gebietsweise fielen die Föhren um wie Dominosteine. Die größten Wurfflächen befanden sich in Randzonen, etwa entlang der Blätterstraße, der Südbahn und der Reichsstraße nach Neunkirchen. In tiefgründigerem Boden, wo die Bäume besser wurzeln konnten, kam es wiederum zu ausgeprägten Bruchschäden. Einer der abgebrochenen Baumstämme diente schließlich zur Errichtung der Bombensäule.
Der orkanartige Sturm forderte jedoch nicht nur im Föhrenwald seinen Tribut, sondern auch in der Innenstadt und an den nach dem Zweiten Weltkrieg notdürftig renovierten Häusern.

Literatur: M. Priwitzer, Forstliches Tagebuch (o. O., 2004) S. 16ff.//Amtsblatt d. Stadt Wiener Neustadt 1995, Folge 7, S. 12.

GRÜNDUNGSPUNKT DER STADTANLAGE 1192 (Vermessungspunkt)

Im Zentrum des Hauptplatzes, am Schnittpunkt der vier ausfallenden Straßen, befindet sich in der Granitpflasterung der zentrale Absteckpunkt der Stadt mit Orientierungsstrahl nach dem Sonnenaufgang zu Pfingsten 1192 (24. Mai). Die Strahlen haben eine Länge von 1 Klafter (1,77 m), der der Planung und Ausführung des Stadtgrundrisses zugrunde liegt. In Gedenken an die Stadtgründung durch Herzog Leopold V., die Würdigung der Ingenieurleistung bei der Anlage der Allzeit Getreuen und den in stadtgeschichtlicher Sicht bedeutsamen Vermessungsarbeiten von Dr. Erwin Reidinger in der 1. Hälfte der 1990er Jahre, wurde bei der Neuanlage des Hauptplatzes dieses Bodendenkmal gesetzt. Damit sollte in der Öffentlichkeit das Bewusstsein geweckt werden, dass die Anlage von Wiener Neustadt nach einer exakten Planung erfolgte und nicht dem Zufall überlassen war. Eine Tafel mit einer Grafik und einem dazu gehörigen Text am Haus Hauptplatz 35 gibt Auskunft über die Anlage der Stadt:

ZU PFINGSTEN 1192 WURDE HERZOG LEOPOLD V. VON ÖSTERREICH IN WORMS VON KAISER HEINRICH VI. MIT DER STEIERMARK BELEHNT. DER BELEHNUNGSTAG WURDE BEI DER STADTGRÜNDUNG DURCH DIE RICHTUNG ZUM SONNENAUFGANG AN DIESEM TAG DOKUMENTIERT. ER IST DAHER IN DER DIAGONALE DER STADT UND IN DER ORIENTIERUNG DES DOMES ENTHALTEN.

Ähnliche, auf Prof. Dr. Erwin Reidingers Berechnungen und Vermessungsarbeiten beruhende, Bodendenkmäler sind der „Absteckpunkt Dom" vor dem Hauptportal der Domkirche und der „Absteckpunkt Fischauer-Tor" an der Stelle, wo die Fußgängerzone Herzog-Leopold-Straße in den BORG-Platz übergeht.

Literatur: E. Reidinger, Planung oder Zufall. Wiener Neustadt 1192 (Wr. Neustadt 1995).//E. Reidinger, Der Dom ist Zeuge der Stadtgründung. In: Der Dom in neuen Glanz. Festschrift (Wr. Neustadt, o. J.) S. 33ff.//T. Winkler, Die städtebauliche Anlage und mittelalterliche Befestigung von Wiener Neustadt (Wien 2009) S. 39ff.

Gedenktafel Carl Erzherzog von Österreich (Hauptplatz Nr. 15)

Der Frieden von Lunéville am 9. Februar 1801, abgeschlossen im Schloss Lunéville (Lothringen), beendete den zweiten Koalitionskrieg zwischen Österreich und Frankreich. Am 14. April des Jahres entließen die Erzherzoge Karl und Josef auf Befehl des Kaisers die ungarische Insurrektions-Armee von Wiener Neustadt aus in ihre Heimat. Aus diesem Anlass blieb Erzherzog Carl für zwei Tage in der Stadt, woran eine Gedenktafel unter den Lauben erinnert:

CARL ERZHERZOG VON OESTERREICH HAT BEI AUFLÖSUNG DER UNGARISCHEN INSURGENTEN HEERE AM XIV. APRIL MDCCCI DIESES HAUS DURCH II TAGE BEWOHNT.

Literatur: Ferdinand Carl Boeheim's Chronik von Wiener Neustadt. Hrsg. v. W. Boeheim, 2. Bd. (Wien 1863) S. 5.//G. Gerhartl, Wiener Neustadt. NÖ Kulturführer (Wr. Neustadt 1983) S. 35.

Gedenktafel Ludwig Neumayr (Hauptplatz 20)

In der Schweiz erschien als Zeitung der in der Internationale organisierten Arbeiter der romanischen Schweiz „L'Egalite" – Die Gleichheit – mit dem Motto der Internationale „Keine Rechte ohne Pflichten, keine Pflichten ohne Rechte". Ludwig Neumayr, der mit den Schweizer Herausgebern in engem Kontakt stand, gab im Jänner 1870 nach dem eidgenössischen Vorbild die sozialistische Zeitung GLEICHHEIT heraus. Die Redaktion befand sich in den Räumen des Hauses Hauptplatz Nr. 20. Wiener Neustadt als alte Industriestadt beschäftigte in seinen Betrieben eine große Zahl an Arbeitern, weshalb der Stadt während des Aufschwunges der Arbeiterbewegung in den 60er Jahren des 19. Jahrhunderts eine wesentliche Rolle zukam. Entsprechend hoch war das Interesse an einem eigenen, an der politischen Diktion der Arbeiterschaft orientierten Organ. 1886 von Viktor Adler in Wien weiter herausgegeben, erfolgte nach zwischenzeitlichem behördlichem Verbot der Fortbestand von 1968 bis 1989 in Form der Arbeiter-Zeitung (AZ). Die im Frühjahr 1983 von dem Verein für Geschichte der Arbeiterbewegung gestiftete Tafel trägt die Aufschrift:

IN DIESEM HAUS GRÜNDETE LUDWIG NEUMAYR 1870 DIE ARBEITERZEITUNG „GLEICHHEIT".

Literatur: ARCHIV Mitteilungsbl. d. Vereins f. Geschichte d. Arbeiterbeweg. Jg. 23 (1983) Heft 4.//K. Flanner, Der andere Stadtführer (Wr. Neustadt 1992) S. 20.//K. Miersch, Die Arbeiterpresse der Jahre 1869 bis 1889 als Kampfmittel der österreichischen Sozialdemokratie (Wien 1969) S. 93ff.//NÖN vom 3. 12. 1986, Nr. 49, S. 26.//Amtsblatt d. Stadt Wr. Neustadt 1983, Folge 4, S. 19.

80 GEDENKTAFEL BLASIUS HÖFEL

(Hauptplatz 24)
Das dreigeschossige, in der Substanz spätgotische Haus stand im 15. Jahrhundert im Besitz des Bürgermeisters Hans Roll (1467–1472). Eine Gedenktafel weist darauf hin, dass der Xylograph, Kupferstecher, Lithograph und Professor für freie Handzeichnung an der Theresianischen Militärakademie, Blasius Höfel (1792–1863), dieses Haus bis zu seinem Ableben 1863 besaß.
Höfel wurde am 27. Mai 1792 in Wien geboren. 1805 kam er an die Wiener Akademie der bildenden Künste, wo er Zeichnen und Malen studierte. Der junge Künstler arbeitete zunächst als Kupferstecher, unterrichtete aber zwischen 1820 und 1837 die Kadetten an der Militärakademie. Um den Holzschnitt wiederzubeleben gründete er 1834 in Wiener Neustadt eine Schule für Holzschneidekunst. Er entwickelte eine Reliefmaschine, mit deren Hilfe er Stiche vergrößern und verkleinern konnte. Die Nationalbank zeigte sich interessiert und kaufte die Maschine schließlich an. Wenige Jahre später gelang es ihm, Holzschnitte in mehreren Farben auf der Buchdruckpresse zu drucken. Von Höfel stammen die Holzstiche über den großen Brand von Wiener Neustadt im September 1834, welche in der Wiener Theaterzeitung abgebildet wurden und eine Woge der Solidarität auslösten. Nach seiner politisch bedingten Aufgabe einer gut gehenden Druckerei in Wien, zog er sich 1849 nach Salzburg zurück. Dort widmete er sich bis zum Tode seiner künstlerischen Tätigkeit.

Literatur: J. Wünsch, Blasius Höfel. Geschichte seines Lebens und seiner Kunst und Verzeichnis seiner Werke (Wien 1910).//ÖBL 1815–1950, 2. Bd. (Graz, Köln 1959) S. 349f.//Thieme-Becker, Bd. 17 (Leipzig 1999) S. 188f.//NÖ Kulturberichte 1960, Nr. 3, S. 20.//WNZ 1956, Nr. 7, S. 3.

HEIMKEHRERSTRASSE

Vom Bahnhofplatz zur Kollonitschgasse führende kurze Verbindungsstraße. Anlässlich des Heimkehrertreffens in Wiener Neustadt vom 24. bis 26. September 1976 fiel der Beschluss, die Kochgasse in „Heimkehrerstraße" umzubenennen, da durch diese Straße nach 1945 über hunderttausend aus der Gefangenschaft heimkehrende Soldaten in die Freiheit gegangen sind.

Literatur: Protokoll d. VI. Gemeinderatssitzung v. 24. 9. 1976, Punkt a.

(81) Heimkehrerdenkmal (Heimkehrerstraße, Kreuzung Kollonitschgasse)

Wie einige Plastiken im Park der Theresianischen Militärakademie, trägt das Heimkehrerdenkmal die Handschrift des ehemaligen Kommandanten des Schulbataillons, Brigadier i. R. Wilhelm Wurzer. Die Skulptur aus Sankt Margarethener Sandstein, am 26. September 1976 enthüllt, gilt wie eine Kupfertafel mit Inschrift besagt, allen Heimkehrern des Zweiten Weltkrieges:

RÜCKKEHR IN DIE HEIMAT. ALLEN HEIMKEHRERN GEWIDMET VON DER STADT WIENER NEUSTADT UND DEM HEIMKEHRERVERBAND ÖSTERREICH 1976.

Der letzte Heimkehrertransport aus der Sowjetunion traf am 25. Juni 1955, mehr als zehn Jahre nach Ende des Zweiten Weltkrieges, in Wiener Neustadt ein. 180 Zivilinternierte und 6 ehemalige Kriegsgefangene kehrten nach langer Gefangenschaft zurück in ihre Heimat. Das Denkmal musste im Zuge der Neugestaltung des Bahnhofplatzes zwei Mal übersiedeln und hat nun gut sichtbar im Kreuzungsbereich Kollonitschgasse und Heimkehrerstraße seine Aufstellung gefunden.

Literatur: B. Hasel, Die Heimkehrer nach dem Zweiten Weltkrieg. Heimkehrerverbände Österreichs u. d. Bundesrep. Deutschland (Diss., Wien 1992) S. 42 u. 47.//Amtsblatt d. Stadt Wr. Neustadt 1976, Folge 10, S. 44ff.//Amtsblatt der Stadt Wr. Neustadt 1987, Folge 6, S. 10.//WNN 1976, Folge 40, S. 21.//WNN vom 26. 9. 1997, Folge 39, S. 22.

HERZOG-LEOPOLD-STRASSE

1890 beschloss der Gemeinderat, die bis dato als Neugasse bezeichnete Verbindungsstraße zwischen Babenbergerring und Hauptplatz in Herzog Leopold-Straße umzubenennen und damit dem Stadtgründer, dem Babenberger Herzog Leopold V., ein Andenken zu setzen.

(82) Metallplastik „Stapelung"

Die Metallplastik Stapelung, auch als „Leitha-" oder „Brikett-Denkmal" bezeichnet, ist ein Werk des Wiener Neustädter Künstlers und Konstruktivisten Prof. Kurt Ingerl (1935-1999). Die gusseiserne Plastik wurde 1972 vom Kulturreferat der NÖ. Landesregierung angekauft und der Stadt Wiener Neustadt zur Verfügung gestellt. Wenige Jahre später erzielte die „Stapelung" bei der Ausstellung „Geometrica 1977" in Tulln großes Interesse und gilt nunmehr als die bedeutendste konstruktivistische Stahlplastik des Künstlers. Ingerl, der keinen Computer besaß, zählt mit seinen grafischen Entwürfen für Plastiken, Denkmäler und Fassadengestaltungen zu den Pionieren der Computerkunst in Österreich. Er verwendete einen von ihm entwickelten Algorithmus, welchen er zunächst auf Papier brachte und später von einem Informatiker umsetzen ließ. Bei seinen Grafiken experimentierte er mit einfachen geometrischen Grundformen. In diesem Sinne entstand die Skulptur „Stapelung".

Literatur: J. Köck, Kurt Ingerl – Ein Leben für die Kunst. Teil I: Biografie und Computerkunst (Mauerbach 2009) S. 132-134.//G. Gorhartl, Wiener Neustadt. NÖ Kulturführer (Wr. Neustadt 1983) S. 38.//Morgen 1985, Folge 41, S.177. //Amtsblatt d. Stadt Wr. Neustadt 1977, Folge 6, S. 4.// Rathauskorrespondenz, Blatt 435/1972.

Gedenktafel August Sauer (Herzog-Leopold-Straße 7)

Die Familie August Sauers (1855-1926) stammte aus Deutsch-Böhmen, nahe der Stadt Leitmeritz, wo sein Urgroßvater als Schullehrer und sein Großvater als Kaufmann tätig waren. Die Übersiedelung seiner Eltern nach Wiener Neustadt erfolgte noch vor seiner Geburt. Sein Interesse für Literatur dürfte durch den Vater übertragen worden sein, der ein leidenschaftlicher Besucher des Burgtheaters war. August Sauer absolvierte das Schottengymnasium im 1. Bezirk und studierte an der Universität Wien Deutsche Philologie, Anglistik und Geschichte. 1877 promovierte er zum Doktor der Philosophie und nur 2 Jahre später habilitierte er sich. August Sauer erwarb sich einen Namen als bedeutender österreichischer Literaturwissenschafter und Begründer der Zeitschrift Euphorion. 1892 erhielt er den Lehrstuhl für Deutsche Sprache und Literatur an der Deutschen Universität Prag, wo er auch die folgenden Jahre wirkte. In den Jahren 1907–1908 nahm er dort den Posten als Rektor ein.

Für seine wissenschaftlichen Leistungen, insbesondere die Einbeziehung der Landschaftsgeschichte in die Literaturbetrachtung, und für seine Arbeit als Herausgeber von Werken Raimunds und Grillparzers, verlieh die Stadt Wien

1925 August Sauer den Ehrenring. Eine Gedenktafel erinnert daran, dass der große Neustädter am 12. Oktober 1855 in dem Haus Herzog-Leopold-Straße 7 das Licht der Welt erblickte.

Literatur: R. Pichl, Sauer August. Österreich. Biograph. Lexikon, Bd. 9 (Wien 1988), S. 438f.// Österreich in Geschichte und Literatur 16, 1972, S. 376ff.//K. Wackerlig, Der Wiener Neustädter August Sauer. In: Unser Neustadt, Dezember 1975, Folge 4, S. 1f.

83 Gedenktafel „Stadttheater"

(Herzog-Leopold-Straße 17-19)

Die Errichtung des Gebäudes mit der Konskriptionsnummer 62 bzw. mit der späteren Hausnummer 19, der Karmelitinnenklosterkirche, erfolgte um das Jahr 1668. Gut hundert Jahre danach sollte sich der Verwendungszweck grundlegend ändern, denn Kaiser Joseph II. verfügte im Februar 1782 die Profanierung des Gotteshauses. Die Stadt ließ schließlich im Jahr 1793 die Fassade zur Straße hin vorverlegen, wodurch es seine heute bekannte dreiachsige, dreiecksgiebelbekrönte Front, geprägt von klassizistischen Formen, erhielt. Wesentliche Teile der Kircheneinrichtung, bestehend aus Hochaltar, rechter Seitenaltar, Kanzel, Orgel und Sakristeischrank, gelangten in die Pfarrkirche in Wolfpassing an der Hochleiten (Bezirk Mistelbach). Im Sommer und Herbst 1794 fanden, organisiert vom Theaterdirektor Georg Wilhelm, die ersten Aufführungen statt, darunter das Werk König Gustavs III. von Schweden „Siri Brahe". Renovierungen und Modernisierungen des Spielhauses waren nach dem Zweiten Weltkrieg und im Zeitraum 1977 bis 1979 notwendig. Der Eiserne Vorhang stammt von Wolfgang Hutter.

„DIE WELT WIRD TRAUM UND EIN TRAUM WIRD WELT. NOVALIS" STADTTHEATER WIENER NEUSTADT. 1668 ALS KLOSTER GEBAUT / 1794–1932 ALS THEATER GEFÜHRT / 1948 VÖLLIG NEU ADAPTIERT UND WIEDERERÖFFNET / GENERALSANIERUNG 1977–1979,

ist auf einer Tafel im Eingangs- und Kassenraum des Theaters zu lesen.

Literatur: P. Zumpf, Chronik eines Theaters (Wiener Neustadt 1994) S. 18.//Dehio. Niederösterreich südlich der Donau. Teil 2 (Wien 2003), S. 2639.

Gedenktafel HR Dr. Rudolf Rudolz

(Herzog-Leopold-Straße 17-19, Einfahrt Musikschule)
Zur Erinnerung an den beliebten Musiker, Komponisten und Kapellmeister Dr. Rudolf Rudolz, ließ die Stadt 1987 anlässlich seines 100. Geburtstages eine Gedenktafel am Gebäude der Josef-Matthias-Hauer Musikschule anbringen. Rudolz ist als ausgebildeter Musikwissenschafter 1915 nach Wiener Neustadt gekommen und arbeitete als Organist am Wiener Neustädter Dom. Wenige Jahre später gründete er einen Kirchenmusikverein, dem er als Dirigent bis zu seinem Tod 1956 diente. Als Komponist schuf er mehrere, immer wieder gerne aufgeführte Werke. Nach dem Zweiten Weltkrieg wurde Rudolz zum Fachinspektor für Musik in den Bundesländern Niederösterreich, Oberösterreich und das Burgenland bestellt.
Auf der Erinnerungstafel ist zu lesen:

ZUM GEDENKEN AN DEN KOMPONISTEN, MUSIKPÄDAGOGEN UND KAPELLMEISTER HOFRAT DR. RUDOLF RUDOLZ. GEB. 1887 IN BIELITZ/SCHLESIEN, GEST. 1956 IN WIENER NEUSTADT. DR. RUDOLZ WIRKTE VON 1915-1956 ALS CHORDIREKTOR AM WIENER NEUSTÄDTER DOM UND BEGRÜNDETE 1917 DEN WR. NEUSTÄDTER KIRCHENMUSIKVEREIN. GEWIDMET VON DER STADT WIENER NEUSTADT ANLÄSSLICH DES 100. GEBURTSTAGES DES KÜNSTLERS.

Die Gedenktafel wurde am 24. September 1987 durch Bürgermeister Kraupa und Vizebürgermeister Mag. Schneeberger enthüllt.

Literatur: H. Teufert, Rudolf Rudolz Leben und Werk (Wien 1980).//Amtsblatt d. Stadt Wr. Neustadt 1987, Folge 3, S. 26, Folge 11, S. 30.//WNZ vom 4. 3. 1987, Nr. 10, S. 12.//NÖN vom 3. 6. 1987, Nr. 23, S. 8.

Gedenktafel Anton David Steiger (Herzog Leopold-Straße 26)

Der Mineraloge und Montanist Anton David Steiger von Amstein (1755–1832) war in Pöttsching geboren und genoss seine Schulausbildung in Sopron und Wiener Neustadt. Zunächst arbeitete er als Kanzlist in Seebenstein und Krumbach. Schließlich baute er eine Fossiliensammlung auf und studierte an der Bergakademie in Schemnitz Mineralogie. Im Auftrag von Kaiser Joseph II. erschloss er zahlreiche Steinkohlelagerstätten im südöstlichen Niederösterreich und im Gebiet der Seen um Neufeld, Steinbrunn und Pöttsching. 1792 übernahm der mittlerweile angesehene Steiger die Funktion des Burg- und Ökonomieverwalters in der Theresianischen Militärakademie

in Wiener Neustadt. Außerdem setzte er seine montanistischen Forschungen fort, entdeckte weitere Kohlelager und eine Schwefelgrube.
Steiger war zeitlebens Anhänger des romantisch-sentimentalen Rittertums. Er pachtete 1788 die Burg Seebenstein, renovierte das Gebäude und legte eine wertvolle Mineralien- und Hölzersammlung an. 1790 gründete der Burgherr und Oberritter (Heinz am Stein der Wilde) die Wildensteiner Ritterschaft zur Blauen Erde, die ritterliche Ideale wieder aufleben ließ und wohl freimaurerische Tendenzen aufwies. 1815 trat sogar Erzherzog Johann dem Bund bei. Die Regierung, die bereits 1795 die Freimaurerei in Österreich verbot, hegte stärkstes Misstrauen gegen dieses Männerbündnis und veranlasste 1824 die Auflösung der Ritterschaft sowie den Verkauf der Burg Seebenstein. Diesen Verlust verkraftete der bereits betagte Anton David Steiger bis zu seinem Tode nicht mehr. Er wurde nach seinem Ableben 1832 am Friedhof St. Ulrich begraben. Am ehemaligen Wohnhaus der außergewöhnlichen Persönlichkeit befindet sich in der Herzog Leopold-Straße eine Gedenktafel, welche die Vereinigung Schlaraffia Neostadia anbringen ließ:

HIER WOHNTE ANTON DAVID STEIGER EDLER AM STEIN 1755–1832
GRÜNDER DER „WILDENSTEINER RITTERSCHAFT AUF BLAUER
ERDE“ ZU BURG SEEBENSTEIN.

Literatur: ÖBL, XIII. Band (Wien 2010) S. 145.//J. Scheiger, Drei Persönlichkeiten des Seebensteiner Ritterbundes auf blauer Erde (o. O. 1854) S. 1ff.//Frei-Maurer-Arbeit von Liszt bis Sinowatz. Hrsg. v. S. Steiger-Moser (Neutal 2011) S. 82ff.//Österreich in Geschichte und Literatur, Jg. 23, Heft 4 (1979) S. 230ff.//Wurzbach, Biographisches Lexikon, 38. Teil (1879) S. 15ff.//StAWN: Konvolut A. D. Steiger.

(84) Bodendenkmal „Äusseres Fischauertor“

(Herzog-Leopold-Straße, BORG-Platz)
In der Bodengestaltung am Platz vor dem Bundesoberstufenrealgymnasium heben sich die Fundamentumrisse des ehemaligen Neu- bzw. Fischauertores durch roten und grauen Naturstein von der übrigen Pflasterung ab. Der Name Neutor hat seinen Ursprung in der Neugasse, wie der ehemalige Name der Herzog Leopold-Straße lautete, Fischauer Tor (Vischach-Tor) deshalb, weil die vom Tor ausgehende Straße Richtung Fischau führte. Im Mittelalter war wegen

der dort angesiedelten Fleischhauerstände auch die Bezeichnung Fleischhackertor geläufig. In einer Vitrine nahe dem Abgang zur Theatergarage ist ein Modell des nach dem Ausbau von 1613 doppeltürmigen Fischauertores zu sehen. Bei den Bauarbeiten zur Theater-Tiefgarage kamen 1998 Reste des Fundamentes des besagten Stadttores, und zwar des äußeren Turms, zum Vorschein. Prof. Dr. Erwin Reidinger übernahm die Vermessung und die Dokumentation des stadtgeschichtlich höchst interessanten Baufragments und regte die Herstellung eines entsprechenden Bodendenkmals an. Die aus grauem Stein hervorgehobenen Flächen geben den Grundriss der Bauteile vor 1613 wieder, nämlich der Staumauer des Stadtgrabens, des Widerlagers der Brücke und der Ufermauer. Die durch roten Stein gekennzeichneten Elemente der Pflasterung entsprechen dem Grundriss der jüngeren Bauteile ab 1613, des äußeren Fischauertores und der Zwingermauer. Ebenfalls zum Bodendenkmal gehört ein kleines Stück des historischen Straßenpflasters, wie es im Rahmen der archäologischen Grabungen im Bereich der Brückenfundamentteile zum Vorschein kam.

Literatur: WNN vom 26. 6. 1998, Folge 26, S. 6.//NÖN vom 21. 7. 1998, Folge 30, S. 15.//E. Reidinger, Dokumentation über die Ausgrabungen 1998–1999.//E. Reidinger, Archäologische Bauforschung im Bereich des Fischauer-Tores von Wiener Neustadt – Bericht über die Ausgrabungen 1998–1999. In: Carnuntum Jahrbuch 2000, S. 75–133.//T. Winkler, Die städtebauliche Anlage und mittelalterliche Befestigung von Wiener Neustadt (Wien 2009) S. 81.

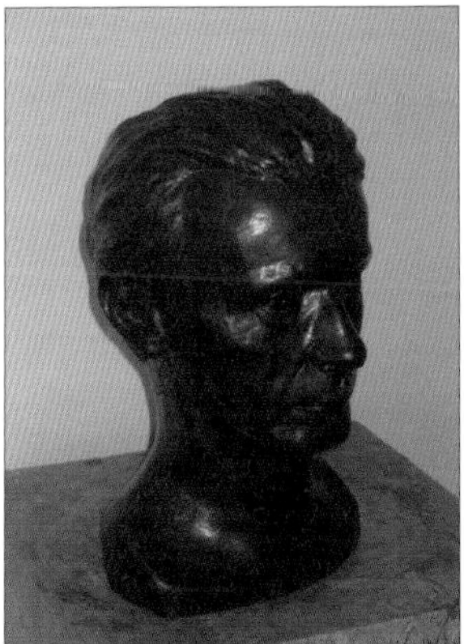

(85) Büste und Gedenktafel Rudolf Steiner

(Herzog-Leopold-Straße, BORG)

Im Eingangsbereich des Bundesoberstufenrealgymnasiums ist eine Bronzebüste des bedeutenden österreichischen Philosophen Rudolf Steiner (1861–1925) zu bewundern. Auf einer Gedenktafel neben der Büste ist zu lesen:

RUDOLF STEINER 1861–1925 /
BEGRÜNDER DER ANTHROPOSOPHIE
BESUCHTE VON 1872–1879 DIE
REALSCHULE WIENER NEUSTADT.

Rudolf Steiner kam am 27. Februar 1861 als erstes Kind von Franziska und Johann Steiner in Kraljevec (heute Kroatien) zur Welt. Der Beruf des Vaters, ein Stationsvorsteher der österreichischen Südbahn, veranlasste die Familie zu mehreren Wohnortwechseln. 1869 übersiedelte Rudolf Steiner mit seinen

Eltern und seinen beiden Geschwistern nach Neudörfl an d. Leitha, wo er zunächst die Volksschule, später in Wiener Neustadt das Gymnasium besuchte. Der höchst intelligente Schüler, der oft auch im Winter zu Fuß von der Schule in Wiener Neustadt nach Neudörfl gehen musste, beschäftigte sich neben dem Unterricht mit Philosophie, Literatur, Mathematik sowie Physik und war damit in vielen Fächern seiner Schulstufe weit voraus. Die Matura mit ausgezeichnetem Erfolg bestanden, ließ er das Studium des Realschullehramts folgen, welches ihm gestattete, sich mit einem breiten Spektrum an Fächern von Mathematik über Naturwissenschaften bis hin zur Philosophie zu befassen. Bald machte er sich als Redakteur, Autor und Vortragender zur Goetheschen Weltanschauung einen bekannten Namen in Wien. Sein Interesse an Goethes Arbeiten brachte ihn schließlich nach Weimar als Mitarbeiter am Goethe- und Schiller-Archiv. 1893 erscheint sein philosophisches Hauptwerk „Die Philosophie der Freiheit". Von Berlin ausgehend, wo er als Lehrer, Schriftsteller und Vortragender tätig war, gründete er Theosophische Logen. Er gilt als Begründer der Anthroposophie. Ihr Ziel ist es, den Menschen in seiner Beziehung zum Übersinnlichen zu betrachten. Die Anthroposophie verbindet dabei Elemente des Idealismus, der Weltanschauung Goethes, der Gnosis, asiatischer Lehren sowie der naturwissenschaftlichen Erkenntnisse ihrer Zeit. 1904 veröffentlichte er das zentrale Werk „Theosophie", eine Einführung in übersinnliche Welterkenntnis und Menschenbestimmung. Wie nachhaltig und vielschichtig Steiners geistiges Vermächtnis auf das Denken der Menschen im 20. und auch nun im 21. Jahrhundert weltweit wirkt, davon zeugen über tausend Waldorfschulen und Kindergärten, heilpädagogische und sozialtherapeutische Einrichtungen weltweit, Kliniken wie auch landwirtschaftliche Betriebe.

Literatur: R. Steiner, Mein Lebensgang (Dornach 1949).//F. Probst, Rudolf Steiner in Neudörfl. In: Neudörfl an d. Leitha. Festschrift anlässlich der Markterhebungsfeier (Neudörfl 1973) S. 121ff.//W. Beck, Rudolf Steiner. Sein Leben und sein Werk (Dornach 1997).//W. Kugler: Rudolf Steiner und die Anthroposophie. Eine Einführung in sein Lebenswerk (Köln 2010).

JOHANN VON NEPOMUK-PLATZ

86 **PLASTIK „HOMMAGE À SOPHIA LOREN"** (St. Peter an d. Sperr)

Ein weiteres Kunstwerk des Wiener Neustädter Konstruktivisten und Hyperrealisten Kurt Ingerl (1935–1999). Zwei Seelen wohnten in seiner Brust, hieß es. Im Gegensatz zu seinen geometrischen, oft gegenstandslosen Werken stehen Ingerls hyperrealistische Plastiken. Als Liebhaber weiblicher Rundungen schuf er mehrere Kunstwerke auf Basis extrem in Korsett geschnürter Frauen, von welchen er mittels Moulage-Technik naturgetreue Gipsabformungen machte. Der weibliche Körper mit überbetonter Wespentaille inspirierte Ingerl auch zur Herstellung von Skulpturen in Bronze und anderen Materialien. So entstand 1961 das Werk „Hommage à Sophia Loren" aus Lafarge-Beton. Ingerl wollte dieses Werk zerstören, an dem er mehrere Monate gearbeitet hatte, da er keinen Abnehmer fand und sein Atelier an der Akademie für Bildende Künste räumen musste. Die Plastik konnte schließlich gerettet und am Platz vor der für Kunstausstellungen verwendeten Karmeliterkirche aufgestellt werden. Vor wenigen Jahren erfolgte die Übersiedlung zu ihrem aktuellen Standort.

Literatur: Kurt Ingerl liebt eng geschnürte Frauen zum Quadrat. Hrsg. v. Künstlerhaus (Wien 1998) S. 68.//J. Köck, Kurt Ingerl – Ein Leben für die Kunst (Mauerbach 2009) S. 31.

87 Plastik Friedrich II. „Der Streitbare"

(Stadtmauer)

Herzog Friedrich II. (1211–1246), als Sohn von Herzog Leopold VI. in Wiener Neustadt geboren, hielt sich mehrmals in Wiener Neustadt auf. Für längere Zeit sogar, als Streitigkeiten mit Kaiser Friedrich II. zu seiner Ächtung führten. Die Treue der Wiener Neustädter Bürgerschaft, die in schwerer Zeit zu ihm stand, belohnte er mit einem wirtschaftlich bedeutenden Mautprivileg vom 5. Juni 1239. Es handelt sich dabei um die älteste Original-Urkunde, die im Stadtarchiv von Wiener Neustadt heute aufbewahrt wird. Seinen Beinamen „Bellicosus" bzw. „Der Streitbare" verdiente er sich durch wiederholte kriegerische Auseinandersetzungen mit Bayern, Ungarn und Böhmen. Im Jahre 1246 fiel der letzte Babenberger in der, von seinem Tod abgesehen, erfolgreichen Schlacht an der Leitha gegen die Ungarn. Begraben liegt der Herzog im Zisterzienserstift Heiligenkreuz. Anlässlich der 800-Jahr-Feier der Stadt 1994 ließ der Denkmalschutzverein einen Abguss seines Grabdeckels machen und diesen an der Stadtmauer unmittelbar nach der Ausstellungskirche St. Peter an der Sperr applizieren. Darunter befindet sich eine Gedenktafel:

HERZOG FRIEDRICH II. DER STREITBARE GEBOREN AM 15. JUNI 1211 IN NEUSTADT. GEFALLEN AM 15. JUNI 1246 BEI NEUSTADT IN DER SCHLACHT AN DER LEITHA. IN DIESER ZEIT WURDE DIE STADT ERBAUT.

Literatur: NÖN vom 14. 12. 1994, Folge 50, S. 12.//Sancta Crux 1997, Folge 114, S. 117.

88 Skulptur „Sonne“

Dabei handelt es sich wieder um ein disloziertes Kunstwerk. Anlässlich der Eröffnung des Volksheimes in der Döttelbachsiedlung im Jahr 1967 auf einer Grünfläche vor dem Gebäude aufgestellte Skulptur aus Lindabrunner Kalkstein-Konglomerat. Der Bildhauer, der Wiener Neustädter Künstler Kurt Ingerl (1935–1999) hat dem Werk, das er im Sommer 1967 im Zuge des ersten Bildhauer-Symposiums in Lindabrunn schuf, den Namen „Sonne“ gegeben. Der Stadtsenat beschloss in seiner Sitzung vom 4. Dezember 1967, die Skulptur anzukaufen und in einer Grünfläche vor dem Volksheim in der Döttelbachsiedlung aufzustellen. Nach der Schließung und vor dem Abbruch des Volksheims folgte im Oktober 2008 die Verlegung an die nördliche Stadtmauer unmittelbar neben dem Durchgang zum Stadtmuseum.

Literatur: Amtsblatt d. Stadt Wiener Neustadt v. 15. 12. 1967, Nr. 24, S. 2.//WNZ v. 9. 12. 1967, Nr. 49, S. 2.//NÖN vom 20. 10. 2008, Folge 43, S. 48.//Protokoll d. 23. Stadtsenatssitzung v. 4. 12. 1967, Punkt 44.

89 St.-Johann-von-Nepomuk-Kapelle

Wiener Neustadt ist im Besitz mehrerer Denkmäler des Heiligen Johannes von Nepomuk, der im 18. Jahrhundert hier offensichtlich große Verehrung fand. Für eine Nepomuk-Statue vor dem Wiener Tor, eine Spende des Ratsherren Caspar Adam Exinger aus dem Jahre 1704, baute der Steinmetz Anton Obermayer 1756 eine steinerne Kapelle im klassizistischen Stil, der Eingang flankiert von zwei weiblichen Heiligenfiguren. Die stabilitas loci war der Nepomukkapelle in der folgenden Zeit nicht gegönnt. So musste sie 1859 zunächst von ihrem angestammten Platz beim Wiener Tor weichen, da sie den

Grundstückseigentümer Matthias Grünkranz behinderte. Daraufhin ließ dieser die Nepomuk-Statue auf das Areal Wiener Vorstadt Nr. 277 der Mühlenbesitzerin Anna Mayerhofer versetzen, wofür eine neue, jedoch dem Stile nach der alten entsprechenden Kapelle zur Ausführung kam. Als auf den ehemaligen Mühlengründen das Krankenhaus errichtet wurde, deponierte man die Teile der Kapelle zuerst im Zisterzienserstift Neukloster, ein halbes Jahrhundert später im Keller der Vorstadtkirche. Anlässlich seines 50jährigen Bestehens ließ der Rotary-Club das Denkmal im Herbst 1979 unweit des ursprünglichen Platzes entsprechend eines Entwurfes von Dipl. Ing. Franz Neuwirth wieder aufstellen, restaurieren und fehlende Steine ergänzen.

Literatur: J. N. Fronner, Monumenta Novae Civitatis Austriae, I. (Wr. Neustadt 1839) pag. 217, Nr. 138.//J. Mayer, Geschichte von Wiener Neustadt. Bd. 4 (Wr. Neustadt 1928) S. 52, S. 92, S. 152 u. S. 157.//Morgen 1980 Folge 11, S. 4f.//Amtsblatt der Stadt Wr. Neustadt 2004, Folge 9, S. 15.// WNZ 1947, Nr. 20, S. 14.//Deutsches Volksblatt 1890, Nr. 17, S. 4 und Nr. 43, S. 4.//G. Gerhartl, St.-Johann-Nepomuk-Kapelle. In: Unser Neustadt, Jg. 21 (1977) Folge 2, S. 7.

JOHANN W. GANGLBERGER GASSE

Von der Lazarettgasse zur Wolfgang Amadeus Mozart-Gasse führende Verbindungsgasse im Musikantenviertel. Ihr Name geht auf den niederösterreichischen Kapellmeister, Dirigenten und Komponisten Johann Wilhelm Ganglberger (1876–1938) zurück.

(90) **Robert-Stolz-Büste** (J. W. Ganglberger Gasse/Lazarettgasse)
Der produktive Komponist schrieb über 60 Operetten, zahlreiche Filmmusiken und gilt als letzter Meister der Wiener Operette. Viele seiner Lieder sind weltbekannt, wie zum Beispiel „Im Prater blüh'n wieder die Bäume“ oder

„Die ganze Welt ist himmelblau". Robert Stolz machte aber auch in humanitärer Hinsicht aufmerksam auf sich. Nach dem Machtantritt der Nationalsozialisten brachte er, in seiner Limousine versteckt, auf 21 Fahrten Juden und politisch Verfolgte von Deutschland nach Österreich. In einem Grünstreifen bei der nach dem österreichischen Lieder- und Operettenkomponisten Robert Stolz (1880–1975) benannten Wohnhausanlage, welche die Stadt Wiener Neustadt 1972 bis 1974 errichten ließ, befindet sich eine nach dem Tod des Komponisten im Jahr 1976 geschaffene Bronzebüste. Sie ruht auf einem dreiteiligen Steinsockel und ist ein Werk des Grazer Bildhauers Erwin Huber. Die Enthüllung des Denkmals am 16. Juni 1976 nahm Bürgermeister Hans Barwitzius gemeinsam mit Einzi Stolz, der Witwe von Robert Stolz, vor.

Literatur: Rathauskorrespondenz, Blatt 336/1976.//Rathauskorrespondenz, Blatt 358/1976.//K. Eidam, Robert Stolz. Biographie eines Phänomens (Berlin 1989).

JOSEFSPLATZ

Mit der Platzbenennung würdigte die Gemeinde Wiener Neustadt einen Monarchen, der für die wirtschaftliche Entwicklung der Allzeit Getreuen einen entscheidenden Beitrag geleistet hat, Kaiser Josef II. Auf seine Anordnung gab die Stadtgemeinde die Festungsanlagen und Stadtgräben auf, wodurch die Stadt bebaubare Grundstücke gewann. Mit der Profanierung zahlreicher Klosteranlagen schuf er die Gebäuderessourcen, welche der auflebenden Textilindustrie eine willkommene Unterkunft boten.

91 DREIFALTIGKEITSSÄULE

Die barocke Säule geht, wie einer Inschrift am Sockel zu entnehmen ist, auf eine Stiftung des Ehepaares Johann und Justina Fando im Jahr 1703 zurück:

EX VOTO JOHANN FANDO, ANA JUSTINA SEINE HAUSFRAU, 1703.

Auf der gegenüberliegenden Seite eine Tafel mit den Worten:

RENOVIERT VON MARIA OBERMAYRIN, GEBORENE FANDOIN 1757.
– RENOVIERT 1825.

Wie so manches andere Denkmal musste die Wegsäule mehrmals ihren Platz wechseln. Der ursprüngliche Standort ist nicht mehr festzustellen. 1858 transferierte man sie in die Nähe des Fischauertores an der Straße, die zum Friedhof St. Ulrich führte. Als im Zuge städtebaulicher Maßnahmen die Verlegung des Friedhofes an die Wiener Straße und die Begradigung der Straße um die Stadtmauer anstand, musste die Säule wieder weichen. Um 1880 wählte die Stadtgemeinde als neuen Aufstellungsort den „Marktplatz der Arbeiter-Assoziation" in der Josefstadt. Der Platz erhielt durch die Säule bald den Namen Dreifaltigkeitsplatz. 1969 ließ sie der Verein zur Erhaltung der Kunstdenkmäler in Wiener Neustadt restaurieren. Über einem zugeschütteten Splittergraben aus dem 2. Weltkrieg legte die Stadtgartenverwaltung später eine Grünfläche an, wo die Säule ihren bis dato letzten Standort hat. Am 14. Juni 1969 erfolgte die Weihe durch Dompropst Dolezal und die Übergabe des Denkmals an die Stadt Wiener Neustadt.

Literatur: J. N. Fronner, Monumenta Novae Civitatis Austriae. De Civitate (Wiener Neustadt 1839) pag. 249, Nr. 158.//Amtsblatt der Stadt Wr. Neustadt vom 1. 7. 1969, Folge 13, S. 180.//G. Gerhartl, Wiener Neustadt. NÖ Kulturführer (Wr. Neustadt 1983) S. 38.//K. Flanner, Die Wanderung zweier Neustädter Denksäulen. In: Unser Neustadt, Jg. 44 (2000), Folge 3, S. 12.

KAMMANNGASSE

Die nach dem Wiener Neustädter Stadtkämmerer Franz Kammann (1854–1926) benannte Gasse verbindet die Neunkirchner Straße mit der Bräunlichgasse. Kammann, Adoptivvater des Bürgermeisters Franz Kammann (1897–1913), hat sich für seinen politischen Einsatz bei der Errichtung der neuen Promenade (heute Teil des Stadtparkes) und der Realisierung einiger Bauprojekte Verdienste erworben.

Gedenktafel Paul Johannes Schlesinger (Kammanngasse 5, Ecke Dietrichgasse) Der Gemeinderat hatte in seiner Sitzung vom Oktober 1968 den Entschluss gefasst, die Wohnhausanlage in der Kammanngasse, Ecke Dietrichgasse, „Paul Johannes Schlesinger-Hof" zu benennen. Am 13. Juni 1969 enthüllte Bürgermeister Hans Barwitzius eine Gedenktafel für den sozialdemokratischen Landes- und Bundespolitiker, der in diesem Gebäude viele Jahre wohnte. Schlesinger setzte sich unermüdlich für die arbeitende Bevölkerung ein. Einer Verhaftung im Februar 1934 durch die austrofaschistische Regierung Dollfuß folgten eine mehrmonatige Internierung im Anhaltelager Wöllersdorf und ein Aufenthaltsverbot für Wiener Neustadt. Sein Freiheitssinn und seine kritische Haltung gegenüber autoritären Regimen brachten ihn in tödliche Gefahr. Nach einer Verhaftung im Jahr 1938 wegen staatsfeindlicher Betätigung und ständiger Bespitzelungen wurde er 1944 erneut verhaftet und nach Auschwitz deportiert. Der 70jährige starb vermutlich während eines Transportes vom KZ Auschwitz in das KZ Groß-Rosen im Frühjahr 1945. Auf der Gedenktafel ist zu lesen:

PAUL JOHANNES SCHLESINGER (1874–1945) / SEKRETÄR DES ÖSTERR. METALLARBEITERVERBANDES. 1921-1930 ABGEORDNETER ZUM N.Ö. LANDTAG. 1930–1934 ABGEORDNETER ZUM NATIONALRAT. PAUL JOHANNES SCHLESINGER WOHNTE v. 1919–1934 IM HAUSE DIETRICHGASSE 25. ER STARB IM APRIL 1945 IM KONZENTRATIONSLAGER AUSCHWITZ.

Literatur: Amtsblatt d. Stadt Wr. Neustadt vom 1. Juli 1969, Folge 13, S. 178ff.//Rathauskorrespondenz Blatt 165/1969.//Stadtführer des Erinnerns. Hrsg. v. B. Haberstroh, M. Huber, M. Rosecker. (Wr. Neustadt 2011) S. 173ff.

KERNSTOCKGASSE

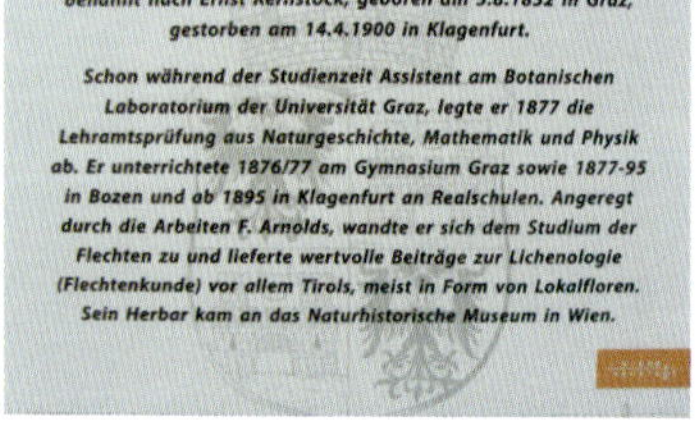

92 Gedenktafel Ernst Kernstock

(Kernstockgasse, Ecke Zehnergasse)
1931 erhielt die Gasse im Zehnerviertel ihren Namen nach dem Dichter und Geistlichen Ottokar Kernstock (1848-1928). Abgesehen von seinen hervorragenden Kenntnissen im Bereich der Urkundenlehre, die er sich durch Theologie- und Germanistikstudium erwarb und als Archivar im Stift Vorau in der Steiermark zur Anwendung brachte, ist sein lyrisches Schaffen sehr umstritten. Die patriotischen Werke fordern zur Anwendung von Gewalt auf oder bieten dem aufstrebenden Nationalsozialismus Nahrung, wie etwa das „Hakenkreuzlied“.

Desto erfreulicher ist der Umstand, dass durch eine Umbenennung im April 2008 die besagte Gasse nun dem Botaniker Ernst Kernstock (1852–1900) gewidmet ist. Der in Graz geborene Biologe arbeitete bereits während des Studiums im botanischen Labor der Universität Graz. 1877 legte er die Lehramtsprüfung ab. In den folgenden Jahren unterrichtete er in Graz, Bozen und zuletzt in Klagenfurt, ehe eine heimtückische, chronische Krankheit das Leben des 48-Jährigen frühzeitig auslöschte. Zu seiner Leidenschaft gehörten die kryptogamen (versteckblühenden) Pflanzen, wie die Pilze, Moose, Farne und Flechten. So stellte er einen Materialkatalog von geeigneten Demonstrationsobjekten zusammen und verfasste mehrere einschlägige Arbeiten wie etwa einen „Orientierungsbehelf für den kryptogamischen Formenkreis" (1876), gewissermaßen einen Bestimmungsschlüssel für niedere Gewächse. 1878 erschien der Artikel „Die pflanzlichen Parasiten des Menschen", in dem er sich mit den von niederen Pilzen hervorgerufenen Infektionskrankheiten befasste. Seine fachlich wertvollsten Schriften, die „Lichenologischen Beiträge", verfasste er jedoch über die Flechten (Lichenen) Steiermarks, Nord- und Südtirols, welche in den Verhandlungen der k. k. zoologisch-botanischen Gesellschaft in Wien veröffentlicht wurden. Neben seiner wissenschaftlichen Publikationstätigkeit stellte Kernstock Wandtafeln mit kolorierten Ansichten, Aquarellen und Federzeichnungen für den naturwissenschaftlichen Unterricht her. Sein wertvolles Herbar erhielt nach seinem Tod das Naturhistorische Museum in Wien. Eine Gedenktafel an der Grundstückseinfriedung des Hauses Kernstockgasse 2 vermittelt eine Kurzbiografie des bedeutenden österreichischen Botanikers.

Literatur: Carinthia II. Mitteilungen d. naturhist. Landesmuseums für Kärnten, Jg. 1900, Nr. 3, S. 1ff.//ÖBL, 3. Bd. (1965) S. 20f.//Spurensuche. Der andere Stadtführer durch Wiener Neustadt (Wr. Neustadt 2011) S. 11.//WNN vom 8. 8. 1997, Nr. 32, S. 9.//NÖN vom 30. 7. 1997, Nr. 31, S. 10.// NÖN vom 14. 4. 2008, Nr. 16, S. 8.//NÖN vom 28. 4. 2008, Nr. 18, S. 16.

KOLLONITSCHGASSE

Leopold Graf Kollonitsch (1631–1707), Ritter des Malteser Ordens, kämpfte gegen die Türken, wandte sich dann der Kirche zu und wurde Priester. Als Bischof von Wiener Neustadt ließ er 1678 die Mariensäule am Hauptplatz errichten. Er sammelte Geld, Kleidung und Naturalien für die Ärmsten und hinterließ, 1707 als Kardinal in Wien verstorben, eine Stiftung zu Gunsten von Handwerksgesellen und Lehrlingen.

93 Gedenktafel „Utøya-Park“

In einem Festakt am 24. Mai 2012 wurde eine Grünfläche neben der Unterführung Kollonitschgasse offiziell in Utøya-Park benannt. Nach einem Trauermarsch, den Hymnen von Österreich und Norwegen, enthüllten Bürgermeister Bernhard Müller und der norwegische Botschafter Jan Petersen eine Gedenktafel. Diese erinnert an die fürchterlichen Anschläge von Anders Behring Breivik auf der Ferieninsel Utøya und in Oslo am 22. Juli 2011, bei welchen 77 Menschen ums Leben gekommen sind. Der Gemeinderat beschloss am 28. September 2011 die Grünfläche Utøya-Park zu benennen, mit der Absicht, ein Zeichen gegen Extremismus und Terrorismus zu setzen:

> DER UTØYA-PARK IST EIN KLEINER, ABER WICHTIGER SYMBOLISCHER BEITRAG, DEN DIE EUROPASTADT WIENER NEUSTADT LEISTET, UM AUF DIE VERHEERENDEN AUSWIRKUNGEN VON HASS, XENOPHOBIE UND VERBRECHEN GEGEN DIE MENSCHLICHKEIT HINZUWEISEN, DIE SEHR OFT IN KRIEGE MÜNDEN,

ist unter anderem auf der Tafel zu lesen.

Literatur: Amtsblatt d. Stadt Wr. Neustadt 2012, Folge 4, S. 7.//NÖN vom 29. 5. 2012, Nr. 22, S. 13.//Österreich-Norwegen. Organ d. österreichisch-norwegischen Gesellschaft, Jg. 33, Nr. 3 (2012) S. 1.

KURZE GASSE

Gedenktafel Ferdinand Ebner (Kurze Gasse 7)

Der Volksschullehrer und Philosoph Ferdinand Ebner (1882–1931), als 7. Kind eines Landwirtes im Haus Kurze Gasse 7 geboren, absolvierte seine Schulausbildung in Wiener Neustadt. Er besuchte zunächst das Gymnasium, worauf die Ausbildung zum Lehrer am NÖ-Landes-Lehrerseminar in Wiener Neustadt folgte. Befreundet mit dem Musiker und Komponisten Joseph Matthias Hauer, gehörte er dem „Hauer-Kreis“ an, ohne jedoch der Zwölftonmusik etwas abgewinnen zu können. Er arbeitete zunächst an der Volksschule in Waldegg, musste aber nach einigen Jahren die Versetzung nach Gablitz hinnehmen. Ebner beschäftigte sich schon früh mit den Werken großer Philosophen, insbesondere Arthur Schopenhauer, Friedrich Nietzsche und Sören Kierkegaard. Er entwickelte eine religiös fundierte Sprachphilosophie und bereitete den christlichen Existenzialismus Gabriel Marcels vor. In mehreren, zum Teil umstrittenen Publikationen, hinterließ der gesundheitlich Angeschlagene sein philosophisches Werk. Ebner litt bereits in jungen Jahren an Depressionen, 1931 starb er in Gablitz an Tuberkulose. Neben Wittgenstein zählt er zu den wichtigsten Philosophen Österreichs der Zwischenkriegszeit.

IN DIESEM HAUS WURDE AM 31. JÄNNER 1882 DER GROSSE DENKER FERDINAND EBNER GEBOREN

steht auf der 1951 applizierten Gedenktafel. Eine weitere Gedenktafel anlässlich des 100. Geburtstages des Philosophen enthüllten am 16. April 1982 Kulturstadtrat Dr. Norbert Wittmann und Bürgermeister Hans Barwitzius am Haus Ferdinand-Ebner-Gasse 8.

Literatur: Der Philosoph Ferdinand Ebner 1882-1931. Festschrift d. NÖ Kulturforums. Hrsg. v. NÖ Kulturforum (Wr. Neustadt, o. J.).//WNZ 1951, Nr. 39, S. 3, Nr. 42, S. 3, Nr. 43, S. 2.//WNN vom 3. 5. 2001, Nr. 18, S. 26.//NÖ-Kulturberichte 1951, Folge 11, S. 86.//Amtsblatt d. Stadt Wr. Neustadt 1982, Folge 5, S. 48.

LANGE GASSE

94 Gedenktafel „Strassenpflasterung"

(Lange Gasse 14)

Wie andere Sektoren des Bauwesens, hat auch die Straßenherstellung im Laufe der Jahrhunderte eine gewaltige Entwicklung genommen, wobei aber einzelne Grundprinzipien auch in moderner Zeit erhalten blieben: Über einem Schotter- bzw. Kiesbett zur Drainage und Ebnung des Geländes befindet sich eine harte, beanspruchbare Schicht. In der Umgebung von Wiener Neustadt verwendete man von der Antike bis ins Mittelalter gerundetes Gestein (Geröll), welches die Flüsse während und nach der Eiszeit in die Ebene des Wiener Beckens transportierten und das immer reichlich vorhanden war. Kalkstein aus verschiedenen Steinbrüchen an den östlichen Ausläufern der Kalkalpen stand ebenfalls zur Verfügung, setzte jedoch eine aufwändige Bearbeitung des Materials voraus. Ein als Denkmal erhaltenes Stück einer alten Römerstraße befindet sich am Platz vor der Vorstadtkirche St. Leopold (siehe: Wiener Straße). Doch oft bestanden die Verkehrswege – und dies gilt auch für den urbanen Bereich bis in das 20. Jahrhundert – notgedrungen oder der Einfachheit halber nur aus einer Schotter-, Sand- oder Kiespiste, welche bei trockenem Wetter durch Staubentwicklung und bei andauerndem Regen durch sumpfigen Boden das Leben der Bürger erschwerte. Ab 1800 begann man parallel dazu mit der Granitpflasterung, wie sie in einem kurzen Teilstück in der Lange Gasse zu sehen ist. Das gewichtige Material wurde mühsam von Mauthausen nach Wien verfrachtet. Über den Wiener Neustädter Kanal gelangte das graue Gestein dann in die Allzeit Getreue. Der Verband aus Granitwürfel erwies sich zwar als dauerhaft, allerdings auch als sehr holprig und verursachte beim Überfahren mit Pferdefuhrwerken eine erhebliche Lärmbelastung. Dazu gesellte sich der Verlegeaufwand des schwer bearbeitbaren Granits. So gehörten die Schotterstraßen bis in die 1930er Jahre zum städtischen Bild. Obwohl schon im 19. Jahrhundert erfunden, setzte sich der Asphalt erst nach 1945 durch. Eine Gedenktafel aus poliertem Granit informiert über das historische Straßenpflaster:

VOM BEGINN DES 19. JHD. BIS ZUR MITTE DES 20. JHD. WURDEN DIE STRASSEN DER STADT MIT GRAUEN GRANITWÜRFELN AUS MAUTHAUSEN, VOM VOLK „KATZENKOPFPFLASTER“ GENANNT, BEFESTIGT, EHE SIE VOM ASPHALT ABGELÖST WURDEN.

Literatur: Amtsblatt d. Stadt Wr. Neustadt 1983, Folge 4, S. VIII.

Geburtshaus und Gedenktafel Josef Matthias Hauer (Lange Gasse 23)
Eine Gedenktafel weist darauf hin, dass der Komponist und Begründer der Zwölftonmusik, Josef Matthias Hauer, am 19. März 1883 in diesem Gebäude zur Welt kam. Der Sohn eines Gefängnisaufsehers absolvierte in Wiener Neustadt das Landes-Lehrerseminar, wo er Klavier-, Orgel-, Cello- und Gesangsunterricht nahm. Neben der Ausübung seines Berufes als Lehrer in Krumbach und Wiener Neustadt wirkte

er als Organist und Chorleiter. Außerdem begann er sich autodidaktisch mit Musiktheorie auseinanderzusetzen. Hauer entwickelte 1912 noch vor Arnold Schönberg ein System zur Zwölftontechnik, das er in ein universales System (Zuordnung der Töne zu Farben u. a.) einordnete. Er verfasste dazu zahlreiche theoretische Schriften, darunter: „Vom Wesen des Musikalischen". Das nationalsozialistische Regime stand seiner Musik völlig verständnislos gegenüber, sie galt als entartet. Goebbels erteilte ihm 1935 ein Aufführungsverbot seiner Werke. Nach dem Zweiten Weltkrieg gründete er das Österreichische Seminar für Zwölftonmusik. 1955 erhielt er den Großen Österreichischen Staatspreis. Hauer verstarb am 22. September 1959 in Wien. Am 19. Juni 1997 enthüllte Bürgermeister Traude Dierdorf eine Gedenktafel zu Ehren des weit über die Grenzen bekannten Musikers. Diese trägt das Zeichen des Josef Matthias Hauer-Kreises und die Worte:

JOSEF MATTHIAS HAUER DER ENTDECKER DES ZWÖLFTONSPIELS
WURDE AM 19. MÄRZ 1883 IN DIESEM HAUSE GEBOREN.

Literatur: Josef Hauer, Vom Wesen des Musikalischen (Leipzig, Wien 1920).//W. Szmolyan, J. M. Hauer. Österreich. Komponisten des 20. Jhdts. Bd. 6 (Wien 1965).//Josef Matthias Hauer. Hrsg. v. NÖ Kulturforum (Wr. Neustadt 1979).//WNZ vom 1. 6. 1990, Nr. 22, S. 3.//NÖN vom 25. 6. 1997, Nr. 26, S. 29.//Amtsblatt d. Stadt Wr. Neustadt 1997, Folge 7, S. 55.

Gedenktafel Johann Baptist Zelpi (Lange Gasse 24)
Der Bildhauer Johann Baptist Zelpi (gest. 1618) dürfte 1598 aus dem Süden nach Wiener Neustadt zugewandert sein und hier mehrere Aufträge, vor allem epigraphische Denkmäler, ausgeführt haben. Zu erwähnen ist die 1602 angefertigte und im Wiener Neustädter Dom aufgestellte Wappengrabplatte des Franz Duria, eines angesehenen und wohlhabenden Dieners Erzherzog Maximilians. Seit 1936 befinden sich an der Fassade des Rathauses, in der Höhe des 2. Stockwerks, Wappenkartuschen des Äußeren Neutores und des Äußeren Ungartores, die im Zuge der Stadterweiterung weichen mussten. Es handelt sich ebenfalls um Arbeiten der Werkstatt Zelpis. Zu seinen Hauptwerken zählt gewiss die von Bischof Melchior Khlesl gestiftete Marmorkanzel in der Domkirche. Die aus zwei Arten von Marmor bestehende Kanzel mit den Figuren der vier lateinischen Kirchenväter schuf er in den Jahren 1608 bis 1609. An der Rückseite der Säule, welche die Kanzel trägt, liest man die Signatur I.B.Z.F. (Johann Baptist Zelpi fecit). Ebenfalls Zelpi zuzuschreiben ist der im Auftrag des Handelsmannes und Besitzers des Hauses Hauptplatz Nr. 30, Hans Schrauthammer, 1609 angefertigte und nach ihm benannte Schrauthammerbrunnen. Leider ist das Original nicht mehr erhalten, die Reproduk-

tion am nordwestlichen Teil des Hauptplatzes stammt aus dem Jahre 1936. Im Jahr 1605 erwarb Zelpi das Haus Lange Gasse Nr. 24. Eine Inschriftentafel erinnert an den Besitzer dieser Liegenschaft:

HAUS DES BILDHAUERS JOH. BAPT. ZELPI +1618.

Literatur: Amtsblatt d. Stadt Wr. Neustadt vom 15. 2. 1969, Folge 4, S. 44f.//Der Dom zu Wiener Neustadt. Hrsg. v. H. Schnell (Wien 1979) S. 13f.//G. Gerhartl, Der Dom zu Wiener Neustadt (Wien, Köln, Graz 1979) S. 53.//R. Kohn, Die Inschriften der Stadt Wiener Neustadt (Wien 1998) S. 155, 157f., 176f.

LEDERERGASSE

In dieser Gasse waren Lederer bzw. Gerber ansässig, die für ihre Arbeit ein Gewässer benötigten. Vermutlich floss ein Bach oder ein Abwassergerinne durch die Lederergasse und das Judenviertel in Richtung Domplatz und Mühlturm und weiter zur nördlichen Stadteinfassung.

Gedenktafel Joseph Ferdinand Wasshuber (Lederergasse 17)
Eine bemerkenswert vielseitige Wiener Neustädter Persönlichkeit war der Maler und Politiker Joseph Ferdinand Wasshuber (1698–1765). Die Stadt wie auch kirchliche Institutionen ließen von dem angesehenen Künstler Bilder anfertigen. Eindrucksvoll sind seine im Stadtmuseum aufbewahrten historisch-topografisch höchst interessanten Gemälde, wie eine Darstellung des „Blutgerichtes" am Hauptplatz oder Andreas Baumkircher vor dem Wienertor. Seine politischen Ämter waren mannigfaltig. So fungierte er zunächst als Mitglied der Waisenkommission, später hatte er als Kommissar für bürgerliche Schneider im Streitfalle ihre Interessen zu vertreten und gehörte seit 1737 dem Inneren Rat an. 1756 wurde Wasshuber zum Bürgermeister gewählt. Dieses Amt übte er gewissenhaft bis zu seinem Tod 1765 aus. Bereits in jungen Jahren erwarb Wasshuber das Haus Lederergasse 17. Eine Gedenktafel ziert dessen Fassade: DIESES HAUS GEHÖRTE DEM MALER JOSEF FERDINAND WASSHUBER BÜRGERMEISTER VON WR. NEUSTADT +1765. Bei seiner Sitzung am 12. November 1907 beschloss der Gemeinderat, eine Gasse in Wiener Neustadt nach dem bedeutenden Bürgermeister zu benennen.

Literatur: H. Fuchs, Joseph Ferdinand Wasshuber und Johann Baptist Haggenmüller im Spiegel der Geschichte Wiener Neustadts (Diss. Wien 1974).//NÖ Kulturberichte 1987, Folge 5, S. 11.

96 INSCHRIFTENTAFELN „ZRINYI UND FRANGIPANI"

Auf dem Areal des heutigen Parkplatzes in der Lederergasse befand sich bis vor wenigen Jahren das auf das 16. Jahrhundert zurückgehende Bürgerliche Zeughaus. Später im 19. Jahrhundert war hier das städtische Bräuhaus untergebracht. Negative Bekanntheit erhielt das Bürgerliche Zeughaus durch die Hinrichtung der wegen Hochverrats verurteilten Magnaten Graf Peter Zrinyi und Markgraf Franz Frangipani. Sie gehörten zu den ungarischen Adeligen, die mit dem zwischen kaiserlichen Truppen und Türken geschlossenen, für Ungarn ungünstigen, Frieden von Vasvár (Eisenburg) unzufrieden waren. Als sie gegen Leopold I. opponierten, traf sie eine Anklage wegen Hochverrats mit dem Ergebnis, dass sie für ihre Tat mit dem Leben bezahlen mussten. Während der Urteilsvollstreckung im Innenhof des bürgerlichen Zeughauses, kam es zu einem Eklat. Der offensichtlich betrunkene Henker verfehlte bei der vorzunehmenden Enthauptung die Ziele so unglücklich, dass die Delinquenten vor ihrem Tod schreckliche Schmerzen zu erleiden hatten.

Drei Inschriftentafeln auf der Stadtmauer in deutscher, lateinischer und kroatischer Sprache erinnern an die Hinrichtung. Die deutsche Übersetzung, der ursprünglich nur lateinischen Inschrift lautet:

GRAF PETER ZRINYI, BANUS VON KROATIEN UND MARKGRAF FRANZ FRANGIPANI, LETZTER SPROSS SEINER FAMILIE. WURDEN IN DIESEM HOF ALS STRAFE FÜR IHREN VERRAT AM 30. APRIL 1671 UM DIE NEUNTE STUNDE ENTHAUPTET.

Die lateinische Gedenktafel geht auf eine Stiftung des Wiener Neustädter Bürgermeisters Felix Mießl zurück. Johann Nepomuk Fronner erwähnt jedoch, dass Mießl 1835 eine Tafel ersetzen ließ, welche im Brand vom 8. September 1834 zerstört worden war. Die heute vorhandene Inschriftentafel sowie die deutsche und kroatische Übersetzung stammen aus jüngerer Zeit. Die Gedenkstätte wird jährlich von einer kroatischen Delegation aufgesucht, die hier einen Kranz niederlegt.

Literatur: StAWN, Lit. B. 1606.//Grammanitsch, Prozess und Hinrichtung der Grafen Zrinyi und Frankopan (Wien 1976).//G. Gerhartl, Wiener Neustadt. Geschichte, Kunst, Kultur, Wirtschaft (Wien 1993) S. 284ff.//J. N. Fronner, Monumenta Novae Civitatis Austriae, I., De Civitate (Wr. Neustadt 1839) pag. 48f. Nr. 13.//J. Mayer, Geschichte von Wiener Neustadt, Bd. 3, (Wr. Neustadt 1926) S. 43f.//WNZ vom 14. 10. 1971, Folge 42, S. 4.//Amtsblatt der Stadt Wr. Neustadt 1971, Folge 8, S. 11.//Amtsblatt der Stadt Wr. Neustadt 1971, Folge 9, S. 17.//Amtsblatt der Stadt Wr. Neustadt 1971, Folge 10, S. 15.//Amtsblatt der Stadt Wr. Neustadt 1971, Folge 11, S. 24.//WNN vom 12. 1. 2001, Folge 2, S. 26.

(97) (98) **Torbogen „Liesinger Brauhof“**

Wie der vom Denkmalschutzverein gespendeten Gedenktafel zu entnehmen ist, wurde nach der Schließung der Brauerei (1927) und folgender teilweiser Demolierung in den Jahren 1927 bis 1929 durch das ehemalige Firmengelände die Lederergasse stadtauswärts verlängert. Der im Zuge dessen errichtete Torbogen ist als Ersatz für die abgetragene Stadtmauer zu betrachten und fungiert durch die gut sichtbare Aufschrift „BRAUHOF“ zugleich als Erinnerungsmal für diesen bedeutenden Wiener Neustädter Gewerbebetrieb. Den westlich der Lederergasse noch bestehenden Gebäudekomplex erwarb die Brauerei Liesing, um einen Braugasthof zu eröffnen. Bombentreffer im Zweiten Weltkrieg verursachten schwere Schäden. Erst in den Jahren 1964 bis 1966 war eine Wiederinstandsetzung möglich. Schließlich übernahm die Firma Leiner das aufgelassene Brauhofgelände und errichtete in den Jahren 2006 bis 2007 einen Neubau. An der südlichen, dem Parkplatz zugewandten Seite der Stadtmauer, blieb ein Mosaik mit der Aufschrift GÄRKELLER erhalten. Details zur Stadtmauer und zu den Resten des Stubenbergerturms finden sie im Abschnitt Bräuhausgasse.

Literatur: Adressenbuch der Stadt Wiener Neustadt 1937, S. 20.//Protokoll der II. Gemeinderatssitzung v. 14. 6. 1927, Punkt 26.//Protokoll der IV. Gemeinderatssitzung v. 14. 5. 1929, Punkt 9.// Protokoll der I. Gemeinderatssitzung v. 14. 2. 1930, Punkt 11 u. 37.

NESTROYSTRASSE

Benannt nach dem österreichischen Schriftsteller und Schauspieler Johann Nepomuk Nestroy (1801–1862). Er gilt neben Ferdinand Raimund als bedeutendster Vertreter der Altwiener Volkskomödie. Bestens bekannt sind seine Werke, wie „Einen Jux will er sich machen“, „Der Talisman“, „Der böse Geist Lumpacivagabundus“ und viele weitere.

(99) **Sgraffito „Hohe Brücke“** (Nestroystraße 2)

Im Sommerhalbjahr 1964 musste aus verkehrstechnischen Gründen eine der letzten Ziegelgewölbefeldwegbrücken durch eine moderne Stahlbetonkonstruktion ersetzt werden. Im Zuge der Anlage des Wiener Neustädter Kanals entstand um 1800 die „Hohe Brücke“. Sie verband die Schelmerkolonie mit dem Viertel rund um die Siedlung Gartenstadt. Ihren Namen erhielt sie durch ihre hochgebaute Form, welche sich wiederum durch die Dimension des den Kanal überspannenden Ziegelgewölbes ergab. Damit die Pferde, welche am Treppelweg marschierend die Lastenkähne zogen, nicht auf ein Hindernis stießen, mussten die Gewölbe eine ausreichende lichte Öffnung aufweisen. Solcherart war diese Brücke für den historischen Straßenverkehr mit Kutschen und Fuhrwerken gerade noch tauglich. Den modernen Ansprüchen mit einer ständig wachsenden Zahl an Automobilen und Lastkraftwagen konnte sie mit kaum 2,5 m Breite und einer Lage deutlich über dem Straßenniveau nicht gerecht werden. So beschloss der Wiener Neustädter Gemeinderat in seiner Sitzung vom 3. Mai 1963 die Neuerrichtung, welche in nur zwei Monaten bewerkstelligt werden konnte. Die Eröffnung der nunmehr 12 m breiten und auf Straßenniveau liegenden Brücke erfolgte am 22. August 1964.

Zur Erinnerung an das historische Bauwerk, das über 160 Jahre seinen Zweck erfüllte und das Straßenbild der östlichen Vorstadt mitprägte, erhielt später ein Maler der Wiener Neustädter Künstlervereinigung, der 1908 in Wiener Neustadt geborene Hans Schandl, den Auftrag, ein Sgraffito, die „Hohe Brücke“ darstellend, an der Nordseite des Theodor-Körner-Hofes zu schaffen. Dem Künstler, dem es ein Anliegen war, Vergängliches durch seine Bilder zu bewahren, gelang dies mit einer einfachen aber prägnanten Darstellung sehr eindrücklich. Darunter die Worte:

HOHE BRÜCKE GEBAUT UM 1800, ABGETRAGEN 1964.

Die letzte noch auf Wiener Neustädter Gebiet vorhandene Ziegelgewölbefeldwegbrücke, die „Schafflerwegbrücke“, blieb als Industriedenkmal erhalten (siehe: Am Schafflerhof).

Literatur: WNZ vom 1. 2. 1964, Nr. 5, S. 4.//WNZ vom 13. 6. 1964, Nr. 24, S. 3.//WNZ vom 29. 8. 1964, Nr. 35, S. 4.//Gleichheit vom 29. 8. 1964, Nr. 35, S. 1 u. 5.//WNZ vom 14. 10. 1976, Nr. 42, S. 6.//Katalog, Kollektive Hans Schandl. Ausstellung d. Wiener Neustädter Künstlervereinigung (Wr. Neustadt 1976).//Protokoll d. IV. Gemeinderatssitzung vom 3. 5. 1963, Punkt 11.

100 **RAABER KREUZ** (Neudörfler Straße 50)

Vor dem NÖ. Landespflegeheim befindet sich in einer Grünanlage ein so genanntes Raaber Kreuz. Auf einem achteckigen Steinpfeiler ruht ein steinernes Lichthäuschen mit pyramidenförmigem, von einem Steinkreuz bekröntem Dach. Die spätgotische Lichtsäule aus Fischauer Konglomerat, um 1500 auf dem Acker des Wiener Neustädter Paulinerklosters errichtet, trug bis in das 19. Jahrhundert den Namen „Paulineracker-Kreuz". Im September 1594 musste Graf Hardeck die Stadt Raab (Györ) an die Türken übergeben. Anlässlich der Wiedereroberung wurde die Säule auf Befehl Kaiser Rudolfs II. 1598 restauriert und im Inneren des Lichthäuschens mit einer Inschrift versehen:

SAG GOTT DEM HERRN LOB UND DANKH DAS RAAB WIDER KOMEN IST IN DER CHRISTEN HANDT DEN 29. MARTY IM 1598 IAR.

Der Erlass Kaiser Rudolfs II., Gott zu Ehren und Danksagung Bildstöcke zu renovieren und dem gütigen Ausgang des Feldzuges zufolge mit obiger Inschrift zu versehen, führte zur Aufstellung zahlreicher Raaber Kreuze, nicht nur in Wiener Neustadt. Die umfunktionierte Lichtsäule ließ der Denkmalschutzverein 1957 restaurieren. Eine Gedenktafel erinnert daran, dass unweit des Kreuzes der letzte Babenberger bei der siegreichen Schlacht gegen die Ungarn am 15. Juni 1446 gefallen ist. Eine weitere Inschriftentafel trägt einen Text des Minnesängers Ulrich von Liechtenstein:

DOZ MAN IN ALSO LIGENT VANT DER HERRE WAS UBER MANIC LANT DAZ DA VON IE DEN TOT GEWAN EIN ALSO GAR VOLKOMEN MAN.

Literatur: J. N. Fronner, Monumenta Novae Civitatis Austriae, I. De Civitate (Wr. Neustadt 1839) pag. 264., Nr. 173.//P. M. Plechl, Gott zu Ehrn ein Vatterunser pett, Bildstöcke, Lichtsäulen und andere Denkmale der Volksfrömmigkeit in Niederösterreich (Wien/München 1971).//A. Berger, Die Denksäule auf die Wiedereroberung von Raab 1598, Monatsblatt des Alterthums-Vereines zu Wien, 1885, Nr. 7, S. 25.//F. Staub, Denksäulen auf die Eroberung von Raab in der Umgebung von Wiener Neustadt, Monatsbl. d. Alterthums-Vereines zu Wien, 1888, Nr. 2, S. 14.//WNN, 1957, Folge 24, S. 5.//WNN, 1957, Folge 26, S. 3.

101 Gedenktafel Prior Alberich Rabensteiner

(Neuklosterkirche)
In den letzten Kriegstagen blieben nur wenige Menschen in der umkämpften Stadt. Frauen und Kinder flüchteten in die noch benutzbaren Luftschutzräumlichkeiten, zu welchen auch das Kellergewölbe des Stiftes Neukloster zählte. Der Prior des Stiftes sah sich verantwortlich für die im Kloster Zuflucht suchenden Personen. Vermutlich versteckte er am 2. April 1945 eine junge Frau vor einem sowjetischen Soldaten, was er mit seinem Leben bezahlen musste. Eine Sandsteinplatte zwischen Benedikt-Altar und dem Tor zum Kreuzgang verdeckt Einschüsse einer Maschinenpistole und weist darauf hin, dass an dieser Stelle Pater Alberich Rabensteiner als Opfer des Krieges verstarb. Rabensteiner erhielt, seinem Wunsch gemäß, im Westteil des Klosterhofes eine Grabstätte. Am 10. Dezember 1956 weihte der Abt von Heiligenkreuz, Prälat Karl Braunstorfer, eine Gedenktafel zur Erinnerung an den ermordeten Prior. Die Inschrift besagt:

HIER STARB ALS OPFER DES KRIEGES AM 2. APRIL 1945
P. ALBERICH RABENSTEINER PRIOR UND PFARRER.
HERR GIB IHM DIE EWIGE RUHE.

Literatur: J. Mandak, P. Prior Alberich Rabensteiner 1875–1945. In: Unser Neustadt, Jg. 46 (2002), Folge 3, S. 1ff.//Sancta Crux Jg. 56, 1995, Nr. 113, S. 171f.//G. Gerhartl, Wiener Neustadt, Geschichte, Kunst, Kultur, Wirtschaft (Wien 1993) S. 499.

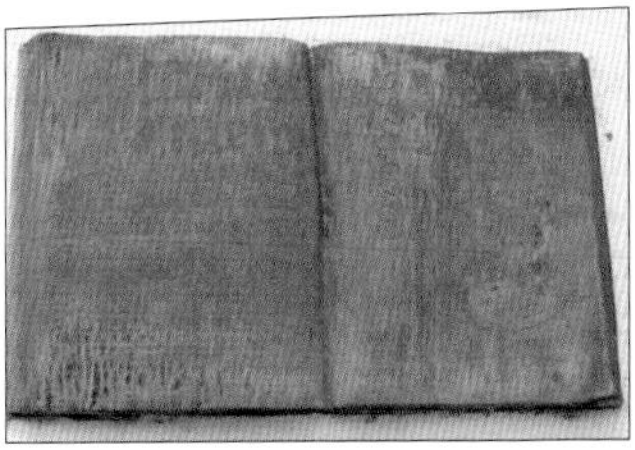

102 Gedenktafel Cristobal de Castillejo

(Neuklosterkirche)
Neben dem Westportal der Neuklosterkirche befindet sich eine Gedenktafel für den um 1480 in Ciudad/Salamanca geborenen Dichter Cristobal de Castillejo in Form eines in die Wand gemauerten aufgeschlagenen Buches aus Bronze und erinnert daran, dass der spanische Dichter in der Neuklosterkirche beigesetzt worden ist. Der Verfasser satirischer Dichtungen war ein Protegé Kaiser Ferdinands I. Er starb am 12. Juni 1550 in Wien. Das Marmorepitaph befindet sich in der Kirche neben dem Altar der Pestheiligen. Die

Gedenktafel, ein Werk des Bildhauers Carl Celles im Jahr 1929, trägt folgende Worte:

LO NON ALCANZADO EN ESTA
VIDA ELLA PERDIDA SERÁ HALLADO

(Was wir in diesem Leben nicht erreichen, wir erreichen es im anderen). Die Gedenktafel wurde auf Betreiben des in Wien lehrenden Lektors Don Aniceto Sardó y Vilar an der Neuklosterfassade angebracht.

Literatur: G. Gerhartl, Wiener Neustadt, Geschichte, Kunst, Kultur, Wirtschaft (Wien 1993) S. 234f.//G. Gerhartl, Wiener Neustadt, NÖ Kulturführer (Wr. Neustadt 1983) S. 43.//Unsere Heimat 1969, Folge 1, S. 3.//WNN 1928, Nr. 8, S. 3.//WNN 1956, Nr. 27, S. 6.

103 Gedenktafel „Mozartrequiem“

(Kreuzgang des Neuklosters)

Das Requiem ist Mozarts letzte Komposition, die er jedoch bis zu seinem frühen Tod am 5. Dezember 1791 nicht mehr fertig stellen konnte. Um das bereits erhaltene Geld für das Auftragswerk nicht zurückzahlen zu müssen, ließ Mozarts Witwe Constanze das Requiem durch Schüler des großen Komponisten, Joseph Eybler und Xaver Süßmayr, vollenden. Eine fragmentarische Erstaufführung erfolgte am 10. Dezember 1791 in der Michaelerkirche in Wien. Zur Uraufführung des Gesamtwerkes kam es aber erst zwei Jahre später am 14. Dezember 1793 in der Stiftskirche des Zisterzienserstiftes Neukloster, welche den Auftragsbedingungen und der ursprünglichen Zweckbestimmung entsprach, nämlich als Seelenmesse für die verstorbene Gräfin Walsegg. Der Auftraggeber selbst, Graf Franz von Walsegg, dirigierte das Musikstück. Über Wien und Wiener Neustadt verbreitete sich der Ruf des bald beliebten und höchst geschätzten Werkes über die Grenzen des Landes. Eine Gedenktafel im Kreuzgang des Neuklosters erinnert an dieses Ereignis:

AUF DEM CHORE DIESER KIRCHE ERKLANG AM 14. DEZEMBER
1793 UNTER DER LEITUNG DES GRAFEN FRANZ VON WALSEGG
ZUM ERSTEN MALE BEIM GOTTESDIENSTE MOZARTS REQUIEM.
ERRICHTET: WR. NEUSTÄDTER SINGVEREIN/WR. NEUSTÄDTER
MUSIKVEREIN/KIRCHENCHOR NEUKLOSTER/UNTER DEM
KUNSTFREUNDLICHEN ABTE DR. GREGOR PÖCK IM 50. JAHRE
SEINES PRIESTERTUMS–1936.

Anlässlich des 200. Todestages Wolfgang Amadeus Mozarts fand am 5. Dezember 1991 in der Neuklosterkirche eine Festaufführung des Requiems statt.

Literatur: Österreich. Musikzeitschrift, Jg. 19, 1964, Heft 2, S. 49.//WNN vom 24. 12. 1993, Nr. 51, S. 20.//Amtsblatt d. Stadt Wr. Neustadt 1992, Folge 1, S. 67.//J. Mandak, Wahre und ausführliche Geschichte des Requiems von W. A. Mozart. In: Unser Neustadt, Jg. 47 (2003) Folge 4, S. 7ff.

Gedenktafel Bernhard Schwindl (Kreuzgang des Neuklosters)
Die Gedenktafel im Kreuzgang ehrt einen äußerst vielseitigen Abt des Neuklosters, nicht für seine seelsorgerische Tätigkeit, sondern für seine Leistungen der im 19. Jh. in Aufbau begriffenen Institutionalisierung der Imkerei. Im Jahre 1775 beauftragte Kaiserin Maria Theresia den Bienenlehrer Georg Rohrmoser, in der Allzeit Getreuen eine Imkerschule einzurichten, der allerdings, nicht zuletzt auf Grund der ablehnenden Haltung der Bevölkerung, kein überaus langes Leben beschieden war. 1852 wurde Abt Bernhard Schwindl ersucht, die Leitung der 4. Wanderversammlung der Bienenwirte in Wien zu übernehmen. Der viel beschäftigte Abt, der im Laufe seines Lebens schon als Gymnasialdirektor, als Mitbegründer der Wiener Neustädter Sparkasse und im Landwirtschafts- und Montanwesen tätig war, setzte sich auch mit großem Engagement für die Imkerei ein. So richtete er im Landwirtschaftsministerium die Sektion Bienenzucht ein und rief einen niederösterreichischen Bienenzuchtverein ins Leben. Die Gedenktafel, enthüllt während der Landes-Imkertagung 1956 in Wiener Neustadt, besagt:

DEM GRÜNDER UND OBMANN DES ERSTEN
BIENENZÜCHTERVEREINES NIEDERÖSTERREICHS / DEM ABTE
DES STIFTES NEUKLOSTER BERNHARD SCHWINDL GEWIDMET IN
DANKBARER ERINNERUNG AM 9. DEZEMBER DES JAHRES 1956.
AM 100sten JAHRESTAGE SEINES ABLEBENS. VOM
N.Ö. LANDESBIENENZÜCHTERVEREIN.

Literatur: Amtsblatt d. Stadt Wr. Neustadt 1975, Folge 7, S. 7.//K. Wache, Imkerliche Begebenheiten Wiener Neustadts. In: Unser Neustadt, Dezember 1972, Folge 4, S. 5.//K. Bastl, Wiener Neustadt – Die Bienenstadt. In: Unser Neustadt, Juni 1975, Folge 2, S. 3f.//WNZ vom 15. 12. 1956, Nr. 50, S. 1.

(104) **Renaissancebrunnen** (Kreuzganggarten)
Im Hof des Neuklosters wartet auf den kunstgeschichtlich Interessierten ein Juwel aus der Renaissanceepoche. Ein Brunnen aus dem 1. Drittel des 17. Jhs. legt Zeugnis ab von dem hohen Niveau des Schmiedehandwerks die-

ser Zeit. Der Brunnen besteht aus einem, aus mehreren Steinquadern zusammengefügten runden Becken und einer darauf aufsitzenden zylindrischen Brunnenlaube. Dieses aus Schmiedeeisen gestaltete Gitter besticht durch seinen komplexen Aufbau aus Stehern, welche in kreuzgeschmückten Spindelblumen enden und durch reiches Rankenwerk, das der Laube eine besondere Lebendigkeit verleiht. Bemerkenswert sind Blechschnittfiguren, welche die Räume zwischen den Ranken ausfüllen. So steht jeweils ein Türke mit Krummsäbel einem helmtragenden Krieger mit Streitkolben gegenüber. Ein baldachinartiges Laubendach wird von einer Fahnenstange mit einem Wetterfähnchen und dem kaiserlichen Doppeladler bekrönt. Prior Alberich Rabensteiner ließ den Brunnen, der seinen Standort im äußeren Klosterhof hatte, 1939 in den Kreuzganggarten versetzen. Das ursprünglich rot, gelb und grün bemalte schmiedeeiserne Gitter wurde nach dem Zweiten Weltkrieg schwarz gestrichen und 1993 von Restauratoren wieder in den farbigen Originalzustand rückgeführt.

Literatur: Amtsblatt d. Stadt Wr. Neustadt 1993, Folge 11, S. 8.//Archäologischer Wegweiser durch Niederösterreich. Hrsg. v. Alterthums-Vereine zu Wien, Bd. 1 (Wien 1866) S. 46.//Dehio. Niederösterreich südlich der Donau, Bd. 2 (Wien 2003) S. 2625.

NEUNKIRCHNER STRASSE

Gedenktafel „Heinrich von Neustadt“ (Neunkirchner Straße 2, Rathausfassade) Heinrich von Neustadt, ein mittelhochdeutscher Epiker, ist in Wiener Neustadt geboren. Über sein Leben gibt es nur sehr wenige historisch belegte Informationen. Eine medizinische Ausbildung genoss er wahrscheinlich in Italien. 1312 wird er als Arzt in Wien urkundlich genannt und vom Bischof von Freising mit einem Haustrakt am Graben auf Lebenszeit belehnt. Mehr Spuren als seine Vita hinterließen die beiden literarischen Werke, zum einen die geistliche Dichtung „Von Gottes Zuokunft“ (Ankunft) und der Versroman „Apollonius von Tyrlant“. In das um 1300 verfasste, aus rund 21.000 Versen bestehende und auf lateinischen Quellen basierende Werk, flossen viele antike und zeitgenössische Erzählungen und Motive ein, sodass ein abwechslungsreicher Abenteuer- und Unterhaltungsroman entstand. Dem gebürtigen Neustädter Dichter setzte die Stadt in zweifacher Hinsicht ein Denkmal. Am 15. April 1980 beschloss der Gemeinderat, eine Gasse westlich des Zehnergürtels „Heinrich-von-Neustadt-Gasse“ zu benennen. Außerdem ehrt eine Gedenktafel an der, der Neunkirchner Straße zugewandten Fassade des Rathauses den mittelalterlichen Autor:

ZUR ERINNERUNG AN DEN BERÜHMTEN ARZT UND DICHTER DES MITTELALTERS (14. Jh.) HEINRICH VON NEUSTADT/MEISTER HEINRICH GEHEIZEN VON DER NUEWEN STAT/WIENER NEUSTÄDTER DENKMALSCHUTZVEREIN.

Literatur: Leben und Abenteuer des großen Königs Apollonius von Tyrus zu Land und zur See. Hrsg. u. übertragen von H. Birkhan (Bern 2001).//E. Bauer, Heinrich von Neustadt. In: NDB 8 (1969) S. 419f.//ADB 11 (1880) S. 639f.//WNN vom 2. 5. 1980, Nr. 18, S. 3.//NÖN vom 13. 2. 2001, Nr. 7, S. 48.

(105) Gedenktafel Napoleon Bonaparte

(Neunkirchner Straße 4, Sparkassengasse)

Nicht leicht zu finden ist diese bemerkenswerte, leider im Gebäudeinneren der Wiener Neustädter Sparkasse angebrachte Gedenktafel, welche an Napoleons Aufenthalt in Wiener Neustadt erinnert. Eigentlich befindet sich diese Tafel in dem der Sparkassengasse zugewandten Teil des Gebäudes und kann derzeit nur in Begleitung eines Bankbeamten besichtigt werden. Für die Lokalgeschichte ist es jedoch nicht uninteressant zu wissen, dass Napoleon vom 4. auf den 5. Oktober 1809 im Hotel „Goldener Hirsch“ nächtigte. Sein Gefolge bestand aus einem Oberst, einem Kapitän, 25 Mann Garde und 30 Soldaten, die sich in dem Hotel von überschaubarer Größe zusammendrängten und reichlich Wein genossen.

Ergänzend sei erwähnt, dass Napoleon 1809 bei Aspern erstmals von einem österreichischen Heer in einer offenen Feldschlacht bezwungen werden konnte. Die Schlacht bei Wagram am 5. und 6. Juli offenbarte jedoch wieder die Unterlegenheit unserer Streitkräfte. Die französischen Soldaten, welche periodisch die Allzeit Getreue frequentierten, erfreuten sich wegen der an der Tagesordnung stehenden Plünderungen und der Belästigung von Neustädter Bürgern und vor allem Bürgerinnen naturgemäß keiner Beliebtheit.

Die Gedenktafel aus rotem Marmor trägt aus metallenen Lettern die Aufschrift:

NAPOLEON BONAPARTE LOGIERTE 1809 IM
GOLDENEN HIRSCHEN WR. NEUSTADT.

Wie kommt die Gedenktafel nun in das Gebäude der Sparkasse? 1958 kaufte der Vorstand des Wiener Neustädter Bankhauses den der Neunkirchner Straße zugewandten Teil des seit 1795 bestehenden Traditionsgastbetriebes und Hotels „Zum Goldenen Hirschen“ und führte einen Neubau auf. Der Hoteleingang lag nun in der Sparkassengasse, was kein Vorteil gewesen sein mag. Mit der Errichtung des Hotels Corvinus im Stadtpark war der Untergang besiegelt. Die Sparkasse übernahm schließlich auch den verbliebenen Teil des Hotels und adaptierte Büroräume. Die Gedenktafel blieb zurück und erinnert somit nicht nur an den Aufenthalt des französischen Kaisers, sondern auch an das Hotel „Zum Goldenen Hirschen“, welches über 180 Jahre für das Wohl der Gäste und Besucher der Stadt Sorge trug.

Literatur: J. Mayer, Geschichte von Wiener Neustadt, Bd. 4 (Wr. Neustadt 1928) S. 307.//100 Jahre Wiener Neustädter Sparkasse 1860–1960 (Wr. Neustadt 1960) S. 72ff.//WNN 1983, Nr. 5, S. 3.//WNN vom 30. 11. 1990, Nr. 48, S. 25.

106 **KUCKUCKSUHR** (Neunkirchner Straße 15)
Als der Uhrmacher Felix Pichler 1957 die Idee hatte, eine überdimensionale Kuckucksuhr vor seinem Geschäft in der Neunkirchner Straße aufzustellen, stand diese vor dem Hintergrund, eine Attraktion für die damals noch vom Zweiten Weltkrieg gezeichnete Innenstadt zu schaffen und um auf sein Geschäftslokal aufmerksam zu machen. Es war jedoch nicht absehbar, dass mit der Errichtung ein Wahrzeichen der Stadt entstand, welches über die Gemeindegrenzen hinaus Bekanntheit erlangen sollte. Denn die am 10. August in Betrieb genommene Kuckucksuhr galt als die größte Europas. Heerscharen von Kindern haben in den vergangenen 55 Jahren gebannt auf die Uhr geblickt, wenn zu jeder Viertelstunde die schnatternden Figuren zum Vorschein kamen. Felix Pichler war Absolvent der berühmten Karlsteiner Bundesfachschule für Uhrenindustrie und hat die 3,2 m

hohe elektrische Kuckucksuhr in mehr als 1000 Arbeitsstunden hergestellt. Sie beinhaltet mehrere patentwürdige Anordnungen, besonders im handgefertigten Schlagwerk, und verdient sich, als technisches Kunstobjekt für zukünftige Generationen erhalten zu bleiben. Unterhalb der Uhr befinden sich zwei kleine Doppeltore, welche sich alle Viertelstunden öffnen und je eine Figur freigeben, die durch Wachtel- oder Kuckucksruf die Zeit verkünden. Als Felix Pichler 1971 das 150jährige Bestehen seines Juwelierbetriebes feierte, ersetzte er, wieder in Handarbeit, die bereits durch Wettereinwirkung beeinträchtigte Mechanik in 3500 Arbeitsstunden durch eine neue. Ein Jahr später fand die Kuckucksuhr von Wiener Neustadt sogar Erwähnung in der Jugendzeitschrift „Mickey Mouse". Mittlerweile sorgt eine ferngesteuerte Funkuhr für einen exakt getimten Kuckucksruf.

Literatur: WNZ vom 24. 8. 1957, Nr. 34, S. 2.//WNN vom 22. 10. 1971, Nr. 43, S. 4.//Amtsblatt d. Stadt Wr. Neustadt 1971, Folge 11, S. 4 und Folge 14, S. 6f.//NÖN vom 9. 7. 1997, Nr. 28, S. 22.

Gedenktafel Peter von Pusica (Neunkirchner Straße 34)
An der Fassade des Bürgerhauses ist eine Gedenktafel zu sehen, die an einen großartigen Baumeister der gotischen Epoche erinnert und fälschlicherweise mitteilt:

DIESES HAUS GEHÖRTE D. K. HOFBAUMEISTER UND STEINMETZ PETER VON PUSICA +1475.

Im ausgehenden 19. Jh. kam es zu einer Verwechslung, denn tatsächlich befand sich das Haus Neunkirchner Straße 32 ab dem Jahr 1450 in Besitz des Meisters. Nichtsdestotrotz ist es erfreulich, dass diesem bedeutenden Mann ein Gedenkstein gesetzt wurde. Als Herzog Friedrich Wiener Neustadt als Residenzstadt wählte, beauftragte er den vermutlich aus Polen stammenden Peter von Pusica mit dem Ausbau der Burg. An dieser Stelle seien vor allem die Georgskirche und deren Hofarkade mit der Wappenwand in Form eines gotischen Flügelaltars erwähnt. Ein Meisterwerk der Spätgotik und ebenfalls Pusica zuzuschreiben, ist der großzügige Umbau des Dominikanerklosters St. Peter an der Sperr. Neben den Baustellen der Georgskirche und St. Peter betreute Pusica in den 1450er Jahren auch den Bau der Kapellen an der Portalfront der Neuklosterkirche und das gotische Schiff des St. Michaelskarners.

Literatur: W. Boeheim, Baumeister und Steinmetzen in Wiener Neustadt im XV. Jahrhundert (o. O. u. J.). S. 10ff.//G. Gerhartl, Wiener Neustadt Geschichte, Kunst, Kultur, Wirtschaft (Wien 1993) S. 131, 135, 144.//J. Mayer, Geschichte von Wiener Neustadt, Bd. 2 (Wr. Neustadt 1926). S. 507.//F. Kozak, Das Haus des Peter von Pusica. In: Unser Neustadt, Dezember 1958, Folge 4, S. 4ff.

(107) Meridian- oder Liesganigsäule

In einer Grünfläche vor dem Haus Neunkirchner Straße 70 ist die Meridiansäule zu bewundern. Viele mehr oder weniger passende Namen haben sich für das barocke Denkmal, das an die Anfänge der österreichischen Landesvermessung in der 2. Hälfte d. 18. Jhs. erinnert, gefunden. Liesganigstein, Meridiansäule, Steinpyramide, Weltkugel- oder Kugelsäule sind im Laufe der Zeit gebräuchlich geworden. Bis 1954 auf der gegenüberliegenden Straßenseite, wurde sie aus baulichen und optischen Gegebenheiten in die Grünanlage versetzt. Das barock geschwungene, volutenverzierte und von einer Weltkugel bekrönte Denkmal lässt sich in Kopf-, Mittel- und Fußteil gliedern. Den Kopfteil ziert ein Relief des kaiserlichen Doppeladlers. Unmittelbar darunter liest man folgende, in lateinischer Sprache verfasste Inschrift:

FRANCISCI ET MARIAE THERESIAE AUG: IUSSU ET AUSPICIIS MERIDIANI VIENNENSIS GRADUS TRES DIMENSUS HANC BASIS METAM BOREALEM STATUIT JOS: LIESGANIG SOC: IESU ANNO MDCCLXII.

Darunter die deutsche Übersetzung:

AUF GEHEISS UND FÖRDERUNG DER MAJESTÄTEN FRANZ U. MARIA THERESIA MASS JOSEPH LIESGANIG S. J. DREI GRADE DES WIENER MERIDIANBOGENS.

Joseph Liesganig, 1719 in Graz geboren, trat 15jährig in den Jesuitenorden ein und wirkte bereits 1742 als Mathematikprofessor in seiner Geburtsstadt, später übernahm er den Lehrstuhl für Mathematik an der Universität Wien und diente als Adjunkt der Sternwarte. Der ausgezeichnete Mathematiker und Astronom stand somit an erster Stelle, als Maria Theresia eine personelle Entscheidung für ihr geplantes Vermessungsprojekt traf.

Im Fußteil des Denkmals ist auf einer Tafel zu lesen, dass die Säule 1930 vom Bundesamt für Eich- und Vermessungswesen instandgesetzt worden war. Die letzte Restaurierung gab die Stadt im Jahr 2005 in Auftrag.

Literatur: J. N. Fronner, Monumenta Novae Civitatis. pag. 256, Nr. 165.//Amtsblatt d. Stadt Wiener Neustadt 1968, Folge 6, S. 46f.//J. Steinmair, Geschichte der Universitätssternwarte Wien. Unveröffentlichtes Manuskript (Wien 1932–1936) Teil1.//G. Geissl, Joseph Liesganig – Die Wiener Meridianmessung und seine Arbeiten im Gebiet von Wiener Neustadt. Dokumentation des Industrieviertel-Museums Wr. Neustadt, Nr. 100 (Wr. Neustadt 2001) S. 21f.

(108) Monolith, Nördlicher Basis-Endpunkt

(Neunkirchner Straße, B17, nahe Autobahn)
Fährt man die Neunkirchner Straße (B 17) stadtauswärts, so gelangt man, wo die Bundesstraße an der Autobahnauffahrt vorbeiführt, zu einem der am wenigsten bekannten Denkmälern der Stadt. Gut versteckt durch Föhren ist dort ein obeliskartiger Monolith situiert. Im Gegensatz zur Meridiansäule, welche an die großartige Leistung des Mathematikers Joseph Liesganig (1719–1799) in prächtiger barocker Ausgestaltung erinnern soll, markiert der schlichte Stein den nördlichen Endpunkt der Basisvermessung. Hier begann der gelehrte Jesuitenpater mit seinen Hilfskräften am 3. November 1762 mit den Vorbereitungsarbeiten. Um eine genügend lange und gerade Strecke zur Verfügung zu haben, musste eine Schneise von Wiener Neustadt nach Neunkirchen quer durch den dazwischen liegenden Föhrenwald geschlagen werden. Für die Messung der Grundlinie bediente sich Liesganig vier 6 Klafter langer furnierter Holzstangen. Um die Genauigkeit zu verbessern, verwendete er nur altes, gut gelagertes Holz, das kurzerhand dem Dachstuhl seines Jesuiten-Collegiums in Wien entnommen worden war. Die Messung geschah per Kontakt, indem die Stangen in horizontaler Lage – in der durch eine gespannte Schnur bezeichneten Richtung – verschoben wurden, bis die Enden der Stangen aneinanderstießen. Die 12.158 m lange Basis, die bei dem nördlichen Messpunkt beginnt und kurz vor Neunkirchen ihren südlichen Endpunkt findet, ließ der Gelehrte drei Mal messen und errechnete schließlich zur Steigerung der Genauigkeit den Mittelwert. Nachmessungen mit modernen technischen Hilfsmitteln im ausgehenden 20. Jh. ergaben eine nur geringe Abweichung von 7 mm pro Kilo-

meter. Interessant im Zusammenhang mit der Basismessung sei der Umstand zu erwähnen, dass die Reichsstraße von Wiener Neustadt nach Neunkirchen vor den Arbeiten Liesganigs über Breitenau verlief. Schließlich nutzte die Regierung die Schneise und baute eine Straße mit dem heute bekannten schnurgeraden Verlauf. Auf einer am Sockel des Monolithen montierten Tafel steht:

ÖSTERREICHISCHE LANDESVERMESSUNG / NÖRDLICHER ENDPUNKT DER WIENER NEUSTÄDTER GRUNDLINIE / ERRICHTET VOM MILITÄRGEOGR. INSTITUT 1857 / INSTANDGESETZT VOM BUNDESVERMESSUNGSAMT 1928 UND 1967.

Am Ende der Neunkirchner Allee ist östlich der B17 das südliche Pendant des Vermessungspunktes bereits vom Fahrzeug aus gut zu sehen.

Literatur: J. Liesganig, Dimensio Graduum Meridiani Viennensis et Hungarici (Wien 1770).//J. Steinmair, Geschichte der Universitätssternwarte Wien. Unveröffentlichtes Manuskript (Wien 1932–1936) Teil 1.//G. Geissl, Joseph Liesganig – Die Wiener Meridianmessung und seine Arbeiten im Gebiet von Wiener Neustadt. Dokumentation des IVM, Nr. 100 (Wr. Neustadt 2001) S. 11ff.

PERNERSTORFERSTRASSE

(109) Pernerstorfer Brunnen

Im Innenhof der großen Wohnhausanlage Pernerstorfer Straße Nr. 13a ist der am 10. November 1928 durch den damaligen Bundespräsidenten Michael Hainisch enthüllte Pernerstorfer Brunnen zu besichtigen. Auf einem steinernen Sockel im Wasserbecken ist eine weiße Marmorplatte mit einem Portraitrelief des deutschnationalen, seit 1901 sozialdemokratischen Reichsratsabgeordneten Engelbert Pernerstorfer (1850–1918) platziert, der Wiener Neustadt durch mehrere Jahre im Reichsrat vertreten hat. Das Marmorrelief, ein Werk der Wiener Bildhauerin Grete Hartmann, wird von zwei Inschriften flankiert:

AUF DIESEN STEIN LASST UNS DIE WORTE SCHREIBEN: EIN SOHN DES VOLKES WOLLT ER SEIN UND BLEIBEN (rechte Seite) und ENGELBERT PERNERSTORFER ABGEORDNETER WR. NEUSTADTS 1891–1896 / 1901–1918

(linke Seite). Eine Restaurierung des Denkmals erfolgte im Jahr 1968.

Literatur: G. Gerhartl, Wiener Neustadt, Geschichte, Kunst, Kultur, Wirtschaft (Wiener Neustadt 1993) S. 480.//WNN 1928, Folge 47, S. 2.//Gleichheit 1928, Folge 46, S. 1f.

Gedenktafel „Arbeiterwohnhäuser“ (Pernerstorfer Straße, Ecke Mießlgasse) Unter dem Einfluss der sich entwickelnden Arbeiterbewegung entstanden in der 2. Hälfte des 19. Jhs. und im ersten Viertel des 20. Jhs. in der Josefstadt zahlreiche, für ihre spezifische Entstehungszeit architektonisch prägnante Arbeiterwohnhausbauten. Auf einem von der HTL Wiener Neustadt hergestellten Postament in der Grünfläche vor dem Haus Pernersdorfer Straße 36–42 ruht eine Tafel, die auf Gebäude aus vier Epochen hinweist, welche sich in Sichtweite des Betrachters befinden: Arbeitersiedlung 1869, Kleinwohnungen 1904, Pernerstorfer-Hof 1928 und Arbeiter-Wohnhausanlage 1940. Die Gedenktafel wurde auf Initiative von NR a. D. Dr. Johann Stippel und Prof. Flanner angefertigt und am 29. Juni 1995 durch Bürgermeister i. R. Hans Barwitzius und Vizebürgermeisterin Traude Dierdorf enthüllt.

Literatur: K. Flanner, Geschichte des öffentlichen Wohnbaus (Wiener Neustadt 1982).//K. Flanner, Der andere Stadtführer (Wr. Neustadt 1992) S. 51f.//Amtsblatt d. Stadt Wr. Neustadt 1995, Folge 8, S. 16.

PETERSGASSE

Die Gasse führt von der Wiener Straße, am Kloster St. Peter an der Sperr vorbei, zum Babenbergerring. Ursprünglich für die Augustinerinnen gebautes Kloster, das 1444 die Dominikaner und 1529 die Klarissinnen übernahmen und 1782 durch Kaiser Joseph II. säkularisiert wurde.

Der Bürgermeistergarten (Petersgasse 4), an der nördlichen Stadtmauer situiert, gehörte ursprünglich zum Kloster St. Peter an der Sperr. Seit der 2. Hälfte des 19. Jahrhunderts stand der Garten dem jeweiligen Bürgermeister von Wiener Neustadt zur Verfügung. Rudolf Wehrl war das letzte Stadtoberhaupt, das den Garten zum Anbau von Zier- und Nutzpflanzen verwendete. In den Jahren 1981 bis 1982 wurde der Bürgermeistergarten in eine Parkanlage umgewandelt, und seit 14. Mai 1982 ist das kleine, romantische Gartenjuwel der Öffentlichkeit zugänglich. Die bestehende Umfassungsmauer samt einigen Resten mittelalterlicher Grabsteine beließ man größtenteils. Mit der Gesamtplanung und Ausführung der Parkanlage war die Stadtgartenverwaltung betraut. Die einem historischen Vorbild nachempfundenen Kandelaberleuchten stellte die Firma Nemetz-Guss her. Bemerkenswert sind zwei ältere Libanonzedern im westlichen Teil des Parks.
Durch Gemeinderatsbeschluss vom 23. April 1965 wurde eine Grünfläche zwischen Bürgermeistergarten und Stadtmuseum nach dem Wiener Neu-

städter Wachszieher und Lebzelter **Karl Ludikowsky** (1869-1956) benannt. Neben seiner handwerklichen Tätigkeit verfasste er zahlreiche Artikel zu lokalen Ereignissen, welche er in den „Wiener Neustädter Miniaturen" herausgab. Als Kommunalpolitiker bemühte er sich besonders um das städtische Sanitätswesen. In Würdigung seiner poetischen und politischen Leistungen erhielt Ludikowsky 1946 die Ehrenbürgerschaft der Stadt.

Literatur: Amtsblatt der Stadt Wiener Neustadt 1982, Folge 6, S. 38f.//J. Heitzenberger, Karl Ludikowsky. In: Unser Neustadt 1958, Folge 4, S. 2.//Protokoll d. 1. Gemeinderatssitzung v. 23. 4. 1965, Punkt 92.

(110) **Römisches Steinkistengrab** (Petersgasse, Ludikowsky-Park)

In einer Grünfläche des Karl Ludikowsky-Parks unmittelbar gegenüber dem Stadtmuseum ist neben dem Eingang zum Bürgermeistergarten ein römisches Steinkistengrab zu besichtigen. Die Etrusker wie auch später die Römer pflegten ihre Toten zu verbrennen und in Urnen beizusetzen, dennoch gab es einzelne, meist adelige Familien, welche aus Gründen der Tradition eine Körperbestattung bevorzugten. Im zweiten nachchristlichen Jahrhundert setzte sich die Sitte durch, die Toten in Särge zu betten. Römische Patrizier verwendeten nun monumentale Steinsarkophage, welche kunstvoll gefertigt und mit Inschriften versehen waren. Angehörige der weniger wohlhabenden Bevölkerung ließen aus Stein- und Ziegelplatten kistenartige Särge herstellen, wofür mitunter auch Grabsteine älterer Zeit Verwendung fanden. Der Sarkophag vor der Parkanlage wurde 1910 von Peter Buschek bei Muthmannsdorf entdeckt und von der Stadt Wiener Neustadt angekauft. Die untere Deckplatte des Grabes enthält ein Relief, das drei Grazien zeigt und wird in der archäologischen Sammlung des Stadtmuseums aufbewahrt. Im Grab befanden sich neben einem weiblichen Skelett auch Grabbeigaben wie zwei römische Kupfermünzen aus konstantinischer Zeit, eine Tonlampe, ein Beinkamm und eine Armspange aus Bronze, die ebenfalls im Stadtmuseum zu sehen sind.
Auf einer Bronzetafel in der Grünanlage ist zu lesen:

RÖMISCHES STEINKISTENGRAB / 2. H. 4. JH. N. CHR. / GEFUNDEN 1910 IN MUTHMANNSDORF.

Literatur: G. Schreiber, Die Römer in Österreich. Den Funden nach zu schließen (Bielefeld 1974) S. 206ff.//Museumsinventar Prähistorisch-Römische Sammlung Nr. 826, Nr. 827, Nr. 828, Nr. 829, Nr. 830.

(111) Gedenkstein „50 Jahre Gemeindevertreterverband"

(Petersgasse, Ludikowsky-Park)

Am 10. und 11. Oktober 1997 feierte der Verband sozialdemokratischer Gemeindevertreter in Niederösterreich das 50jährige Bestandsjubiläum. Weshalb diese Festveranstaltung gerade in Wiener Neustadt stattfand, hatte ihren Grund darin, dass bei der konstituierenden Vollversammlung am 11. Oktober 1947 der Wiener Neustädter Bürgermeister Rudolf Wehrl den Vorsitz über die Tagung, an der über 200 sozialdemokratische Gemeindevertreter Niederösterreichs teilnahmen, leitete. Es war dies ihre erste große Zusammenkunft seit dem Jahr 1934, als das austrofaschistische Regime unter Dr. Engelbert Dollfuß politische Gegner verhaften ließ und die Sozialdemokratie einem Verbot unterwarf. Dem Motto „gemeinsam sind wir stark" gehorchend, versuchten die sozialdemokratischen Vertreter des Landes in der Nachkriegszeit, sich zu einer Vereinigung zusammenzuschließen, um die herrschende Not gemeinsam besser bekämpfen zu können. Am 5. Juli 1947 meldete ein Proponentenkomitee den „Verband sozialistischer Gemeindevertreter" bei der Sicherheitsdirektion für Wien an, nur wenige Monate später kam es zur besagten Gründungskonferenz. Rudolf Wehrl übernahm nicht nur die Leitung bei dieser Sitzung, sondern fungierte fortan auch als Obmann des Verbandes. Es war daher keine Überraschung, dass bereits die Tagung und die Feier zum 30jährigen Bestehen unter Bürgermeister Hans Barwitzius im Herbst 1977 in Wiener Neustadt abgehalten wurden. Der Verband hatte mittlerweile deutlich an Mitgliedern gewonnen, sodass 2000 Personen in der neu errichteten Sporthalle der HTL Wiener Neustadt gerade noch untergebracht werden konnten. Zwei Jahrzehnte später entschloss sich die Stadtführung, die Feier zum 50jährigen Bestehen ebenfalls in der Allzeit Getreuen zu veranstalten.

Während das Programm des 11. Oktober 1997 einen Festakt vorsah, bei dem Bürgermeisterin Traude Dierdorf neben vielen weiteren Festgästen den Präsidenten des Gemeindevertreterverbandes Bürgermeister Anton Koczur, den Bundesminister für Inneres Mag. Schlögl und Bundesminister a. D. Hesoun begrüßen durfte, stand der Vortag im Zeichen einer Gedenksteinenthüllung. In der Grünfläche des Karl Ludikowsky-Parks befindet sich dieser Gedenkstein nur wenige Meter entfernt vom römischen Steinkistengrab. Er trägt die Aufschrift:

Literatur: Gleichheit vom 3. 10. 1947, Nr. 22/23, S. 2.//Gleichheit vom 17. 10. 1947, Nr. 25, S. 1.// Amtsblatt d. Stadt Wr. Neustadt 1977, Folge 11, S. 14ff.//Amtsblatt d. Stadt Wr. Neustadt 1997, Folge 11, S. 12.

112 **ZIEGELDENKMAL** (Bürgermeistergarten)
Im Bürgermeistergarten wurde einem der wichtigsten Baustoffe ein Denkmal gewidmet. Das antike Wissen der Ziegelfertigung ging in der Völkerwanderungszeit, in den so genannten dunklen Jahrhunderten, verloren. Erst im 13. Jahrhundert begannen die Menschen, diese Technik wieder zu beherrschen. Die Ziegel hatten damals noch sehr unterschiedliche Formate, gotische Ziegel waren im Vergleich zu modernen sehr klein. Von Interesse sind heute die eingeprägten Buchstaben und Zeichen in den alten Ziegeln, die Rückschlüsse auf den Besitzer oder Pächter der Ziegelei zulassen und dann eine chronologische Einordnung erlauben. Der Ziegel ist heute noch Sinnbild des Aufbaus, auch wenn seine Bedeutung vorwiegend auf den Wohnbau beschränkt ist. Neue Fertigungsmethoden und gute raumklimatische Eigenschaften haben dem Ziegel einen Platz in der Zukunft gesichert. Das Ziegeldenkmal, entstanden auf Initiative des Vereines für Geschichte der Arbeiterbewegung, besteht aus historischen Ziegeln, die aus der Stadt stammen und mit lokalen Prägungen versehen sind. Sie umspannen den Zeitraum vom 13./14. bis zum 19. Jh. Eine Hinweistafel geht auf die Geschichte des Ziegels als Baustoff und seine kulturhistorische Bedeutung ein. Die Enthüllung des mit Unterstützung der Gewerkschaft der Bau- und Holzarbeiter in Wiener Neustadt hergestellten Denkmals erfolgte bei der Eröffnung des Bürgermeistergartens im Mai 1982.

Literatur: ARCHIV Mitteilungsbl. d. Vereins f. Geschichte d. Arbeiterbeweg. Jg. 22 (1982) Heft 4, S. 64ff.//K. Flanner, Von Zieglern und Katzlmachern – zum Ziegeldenkmal im neuen Park. In: Unser Neustadt, Juni 1982, Folge 2, S. 5.//K. Flanner, Das Ziegeldenkmal im Park der Petersgasse in Wiener Neustadt. Dokumentation d. Industrieviertel-Museums 1994/36.//Die Entwicklungswege der Mauerziegel. Penzinger Museumsblätter. Hrsg. Vom Museumsverein Wien-Penzing (Wien, o. J.).//A. Schirmböck, Die chronologische Formate-Tabelle des Wiener Mauerziegels und das Herkommen ihrer Maßgrundlagen in den Jahrtausenden (Wien o. J.).

PÖCKGASSE

Der vom Babenbergerring zur Wohlfahrtgasse führende Straßenzug erhielt seinen Namen zu Ehren Josef Pöcks, Edler von Frauenkirchen. Der Besitzer einer Drahtstiftenfabrik war von 1884 bis 1887 Bürgermeister von Wiener Neustadt.

Gedenktafel Dr. Wilhelm Waldstein (Pöckgasse 4)

Dr. Wilhelm Waldstein (1897–1974) hat sich als Pädagoge am Mädchen- und später am Bundesrealgymnasium in Wiener Neustadt, als Sektionschef im Unterrichtsministerium sowie als Schriftsteller und Musiker große Verdienste erworben. Nach dem Zweiten Weltkrieg war er der erste Leiter der Musikschule. Doch bald berief ihn die Regierung in das Unterrichtsministerium, wo er die Abteilung für allgemeine Kunstangelegenheiten leitete. Ab 1922 trat er als Autor in Erscheinung, er verfasste unter anderem die Erzählung „Das gerettete Erbe. Aus einer Jugend im alten Österreich". Der kulturell vielseitig begabte Waldstein beeinflusste auch das musikalische Leben der Stadt. So komponierte er Chorwerke, Klavierstücke, Kammermusik und Lieder. Ein Jahr nach seinem Tod ehrte ihn die Stadt Wiener Neustadt am 25. April 1975 durch die Benennung eines Straßenzuges, der „Dr. Waldstein-Gasse". Am 14. Dezember 1987 erfolgte anlässlich des 90. Geburtstages bei dem Geburtshaus des Literaten und Musikers in der Pöckgasse 4 die feierliche Enthüllung einer Gedenktafel:

IN DIESEM HAUSE WURDE AM 9. NOVEMBER 1897 DER DICHTER UND KOMPONIST SEKTIONSCHEF DR. WILHELM WALDSTEIN GEBOREN, DER SEINER VATERSTADT IN SEINEM DICHTERISCHEN WERK DAS SCHÖNSTE LITERARISCHE DENKMAL SETZTE. WALDSTEIN STARB AM 22. JULI 1974 IN SEINEM URLAUBSORT ALT-AUSSEE.

Literatur: W. Waldstein, Das gerettete Erbe. Aus einer Jugend im alten Österreich (Bad Goisern 1970).//W. Waldstein, Zwischenreich. Geschehnis und Gestalt (Wien 1968).//G. Butlar, Sektionschef i. R. Dr. Wilhelm Waldstein (1897-1974) Schriftsteller, Komponist und Pädagoge (Wr. Neustadt 1988).//NÖN vom 10. 12. 1987, Nr. 50, S. 8.//WNN vom 24. 12. 1987, Nr. 52, S. 6.//WNN vom 15. 1. 1988, Nr. 2, S. 8.//Rathauskorrespondenz, Blatt 814/1987.

POTTENDORFER STRASSE

Die Pottendorfer Straße galt im 19. und in der ersten Hälfte des 20. Jahrhunderts als die Industriestraße der Stadt. Hier etablierten sich mehrere sehr große Unternehmen wie die Wiener Neustädter Lokomotivfabrik, die Österreichische Motorenwerke AG sowie die RAX-Werke GmbH., die Flugzeugwerke WNF II im Zweiten Weltkrieg und ein Filialbetrieb der Gustloff-Werke.

113 TORBOGEN DER ALTEN LOKOMOTIVFABRIK

An den ältesten Großbetrieb, die 1842 von Wenzel Günther gegründete Lokomotivfabrik, erinnert der noch heute vorhandene Torbogen bei der ehemaligen Werkseinfahrt. Fast alle anderen Hallen und Baulichkeiten wurden nach deren Zerstörung im Zweiten Weltkrieg längst abgetragen und machten zwei großen Schulbauten Platz. Eine Halle, das ehemalige Reparaturwerk der Lokomotivfabrik auf der gegenüberliegenden Seite der Pottendorfer Straße, gehört heute der Firma Sports Experts. Bei dem Torbogen handelt es sich um ein Steinportal aus der Zeit um 1850. Über dem Hauptgesims erhebt sich eine Attikamauer mit der Inschrift:

K. K. PR. LOCOMOTIV U. MASCHINEN FABRIK WR. NEUSTADT

darüber zwei gekrönte Adler. Bis 1910 fabrizierte das Unternehmen über 5.000 Lokomotiven, viele davon kauften ausländische Eisenbahngesellschaften auf Grund ihrer guten Qualität und fortschrittlichen Konstruktion an. Auf Initiative des Denkmalschutzvereines restaurierten Schüler der Technischen Bundeslehranstalt Wiener Neustadt den Torbogen in den Jahren 1974 bis 1977. Die Firma Nemetz-Guss stellte jenen den Torbogen bekrönenden Doppeladler und eine gusseiserne Tafel her. 1993/94 kam es zur Vervollständigung des Torbogens durch Einbau eiserner Torflügel. Die Firma Eisen-Wolf lieferte die notwendigen Metallstaketen, welche HTL-Schüler zu einem sehr schönen Eisentor verbanden. Die offizielle Übergabe erfolgte am 30. April 1994. Eine Gedenktafel besagt:

WIENER NEUSTÄDTER LOKOMOTIVFABRIK. 1842 IM ZUGE DER ENTWICKLUNG DER SCHWERINDUSTRIE IN WIENER NEUSTADT UNTER WENZEL GÜNTHER AUF DEM GELÄNDE EINER METALLSCHLEIFE GEGRÜNDET UND 1861 VON GEORG SIGL ÜBERNOMMEN. DIE HIER ERZEUGTEN LOKOMOTIVEN WURDEN IN VIELE LÄNDER EUROPAS GELIEFERT. DIE ARBEITER DIESES BETRIEBES WAREN MITBEGRÜNDER DER HIESIGEN ARBEITERBEWEGUNG UND NAHMEN GROSSEN ANTEIL AM BEFREIUNGSKAMPF DER ARBEITENDEN MENSCHEN UNSERES LANDES. WIENER NEUSTÄDTER DENKMALSCHUTZVEREIN.

Eine Zweite Tafel geht auf die Renovierung von 1993/94 ein.

Literatur: M. Wehdorn, Baudenkmäler der Technik und Industrie in Österreich. Bd. 1, Wien-Niederösterreich-Burgenland (Wien 1984) S. 252f.//F. Pinczolits, Lokomotiven (Wiener Neustadt 1987).// Amtsblatt d. Stadt Wr. Neustadt 1994, Folge 6, S. 43.// G. A. Stadler, Das industrielle Erbe Niederösterreichs. Geschichte – Technik – Architektur (Wien 2006) S. 865f.

(114) Werkslokomotive „Fanny“

Ebenfalls an die Wiener Neustädter Lokomotivfabrik erinnert die kleine, an der Kreuzung Pottendorfer Straße – Stadionstraße aufgestellte Werkslokomotive. Sie trägt das Produktionsjahr 1870 und versah innerhalb der Fabrik und als Zubringerin über dem Werksgleise zum Bahnhof ihre Dienste bis zum Jahr 1966. Woher die Bezeichnung „Fanny“ kommt, kann nicht mehr nachvollzogen werden. Fest steht, dass es sich in der Bauzeit der Lokomotive um einen modernen und beliebten Frauennamen handelte. Offensichtlich verleitete die kleine und nicht so kräftige Werkslok den Namensgeber dazu, einen sehr femininen Namen auszuwählen. Dass „Fanny“ aber im Gegensatz zu den meisten ihrer „Artgenossen“ die Zeit überstanden hat, ist mehr oder weniger ein Glücksfall. In einem Gerümpelschuppen der Simmering-Graz-Pauker AG in Graz rostete sie dahin, ehe sie nach mühsamen siebenjährigen Gesprächen dem Schrotthändler entrissen, zum Denkmal avancierte. Die offizielle Übernahme der kleinen Lok, mit der Bezeichnung G.SIGL–NR. 1112–1870, fand, begleitet von regem medialem Interesse, am 17. Juli 1973 statt. Eine Gedenktafel am Sockel trägt die Aufschrift:

WERKSLOKOMOTIVE FANNY / ERBAUT IM JAHRE 1870 IN DER LOKOMOTIVFABRIK VORM. G. SIGL IN WIENER NEUSTADT (SEIT 1943 RAX-WERKE) / DIE LOKOMOTIVE FANNY WURDE BIS ZUR STILLEGUNG DES BETRIEBES IM FEBRUAR 1966 FÜR DEN INNERBETRIEBLICHEN TRANSPORT HERANGEZOGEN.

Literatur: K. Flanner, Wiener Neustadt, G'schichten und Geschichte (Wr. Neustadt 1998) S. 50f.// Amtsblatt d. Stadt Wr. Neustadt 1973, Folge 8, S. 23f.//WNZ vom 2. 12. 1971, Folge 49, S. 6.// WNN 1973, Folge 20, S. 1.//WNN 1973, Folge 30, S. 4.//NÖN 1973, Folge 30, S. 9.

115 DENKMAL HINGERICHTETER RAX-WERK-ARBEITER

An der Ecke Pottendorfer Straße – Stadionstraße, unweit der Lokomotive „Fanny", erinnert ein Gedenkstein an die vom nationalsozialistischen Regime hingerichteten Arbeiter des Rax-Werkes. Dieser Rüstungsbetrieb, der zur Verschleierung den harmlos klingenden Namen „Rax-Werke GmbH." erhielt, stellte Lokomotivtender und Marine-Artillerie-Leichter-Patrouillenboote her. Kurzfristig erzeugte das Unternehmen im Jahr 1943 sogar Teile der V2-Rakete. In mehrfacher Hinsicht stand die Fabrik mit Kriegsverbrechen in Zusammenhang. In einem abgegrenzten Bereich verrichteten KZ-Häftlinge Zwangsarbeit und in der größten Produktionshalle, von Kraljevo nach Wiener Neustadt transferiert, kamen über 1.700 Menschen gewaltsam zu Tode (siehe: Serbenhalle). Einige Wiener Neustädter Arbeiter versuchten, gegen das Regime politisch aktiv zu werden und verteilten Flugzettel. Ihre Handlungen mussten sie mit dem Leben bezahlen.

Die Errichtung des Gedenksteines ermöglichten die Arbeiter und Angestellten des Rax-Werkes durch Geldspenden und freiwillige Arbeitsleistungen. Die Enthüllung fand am 1. November 1948 auf dem Gelände des Rax-Werkes statt. Die Verlegung auf den jetzigen Standort und die Übernahme durch die Stadtgemeinde erfolgte am 17. Juli 1973. Das Denkmal besteht aus einem Winzendorfer Kalksteinblock, mit Inschrift versehener Marmortafel:

UNSEREN VOM DEUTSCHEN FASCHISMUS GEMORDETEN GENOSSEN, DIE FÜR EIN FREIES ÖSTERREICH STARBEN! HAIDEN LUDWIG, PUSCHEK JULIUS, POSTL JOSEF, HÖCHSTÄTTER ALFRED, WINKELMANN FRANZ. IM GEDENKEN DIE BELEGSCHAFT DES RAX-WERKES.

Der Kalkstein ruht auf einem Betonsockel, der mit einem metallgetriebenen Lorbeerkranz geschmückt ist. Auf diesem sind die Worte

NIEMALS VERGESSEN

zu lesen.

Literatur: Amtsblatt d. Stadt Wr. Neustadt 1973, Folge 8, S. 23f.//Widerstand und Verfolgung in Niederösterreich 1934–1945. Bd. 2 (Wien 1987) S. 366f.

116 Denkmal betreffend das KZ in der Serbenhalle

In einem schmalen Grünstreifen vor dem Lagergebäude „Serbenhalle“ Pottendorfer Straße 37-41, einer ehemaligen Produktionsstätte der Rüstungsfabrik Rax Werke GmbH., steht das Denkmal zur Erinnerung an das Konzentrationslager in der so genannten Serbenhalle. Es handelt sich dabei um ein Mahnmal für die zeitzeugenlose Zeit. Es soll daran erinnern, dass angeschlossen an dieses riesige, 300 Meter lange Gebäude – unter extremem Aufwand in Kraljevo in Serbien demontiert und hier 1943 wiederaufgebaut – die nationalsozialistische Leitung eine Außenstelle des KZ Mauthausen mit bis zu 1.000 Zwangsarbeitern betrieb. Ein historisches Faktum, das in der Wiener Neustädter Bevölkerung nach dem Krieg weitgehend in Vergessenheit geriet. Das Denkmal in Form einer innen beleuchteten Reklametafel soll neugierig machen und die Vorbeigehenden zum Lesen der auf beiden Seiten der Tafel gedruckten Texte ermutigen. Auf jener der Straße zugewandten Seite liest man die Worte:

IMMER IRGENDWER! IMMER IRGENDWO! IMMER IRGENDWANN!
NIE ICH? NIE HIER? NIE JETZT?

Der Text auf der gegenüberliegenden, der Serbenhalle zugewandten Seite erzählt die dunkle Geschichte des hier 1943–45 etablierten Konzentrationslagers und richtet an den Leser den Appell, sich von verbrecherischen politischen Systemen nie verführen zu lassen, sondern diese zu erkennen, zu bekämpfen und zu verhindern. Der Entwurf stammt von dem Architekten Dipl. Ing. Mag. Markus Grabenwöger. Die Enthüllung des Denkmals durch die Initiatoren, das Mauthausenkomitee und der Verein Alltag, erfolgte am 15. April 2005.

Literatur: Amtsblatt der Stadt Wr. Neustadt, 2005, Folge 5, S. 13.//Der andere Stadtführer durch Wiener Neustadt (Wr. Neustadt 2011) S. 15.//B. Perz und F. Freund, Das KZ in der Serbenhalle. Zur Kriegsindustrie in Wiener Neustadt. Industrie, Zwangsarbeit und KZ in Österreich Bd. 1 (Wien 1987).

(117) **Steinsäule**

An der Pottendorfer Straße, nahe der Kanalbrücke, befindet sich eine interessante Steinsäule. Die einzelnen Teile gehen auf unterschiedliche Entstehungszeit zurück. Der Sockel mit dem Säulenschaft trägt die Jahreszahl 1685. Der Stifter und Künstler der alten Steinsäule ist nicht überliefert. Die in den Stadtplänen des 18. und frühen 19. Jahrhunderts als „Steinkreuz" an der Pottendorfer Straße eingezeichnete Wegsäule scheint vor dem Jahr 1839 baufällig geworden und umgestürzt zu sein. Von ihrer Existenz erfuhr man erst wieder, als bei Grabungsarbeiten der aus Sockel und Säule bestehende Torso zum Vorschein kam. Seit 1962 trägt die Säule einen von der Stadtgemeinde in Auftrag gegebenen würfelförmigen Aufsatz aus Sandstein mit drei Reliefs. Sie stellen das Wappen von Wiener Neustadt, das Wappen des Bundeslandes Niederösterreich und den österreichischen Bindenschild dar. Die vierte Seite enthält eine Inschrift:

WIENER NEUSTADT – ALLZEIT GETREU

Für den Entwurf des Steinwürfels und der Reliefs zeichnet der akadem. Bühnenbildner Dr. Herbert Schuster verantwortlich. Eine Inschriftentafel am Fuß der Säule gibt über eine Restaurierung Auskunft:

MEINER GELIEBTEN HEIMATSTADT WIENER NEUSTADT WIDME
ICH DIE RESTAURIERUNG DIESER ALTEN WEGSÄULE.
KOMMERZIALRAT ROBERT POMPE IM JUNI 1988.

Literatur: StAWN, Denkmalordner II.//WNN 1962, Folge 31, S. 6.//G. Gerhartl, Wiener Neustadt. Niederösterreichischer Kulturführer (Wien 1983) S. 51.//Rathauskorrespondenz, Blatt 589/1988.

PRIMELGASSE

Installation (Grünfläche bei der Dr. Fred-Sinowatz-Schule)
Dabei handelt es sich um eine pulverbeschichtete, aus Eisen bestehende, begehbare Installation, die im Zuge von „Kunst im öffentlichen Raum in Wiener Neustadt" und anlässlich der Errichtung der Dr. Fred-Sinowatz-

Sport-Hauptschule im Jahr 1996 geschaffen und unmittelbar neben dem Schulgebäude aufgestellt wurde. Das Werk des Wiener Künstlers Werner Feiersinger bildet eine markante Schnittstelle zwischen Kunst und Architektur.

Literatur: Amtsblatt d. Stadt Wr. Neustadt 1996, Folge 11, S. 26f.

REYERGASSE

1819 erwarb das Handelshaus Reyer und Schlick die Zuckerraffinerie des Hamburger Zuckersieders Friedrich Wilhelm Trenter an der westlichen Stadtmauer. Franz Thaddäus Ritter von Reyer (1760-1846) ließ die Fabrik schließlich zu einer der größten Rohrzuckerraffinerien ausbauen. Er war Mitglied mehrerer humanitärer Vereinigungen. Für seine Stiftung zum Wohle der Armen erhielt er am 12. Mai 1832 die Ehrenbürgerschaft der Stadt Wiener Neustadt verliehen und die Gasse entlang der Raffinerie – von der Herrengasse zum Baumkirchnerring führend – wurde zum immerwährenden Andenken in Reyergasse umbenannt.

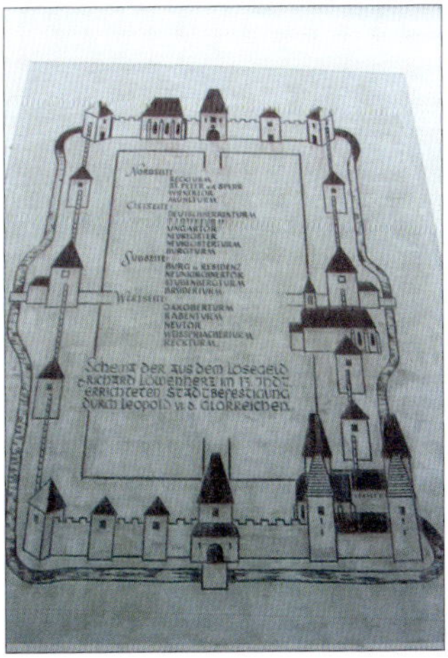

118 SGRAFFITO „MITTELALTERLICHE STADTBEFESTIGUNG“ (Reyergasse 10)

Nach der Stadtgründung 1192 begann noch im letzten Jahrzehnt des 12. Jahrhunderts unter dem Sohn des Stadtgründers, Herzog Leopold VI., die Errichtung einer etwa 7 Meter hohen Umfassungsmauer und im ersten Viertel des 13. Jhs. der Aufbau von vier Ecktürmen, zehn Zwischentürmen und vier Stadttoren. Die exponierte Lage am Steinfeld erforderte in politisch schwierigen Zeiten vom 15. bis 17. Jh. einen massiven Ausbau der Wehranlagen, was sich in der Verstärkung und Erhöhung der Stadtmauer sowie der Stadttore, der Errichtung zinnenbekrönter Wehrgänge und der Kasematten äußerte. Der die Stadtmauer umlaufende Wassergraben wurde teils von der Fischa, dem Kehrbach und dem Grundwasser gespeist.

Wie Prof. Dr. Erwin Reidinger durch seine Forschungen zur Stadtgründung belegen konnte, gingen die Bauherren nach einem festen Plan und einem zentralen Absteckpunkt, der sich am Hauptplatz befand, vor. Die Türme und

Stadttore, welche in guter Beziehung zu den Abstecklinien der Stadteinfassung stehen, widerspiegeln die planmäßige Vorgangsweise. Vermutlich beauftragte Leopold VI. italienische Baumeister mit der Errichtung, wofür einerseits die Geometrie des Grundrisses, andererseits die Art des Mauerwerks spricht. Von den Stadttoren, Eck- und Zwischentürmen sind heute noch zur Gänze bzw. als Reste erhalten: Reckturm, Weißpriacherturm, Rabenturm, Jakoberturm, Brüderturm, Stubenbergerturm, der südöstliche Eckturm ist im Keller der Burg noch erhalten, der Neuklosterturm ist in den Neukloster-Südtrakt integriert, der (Schlegel-)gartenturm beherbergt heute das Krankenhausmuseum, Reste des Deutschherrenturmes sind am Spitalsgelände vorhanden, Teile des Wiener Tores und vermutlich Reste eines nordwestlichen Zwischenturmes im Bürgermeistergarten.
Bei dem großformatigen Sgraffito am Wohnhaus Reyergasse 10 handelt es sich um ein Werk des Wiener Neustädter Künstlers Hans Schandl aus dem Jahr 1959.

Literatur: E. Reidinger, Planung oder Zufall. Wiener Neustadt 1192 (Wr. Neustadt 1995) S. 199ff.//T. Winkler, Die städtebauliche Anlage und mittelalterliche Befestigung von Wiener Neustadt (Wien 2009) S. 70ff.//G. Gerhartl, Wiener Neustadt Geschichte, Kunst, Kultur, Wirtschaft (Wien 1993) S. 7ff.//Dehio. Niederösterreich südlich der Donau. Teil 2 (Wien 2003) S. 2599ff.

Reckturm

An der Ecke Reyergasse und Dr. Rudolf Fischergasse ist der nordwestliche Eckturm der mittelalterlichen Stadtmauer situiert. Die Errichtung geht auf das beginnende 13. Jahrhundert zurück. Die Bezeichnung „Reckturm“ steht in enger Verbindung mit den hier aufbewahrten Folterinstrumenten, ist aber selbst neuzeitlichen Ursprungs und dürfte erst im 19. Jahrhundert seine Wurzeln haben. Er repräsentiert heute eines der Wahrzeichen der Stadt Wiener Neustadt. Dieses hohe Ansehen genoss der Turm jedoch nicht immer. Im 19. Jahrhundert, im Zuge der Stadtöffnung, welcher alle Stadttore und ein beträchtlicher Teil der Wehrmauer zum Opfer fielen, sollte auch der Reckturm nicht verschont bleiben. Im Jahr 1901 gelang es jedoch dem Gründer des Wiener Neustädter Denkmalschutzvereins, Franz Staub (1860–1945), den völligen Abbruch zu verhindern. Ein Teil der dem Turm anschließenden Mauer war zu diesem Zeitpunkt der Spitzhacke anheimgefallen. Der Bauforscher Dipl. Ing. Dr. Erwin Reidinger weist nunmehr auf drei Bauabschnitte hin. Die Buckelquader im untersten Teil des Turmes zeigen noch den Bestand aus der Gründungszeit. Darüber ist der Turm später – möglicherweise nach einer kriegerischen Auseinandersetzung – wieder errichtet worden und zuletzt der Wiederaufbau nach den Interventionen durch Franz Staub. Die Rekonstruktion erfolgte vermutlich in der Form, in der sich der Turm um 1500 dem Betrachter darbot und zwar mit sehr hohem Keildach und vier Dachtürmchen. 1957 etablierte der Wiener Neustädter Denkmalschutzverein in den drei Stockwerken ein Museum mit Waffen, Folterinstrumenten und historischen Abbildungen. Seit 1994 birgt der Reckturm die private und sehenswerte Waffensammlung von Josef Karlik, der zur Erhaltung des Turmes und der touristischen Erschließung dieses für Wiener Neustadt so bedeutenden Denkmals entscheidend beigetragen hat. Neben dem Eingang ist eine **Gedenktafel** appliziert, welche an den Retter des Reckturmes Franz Staub erinnert. An dem, dem Turm anschließenden westlichen Fragment der Stadtmauer ist die Aufschrift SCHMUCKERAU zu lesen. Sie diente bei Luftangriffen im Zweiten Weltkrieg als Hinweis, um den schnellsten Weg aus dem zentralen Stadtgebiet anzuzeigen. Die weitgehend unverbaute und für die alliierten Bomberverbände wenig interessante Au beim Fischabach sollte denen, die in keinem Luftschutzkeller Zuflucht gefunden hatten, Schutz bieten.

Renovierungsarbeiten an der komplexen Baulichkeit des Reckturmes mussten in den vergangenen zwei Jahrzehnten immer wieder vollzogen werden. Zuletzt erfuhr im Juli 2010 der Wehrgang eine grundlegende Sanierung. Die qualitätsvolle und historisch authentische Restaurierung in Verbindung mit der zierlichen Grünanlage haben den Turm zu einem Schmuckstück gemacht. 1994, im Zuge der 800-Jahr-Feier, ließ die Stadt Wiener Neustadt eine Briefmarke mit dem Reckturm drucken. Eine Gedenktafel weist auf den Retter des Reckturmes, Franz Staub, hin:

DER IM 12. JH. BEGONNENE AUS DEM LÖSEGELD KÖNIG RICHARDS LÖWENHERZ VOLLENDETE RECKTURM WURDE IM JAHRE 1901 DURCH FRANZ STAUB HISTORIKER UND EHRENBÜRGER DER STADT VOR DEM ABBRUCH GERETTET. SEINEM GRÜNDER DER ALTERTUMSVEREIN WR. NEUSTADT 1936.

Literatur: E. Reidinger, Wiener Neustadt 1192. Planung oder Zufall (Wr. Neustadt 1995) S. 206f.//F. Staub, Reckthurmfrage in Wiener Neustadt. Ein Beitrag zur Denkmalpflege in Niederösterreich (Wr. Neustadt, o. J.).//K. Buerklen, Bau- und Kunstdenkmale von Wiener Neustadt in ihrer unterrichtlichen Bedeutung.//H. Riehl, Baukunst in Österreich. Eine Stilkunde, 1. Bd. Das Mittelalter.//Amtsblatt d. Stadt Wr. Neustadt 1994, Folge 6, S. 54.//WNZ vom 14. 3. 1989, Folge 11, S. 4.//NÖN vom 22. 9. 1989, Folge 38, S. 4.//WNN vom 28. 1. 1994, Folge 4, S. 12.//WNN vom 18. 3. 1994, Folge 11, S. 14.//NÖN vom 27. 10. 1999, Folge 43, S. 53.//Amtsblatt der Stadt Wr. Neustadt 2007 Folge 10, S. 21.//NÖN vom 12. 7. 2010, Folge 28, S. 53.

SCHLÖGELGASSE

Der Eigentümer eines Gartens neben dem Karmeliterkloster, der Münzmeister Ferdinand Schlegel bzw. Schlögel, verkaufte sein Grundstück an die Stadt, die eine Verbindung zwischen Ungar- und Grünanger Gasse herstellte. Die Gasse hieß zunächst Am Schlögelgarten, später dann Schlögelgasse.

BRONZETAFEL „PRIV. UNIF. BÜRGERKORPS“ (Schlögelgasse 6a)

Bei dem Eingang zum Vereinslokal und Traditionsraum des Wiener Neustädter Bürgerkorps ist eine geprägte Metalltafel mit dem Stadtwappen und den Worten:

„ALLZEIT GETREU“ 1231 / PRIV. UNIF. BÜRGERKORPS ZU WIENER NEUSTADT

angebracht. Die Jahreszahl weist darauf hin, dass diese in früherer Zeit höchst bedeutsame Einrichtung annähernd so alt wie die Stadt ist. Aus dem Jahre 1231 stammt das Vorrecht, die befestigte Stadt zu verteidigen. Die Bürger bewaffneten sich mit Lanzen, Pfeil und Bogen und bestellten einen Stadthauptmann, Viertelmeister und Rottenführer zur koordinierten Verteidigung der Mauern. Diese Verteidigung geschah immer im Sinne des Landesfürsten. In Wien von seinen Untertanen verraten und in der kaiserlichen Burg belagert, nahm Friedrich III. Zuflucht in Wiener Neustadt und ließ sie zu einer eindrucksvollen Residenzstadt ausbauen. 1452 verlieh er den Bürgern der Stadt ein Wappen mit kaiserlichem Doppeladler, weil diese Stadt – so heißt es in der Urkunde, dem „Wappenbrief“ – wegen ihrer Treue und ihres Gehorsams geeignet sei, mit besonderen Gnaden und Würden vor anderen belohnt zu werden. Fast eineinhalb Jahre belagerte der ungarische König Matthias Corvinus 1486 bis 1487 mit einem 20.000 Mann starken Heer die zäh verteidigte Nova Civitas, ehe sich die Stadtbewohner aus Nahrungsmangel beugen mussten. Die Türken hatten dagegen trotz mehrerer Angriffe im 16. und 17. Jh. keine Chance, in die bestens geschützte Stadt zu gelangen.
Kaiser Leopold I. schloss sich 1704 der Haltung seines Vorfahrens an und übergab den Wiener Neustädter Bürgern ein rotseidenes, golddurchwirktes Banner mit der Aufschrift „Semper fidelis civitas Neostadiensis“, „der Allzeit Getreuen Bürgerschaft Neustadts“, in Anbetracht ihrer durch Jahrhunderte in vielen großen Drangsalen nie gebrochenen Treue. Im Jahre 1776 dekretierte Kaiserin Maria Theresia den Offiziersstand des Bürgerkorps, verbunden mit der Erlaubnis, das Offiziers-Portepee mit militärischen Ehrenzeichen zu tragen. Eine Uniformierung der Bürger vor dem theresianischen Privileg gab es nicht. Aus den Reihen des Bürgerkorps formierte sich 1824 eine Gre-

nadierkompagnie, welche mit Bärenfellmützen ausgestattet war. Im 700sten Bestandsjahr 1931 erfolgte die Umbenennung in „Priv. unif. und bewaffnetes Bürgerkorps". Der Zweite Weltkrieg und die Besatzungszeit waren für den Fortbestand der traditionellen Institution eine kritische Phase, denn der Eingliederung in den Kyffhäuserbund „Kriegerkameradschaft Allzeit Getreu" im Jahr 1938 drohte sieben Jahre später das Ende. Doch als Österreich den Staatsvertrag erhalten und die Besatzung das Land verlassen hatte, vollzog man im November 1955 die Wiedererrichtung des Priv. unif. und bewaffneten Bürgerkorps auf Basis des Vereinsgesetzes.
Gegen Voranmeldung oder im Rahmen der wöchentlichen Treffen im Vereinslokal (Schlögelgasse 6) besteht die Möglichkeit, sich über die Vergangenheit des Bürgerkorps näher zu informieren und den höchst interessanten Traditionsraum zu besichtigen (siehe Homepage).

Literatur: Allzeit Getreu! Festschrift zur Erinnerung an die im Jahre 1704 erfolgte Verleihung des kaiserlichen Ehrenbanners (Wr. Neustadt 1904).//WNZ vom 19. 11. 1955, Nr. 46, S. 6.//Amtsblatt d. Stadt Wr. Neustadt 1980, Folge 12, S. 26.//Amtsblatt d. Stadt Wr. Neustadt 1981, Folge 1, S. 40 und Folge 7, S. 42.//Amtsblatt d. Stadt Wr. Neustadt 1983, Folge 8, S. 23.// WNN vom 22. 10. 1999, Nr. 42, S. 34.

SCHNEEBERGGASSE

121 Büste und Inschrift Johann Heinrich Pestalozzi

(Schneeberggasse 41–43, Pestalozzi-Volksschule)
Das Vestibül der Volksschule ist durch eine vom Wiener Bildhauer Max Krejca geschaffenen Pestalozzistatue geschmückt und wurde bei den Feierlichkeiten anlässlich der Eröffnung der Schule am 10. November 1928 unter Beisein von Bürgermeister Anton Ofenböck enthüllt. An der Wand unmittelbar hinter der aus Holz gefertigten Büste des Autors und Pädagogen bringt eine Inschrift Denken und Handeln Pestalozzis auf den Punkt:

NICHT MIR, SONDERN DEN BRÜDERN, NICHT DER EIGENEN ICHHEIT, SONDERN DEM GESCHLECHT! PESTALOZZI

Johann Heinrich Pestalozzi (1746–1827) entstammte einer italienischen Kaufmannsfamilie, die in Zürich lebte. Nach dem Gymnasium besuchte er die philosophisch-theologische Hochschule, das Collegium Carolinum. Er schloss seine Ausbildung aber nicht ab, sondern führte schließlich eine Landwirtschaft. 1774 wandelte er den Hof in eine Armenanstalt um, die er aus finanziellen Gründen nur eine begrenzte Zeit betreiben konnte. Seine Leistung wurde jedoch nicht vergessen. Denn 1798 beauftragte ihn die Regierung in Stans, eine Armenanstalt für Waisenkinder zu gründen, die abgesehen von der Unterbringung auch einen Unterricht beinhaltete. Ein Jahr später erhielt Pestalozzi die Möglichkeit, die Unterrichtsmethoden in Burgdorf und später in Yverdon weiter zu erproben. Sein Institut wurde für zwei Jahre zu einem pädagogischen Zentrum Europas. Pestalozzi war Autor mehrerer erziehungswissenschaftlicher Werke und gilt als Vorläufer der, Ende des 19. Jhs. entstandenen, Reformpädagogik. Er richtete sein Augenmerk auf die Elementarbildung der Kinder, welche schon vor der Schule in der Familie beginnen sollte. Seine pädagogischen Ideen legte Pestalozzi in seinem 1801 erschienenen Buch „Wie Gertrud ihre Kinder lehrt" erstmals in geordneter Form dar. Viele seiner grundlegenden Ideen findet man in der modernen Pädagogik wieder. Zu seinen großen Leistungen zählt, wichtige Ansätze zu einer Professionalisierung und Institutionalisierung des Bildungssystems geliefert zu haben.

Literatur: Die Pestalozzischule in Wr. Neustadt. Hrsg. v. Stadtbezirksschulrat Wr. Neustadt (Wr. Neust. 1928) S. 5ff.//O. Hunziker, Pestalozzi Johann Heinrich. In: Allgemeine Deutsche Biografie (ADB) Bd. 25, S. 432ff.

SINGERGASSE

Gedenktafel Heinrich Himmelberger (Singergasse 17)
Heinrich Himmelberger war Truchseß Kaiser Friedrichs III. Zu seinen Aufgaben zählten die Hof- und Güterverwaltung sowie die Aufsicht über das kaiserliche Personal. Die gut dotierte Position erlaubte es ihm, mehrere Liegenschaften in der Stadt zu erwerben, wie etwa das Haus Bräuhausgasse 5 und Kurze Gasse 9. Das Gebäude an der Ringmauer, Singergasse 17, überließ ihm Kaiser Friedrich III. – offensichtlich höchst zufrieden mit den Leistungen seines Verwalters – als Schenkung im Jahr 1452.

DIESES HAUS GEHÖRET TRUCHSESS KAISER FRIEDRICHS III.
RITTER HEINR. HIMMELBERGER

ist auf einer Gedenktafel zu lesen. Ein Steinquader mit der Jahreszahl 1469 unter der Tafel befand sich ursprünglich im Inneren des Gebäudes.

Literatur: J. Mayer, Geschichte von Wiener Neustadt, Bd. 2 (Wiener Neustadt, 1926) S. 87, 94, 105, 464, 513.//G. Gerhartl, Wiener Neustadt. Niederösterreichischer Kulturführer (Wien 1983) S. 57.//Dehio. Niederösterreich südlich der Donau. Teil 2 (Wien 2003) S. 2675.

SONNLEITNERGASSE

Wilhelm von Sonnleitner war Mitbegründer der Sparkasse und deren erster Kanzlei-Direktor.

122 Franz-Schubert-Brunnen

Anlässlich seines fünfzigjährigen Gründungsjubiläums stiftete der Sängerbund „Die Josefstädter“ unmittelbar vor der Josefstädter Schule ein Schubert-Denkmal in Form eines Brunnens. Hinter dem achteckigen Brunnenbecken aus Kunststein ruht auf einem Pfeiler eine Büste des weltbekannten Musikers. Das Becken trägt die Inschrift:

ANLÄSSLICH DES FÜNFZIGJÄHRIGEN
GRÜNDUNGSFESTES GEWIDMET VOM
SÄNGERBUND „DIE JOSEFSTÄDTER“
1949.

Als Künstler wirkten der Bildhauer Milositz und der Steinmetzmeister Nagy. Die Enthüllung des Denkmals und Übergabe an die Stadt erfolgte am 25. September 1949 unter Beisein des Obmannes des Gesangsvereines „Die Josefstädter“, mehreren Gemeindevertretern und weiterer Sängerbünde aus Wiener Neustadt, Bad Fischau und Rust. Zur Untermalung der Festveranstaltung wurden zahlreiche Lieder des großen Komponisten Franz Schubert (1797–1828) gesungen, insbesondere „Am Brunnen vor dem Tore“.

Literatur: Gleichheit vom 1. 10. 1949, Nr. 40, S. 9.//G. Gerhartl, Wiener Neustadt. Niederösterreichischer Kulturführer (Wien 1983) S. 57.

Gedenktafel „Luftangriff“ (Sonnleitnergasse, Ecke Schlossergasse)

Direkt an der Fassade der Volksschule Josefstadt befindet sich eine Gedenktafel, welche an die Luftangriffe im Zweiten Weltkrieg erinnert und die Bürgermeister Kraupa am 12. August 1988, anlässlich des 45. Jahrestages des ersten Luftangriffes auf Wiener Neustadt, enthüllte. Bereits im Jahr 1942 rechnete die nationalsozialistische Stadtführung mit Luftangriffen auf die Stadt. Während die Propaganda noch darauf hinaus zielte, der Bevölkerung einzureden, wie sicher die Ostmark vor Luftangriffen sei, begannen schon längst die Vorkehrungen. So wurden mehrere Luftschutzräumlichkeiten und Bunkeranlagen geschaffen. Ein bedeutender Schutzraum befand sich in der Volksschule Josefstadt. An der Fassade blieb schwach lesbar ein Wegweiser mit Angabe der Gehminuten zum nächstgelegenen Luftschutzkeller erhalten. Die Aufschrift auf der Gedenktafel besagt:

UM DER ZIVILBEVÖLKERUNG WÄHREND DES ZWEITEN WELTKRIEGES SCHUTZ UND ZUFLUCHT BEI LUFTANGRIFFEN ZU BIETEN, WURDEN 1942/43 ZAHLREICHE ÖFFENTLICHE LUFTSCHUTZRÄUME GESCHAFFEN. DEUTLICH SICHTBARE GRAPHISCHE HINWEISE ERLEICHTERTEN IHRE AUFFINDUNG. DER SAMMELSCHUTZRAUM IN DER VOLKSSCHULE IN DER JOSEFSTADT WAR DER WICHTIGSTE ÖFFENTLICHE LUFTSCHUTZKELLER IM BEREICH DES STADTVIERTELS JOSEFSTADT GEWESEN.

Literatur: Amtsblatt d. Stadt Wr. Neustadt 1988, Folge 9, S. 8.//Rathauskorrespondenz, Blatt 522/1988.

STADIONSTRASSE

123 Einmannbunker

(Stadionstraße, Zufahrt Fachmarktzentrum)
Bei der Einfahrt zum Fachmarktzentrum ist bereits von der Stadionstraße aus ein Relikt aus dem Zweiten Weltkrieg zu sehen, einer der wenigen, erhalten gebliebenen Einmannbunker oder „behelfsmäßigen Schutzräume für Einzelpersonen“, wie der Terminus technicus lautete. Diese kamen vorwiegend in der Industrie, an Bahnlinien oder in der Nähe wichtiger öffentlicher Einrichtungen zum Einsatz. Der Einmannbunker an der Stadionstraße diente dem Werksschutz und befand sich am Gelände der ehemaligen Rax-Werke GmbH. Er wurde bei einem Angriff mit einem Beobachter besetzt, der sich ein Bild von den abgeworfenen Spreng- und Brandsätzen, eventuell auch Blindgängern machte und entstehende Brände sofort melden sollte. Wie man sich unschwer vorstellen kann, war die Position des Beobachters eine äußerst gefährliche. Durch ihren exponierten Standort an besonders kritischen Stellen, die vorzügliche Ziele der alliierten Bomberverbände bildeten, kann die Tä-

tigkeit des Spähers als Himmelfahrtskommando bezeichnet werden. Als die durch Bomben weitgehend zerstörten Rax-Werke-Hallen nach 1945 allmählich abgerissen und das Areal gewerblichen Zwecken überlassen wurde, blieb der kleine, aber schwere Betonbunker auf seinem Platz. Der glockenförmige Korpus aus massivem Beton besitzt zwei Zugangsöffnungen und vier schmale Beobachtungsschlitze, um die gesamte Umgebung einsehen zu können. Heute sind nur noch wenige der ehemals tausenden Einmann- oder Splitterbunker übrig. Die meisten davon sehen unterschiedlich aus, da es abgesehen von Grundanforderungen, was die Stabilität und die Zweckmäßigkeit betraf, keine genauen Fertigungsrichtlinien gab.

Literatur: M. Foedrowitz, Einmannbunker – Splitterschutzbauten und Brandwachenstände (Berlin 2007).//S. Wenk, Erinnerungsorte aus Beton. Bunker in Städten und Landschaften (Oldenburg 2001).

124 PORSCHEDENKMAL

Zwischen Pottendorfer Straße und Stadionstraße errichtete die Wohnungsgenossenschaft „Wien-Süd" auf dem Gelände der ehemaligen Austro Daimlerwerke eine Wohnhausanlage. Die aus mehreren Häusern und insgesamt 750 Wohnungen bestehende Siedlung erhielt am 3. September 1982 offiziell die Bezeichnung „Porsche-Viertel". Auf diesem Gelände erstreckten sich einst die zahlreichen Hallen und die Einfahrbahn der österreichischen Daimler Motorenfabrik, welche Limousinen, Sportwagen, Nutzfahrzeuge und Flugmotoren produzierte und, wie den zeitgenössischen Quellen zu entnehmen ist, durch ihre Qualität beeindruckten. Ferdinand Porsche hatte das 1899 als Tochterbetrieb der deutschen Daimler Motorenwerke gegründete Unternehmen in den 17 Jahren seiner Tätigkeit als technischer Direktor (1906 bis 1923) weltbekannt gemacht. Für die international besetzte Prinz-Heinrich Fahrt entwickelte der geniale Konstrukteur einen Motor, mit dem alle drei gestarteten österreichischen Daimler-Wagen die vordersten Plätze belegten. Es war der Auftakt für viele gewonnene Automobilrennen wie der Alpenfahrt, der Targa Florio auf Sizilien und den Semmeringrennen. Aber auch die von Porsche entworfenen Automobilgeschütze überraschten im Ersten Weltkrieg durch ihre erschreckende Effizienz.
Die Enthüllung des Ferdinand Porsche-Denkmals fand unter Beisein von KR Louise Piëch-Porsche, Peter Porsche und Bürgermeister Barwitzius statt. Es handelt sich um ein Werk des akademischen Bildhauers Karl Sukopp. Bei der Neugestaltung der Stadionstraße wurde das in eine Grünfläche integrierte Porsche-Denkmal später in den neu geschaffenen Kreisverkehr versetzt. Por-

sche wäre vermutlich mit dem neuen Standort, an dem sein Denkmal viele Autos täglich umrunden, sehr zufrieden gewesen.

Literatur: Amtsblatt 1982, Folge 10, S. 30ff.//F. Pinczolits, Austro Daimler. Paul Daimler und Ferdinand Porsche-Pioniere des Automobils (Wr. Neustadt 1986).//G. Geissl, Die militärisch-industrielle Vernetzung im Kraftfahrwesen 1909-1918 (Wien 2002) S. 171ff.//NÖN vom 8. 9. 1982, Nr. 36, S. 9.//Rathauskorrespondenz, Blatt 638/1982.

(125) **Monumentalplastik „Tägliches Brot“** (Merkurparkplatz-Stadionstraße)

Gemeinsam mit der Werkstätte Kollerschlag entstand ein Konzept, das Bildende Kunst in die Unternehmensphilosophie einbinden sollte. Das erste derartige Zeichen im Rahmen des Kunstprojektes hat der angesehene britische Künstler Tony Cragg für Wiener Neustadt erarbeitet. Die monumentale Aluminium-Plastik trägt den Titel „Tägliches Brot“. Sie zeigt die Silhouette zweier ineinander verschmolzener Figuren, das kleinste Modell gemeinschaftlicher Organisation verkörpernd. Das Paar besteht jedoch aus einem komplex verzweigten Geflecht kleiner Figuren, die sich gegenseitig halten, abstützen und miteinander kommunizieren, die Gesellschaft symbolisierend. Niemand lebt für sich alleine. Die Plastik darf auch in Anlehnung an Bernhard von Chartres Gleichnis „von den Zwergen auf den Schultern von Riesen“ gedeutet werden. Gewissermaßen, um daran zu erinnern, dass die großen Leistungen in Wissenschaft, Technik und Kultur, von welchen wir heute profitieren und auf welche wir aufbauen können, Errungenschaften von Generationen unserer Vorfahren sind und deren Wissen in uns weiterlebt. Die Präsentation der höchst bemerkenswerten 10 Meter hohen Plastik erfolgte am 12. Oktober 1994 unter Beisein von Bürgermeister Dr. Peter Wittmann.

Literatur: Amtsblatt d. Stadt Wr. Neustadt 1994, Folge 7, S. 74.//Amtsblatt d. Stadt Wr. Neustadt 1994, Folge 8, S. 40.//Amtsblatt d. Stadt Wr. Neustadt 1994, Folge 11, S. 38.

STADLGASSE

(126) **Inschrift „Brand 1834“** (Stadlgasse 7)

An der Fassade einer von der Stadt Wiener Neustadt 1948 errichteten Wohnhausanlage in der Stadlgasse ist ein Sgraffito und eine Inschrift zu sehen. Letztere bezieht sich auf den verheerenden Stadtbrand vom 8. September 1834:

BIS 1529 BEFAND SICH HIER DER ORT GYMELSDORF, 1834 NAHM DER GROSSE BRAND VON DEN HIER STEHENDEN STADELN SEINEN AUSGANG UND ZERSTÖRTE DIE STADT / IN SCHWERER ZEIT ERRICHTETE DIE STADTGEMEINDE WIENER NEUSTADT DIESE WOHNHÄUSER. A. D. 1948.

Der Brand brach gegen 1 Uhr nachmittags in den Scheunen vor dem Neunkirchner Tor aus. Diese waren Anfang September mit Stroh und Getreide gefüllt und boten dem Feuer reichlich Nahrung. Schnell griff es auf den nahe gelegenen Holzlagerplatz (das ist der Bereich des heutigen Südtirolerplatzes) über und verwandelte, begünstigt durch den Südwind, binnen einer Stunde die Stadt in ein Flammenmeer, das Hab und Gut vernichtete und 30 Menschen auf grausame Weise das Leben kostete. Die vorhandenen Feuerspritzen reichten bei weitem nicht aus, um diesen Brand, der selbst die weit entfernte, nördlich gelegene Wiener Vorstadt in Schutt und Asche legte, erfolgreich zu bekämpfen. Kaum ein Gebäude blieb verschont, selbst das Obergeschoss des Rathauses, das Theater oder die Neuklosterkirche wurden ein Raub der Flammen. Ein Plan des Hauptamts-Registrators Joseph Grüll über die am 8. September 1834 abgebrannten Teile der Stadt verdeutlicht das Ausmaß der Katastrophe, denn nur wenige Gebäude – vorwiegend am Stadtrand situiert – blieben intakt. Dazu gehörte die k. u. k. priv. Zuckerfabrik des Franz Thaddäus Ritter von Reyer an der westlichen Stadtmauer. Er stellte nach dieser Wiener Neustädter Apokalypse den vielen Obdachlosen seine Betriebsräumlichkeiten als Notunterkunft zur Verfügung. Die Allgemeine Theaterzeitung berichtete einige Wochen später, begleitet von einem eindrucksvollen Holzschnitt des Wiener Neustädter Xylographen Blasius Höfel, über das furchtbare Ereignis: „Es schien, als ob die Flammen an manchen Plätzen nicht durch die Luft getragen würden, nein, als ob sie aus dem Boden empor schlügen, da viele Häuser von unten auf zu brennen anfingen …, sodass die … von den Flammen noch verschonten Bewohner aus den unteren Stockwerken Feuersäulen emporsteigen sahen, welche die Treppen zuerst ergriffen und die unglücklichen Bewohner in die entsetzliche Lage brachten, dass sie ihr Leben nur durch die äußerste Anstrengung zu

retten vermochten." Der eindringliche Bericht und weitere ähnliche Artikel in anderen Zeitungen bewegten die Leser und bewirkten eine Spendensammlung für die Not leidende Bevölkerung von Wiener Neustadt.

Literatur: Allgemeine Theaterzeitung und Originalblatt für Kunst, Literatur, Musik, Mode u. geselliges Leben vom 15. 10. 1834, Nr. 206, S. 623f.//Der Brand von Wiener Neustadt am 8ten September 1834 (Wien o. J.).//Wiener Neustädter Bezirksblatt vom 15. 9. 1897, Nr. 37, S. 1.//Wiener Neustädter Bezirksblatt vom 22. 9. 1897, Nr. 38, S. 1.//NÖN vom 12. 9. 1984, Nr. 37, S. 6.// Amtsblatt d. Stadt Wr. Neustadt 1984, Folge 10, S. 63.

STADTPARK

Nach dem großen, beträchtliche Teile der Stadt vernichtenden Brand vom 8. September 1834, ließ Justizrat Josef Grabner auf dem Glacis, dem unverbauten Gebiet vor dem Neunkirchner Tor, eine Promenade anlegen, um der Wiener Neustädter Bevölkerung die Möglichkeit zu bieten, einen Spaziergang im Grünen zu machen. Gleichzeitig mit der Abtragung der westlichen und südlichen Wehranlagen begann der Ausbau der Promenaden, sodass allmählich eine weitläufige Grünfläche entstand. Einem Regulierungsplan von 1872 zufolge, wurden schließlich die seit mehreren Jahrzehnten vorhandenen Promenaden, die Linden- und Kastanienalleen sowie die neu erworbenen Wiesen zu einem Stadtpark zusammengefasst. Zu einer völligen Neugestaltung kam es im Jahr 1908, wobei für diesen schönen Jugendstilpark die architektonische Gestaltung im Vordergrund stand. Monumente wie das Kaiser Franz Joseph-Denkmal kamen zur Ausführung, ein Rosarium im westlichen Teil legte der Wiener Neustädter Gärtnerverein 1910 an. Ein Musikpavillon, wo regelmäßig Konzerte stattfanden, und ein schönes Kaffeehaus mit Wintergarten ergänzten die Freizeitmöglichkeiten. Das Sportangebot bereicherte ein Tennisplatz mit attraktivem Jugendstilgebäude. Die zahlreichen Bomben, welche Wiener Neustadt zwischen August 1943 und Frühling 1945 in Schutt und Asche legten, verschonten auch den Stadtpark nicht. Denkmäler waren beschädigt, Bäume entwurzelt, empfindlichere Pflanzen vertrocknet und die Wiesen durch Bombentrichter verunstaltet. Unter größter Mühe und mit ungeheurem Engagement konnte der Park noch im Jahre 1945 wieder in einen ansehnlichen Zustand versetzt werden. 1970 bis 1972 erfolgte anlässlich seines 100jährigen Bestehens eine umfassende Erneuerung des Stadtparks. 1998 erhielt die Grünoase einen neuen Teich. Bemerkenswert sind einige botanische Raritäten wie zum Beispiel zwei Osagedornbäume (Maclura pomifera). Der Name dieses Maulbeergewächses, das in südlichen Regionen der Vereinigten Staaten beheimatet ist, leitet sich von den Osage-Indianern ab. Sie stehen dort, wo die Lederergasse den Park schneidet, nahe dem Biedermeier-Gartenhäuschen. Nach besonders warmen Sommern reifen im Oktober ihre großen, gelbgrünen, nach Orangen duftenden Früchte, welche dann auf die Straße fallen und durch ihr exotisches Aussehen Verwunderung hervorrufen.

Literatur: Amtsblatt der Stadt Wiener Neustadt 1972, Folge 5, S. 33.//Österreich. Bürgermeisterzeitung 1972, Folge 6, S. 4.//Österreich. Bürgermeisterzeitung 1972, Folge 7, S. 10.//WNN vom 5. 6. 1992, Folge 23, S. 4.//WNN vom 11. 6. 1993, Folge 23, S. 4.//WNN vom 10. Oktober 1997, Folge 41, S. 10.//Amtsblatt der Stadt Wiener Neustadt 1998, Folge 10, S. 6.//Hierss, Pohler, Naturdenkmäler im Stadtpark. Botanisch-historischer Führer (Wiener Neustadt 1994).

Denkmäler im Stadtpark

(127) DENKMAL KAISER FRANZ JOSEPH I.

Bei einem Spaziergang durch den Stadtpark trifft man bereits nahe dem Maria-Theresien-Ring auf das Denkmal für Kaiser Franz Joseph I. Anlass für die Aufstellung im völlig neu angelegten Stadtpark bildete das 60jährige Regierungsjubiläum des Monarchen. Die feierliche Enthüllung nahm Bürgermeister Kammann unter Beisein des Statthalters Erich Graf Kielmannsegg am 11. Oktober 1908 vor. Es ist zwei Künstlern, dem Architekten Karl Badstieber und dem Bildhauer Josef Tuch, der den Abguss anfertigte, zuzuschreiben. Auf einem drei Meter hohen grauen Granitsockel steht die überlebensgroße Bronzestatue des Kaisers, der eine Marschallsuniform trägt. Auf dem pyramidenförmigen Postament sind mehrere Portraitreliefs in Bronze appliziert, welche die für die Stadt Wiener Neustadt bedeutenden Habsburger Monarchen zeigen. Es sind dies Rudolf I., Rudolf IV., Friedrich III., Leopold I., Maria Theresia, Joseph II. und Franz I. Ein Bronzerelief stellt den kaiserlichen Doppeladler dar. Als Stifter trat das priv. uniform. Bürgerkorps zu Wiener Neustadt in Erscheinung, unterstützt von der Stadt Wiener Neustadt, die sich mit einer namhaften Subvention beteiligte. Selbst diesem wehrhaften Verband gelang es nicht zu verhindern, dass dem Monument im Laufe des 20. Jahrhunderts übel mitgespielt wurde. Nach einem Sprengstoffattentat 1918 schien die Sicherheit für die Kaiserstatue aus politischen Gründen nicht mehr gewährleistet. Die Stadt sah sich gezwungen, die Statue vom Sockel zu entfernen und im Stadtmuseum zu verwahren. Nur ein kurzes

Zwischenspiel war die feierliche Wiederaufstellung im Jahr 1934. Die Weihe nahm damals Pater Alberich Rabensteiner vor, der wenige Jahre später, beim Einmarsch der Sowjetarmee im Frühjahr 1945 einen tragischen, gewaltsamen Tod sterben sollte (siehe Neuklostergasse). Die Bronzestatue des Kaisers musste während des Zweiten Weltkrieges als Altmetall zum Einschmelzen abgeliefert werden, blieb jedoch erneut vor der Zerstörung verschont. 1957 bekam die dislozierte Kaiserstatue im Burggarten in Wien einen neuen Standort. Das priv. uniform. Bürgerkorps führte daraufhin einen unermüdlichen Kampf, das Denkmal für die Allzeit Getreue zu sichern. Im Jahr 1982 erhielt die Stadt Wiener Neustadt einen Bronzeabguss der Statue Kaiser Franz Josephs I., sodass dieses Denkmal nach fast 40 Jahren wieder vollständig war und nunmehr einer hoffentlich ruhigen Zukunft entgegenblickt.

Literatur: WNZ 1934, Folge 19, S. 6.//WNZ vom 17. 8. 1957, Nr. 33, S. 3.//Amtsblatt der Stadt Wr. Neustadt 1970, Folge 12, S. 447.//WNZ vom 14. 1. 1971, Folge 2, S. 4.//NÖN 1979, Folge 12, S. 5.//WNZ 1981, Folge 7, S. 4.//WNN 1981, Folge 5, S. 12.//WNZ 1981, Folge 9, S. 11.// WNN 1982, Folge 12, S. 6.//G. Gerhartl, Wiener Neustadt. Niederösterreichischer Kulturführer (Wien 1983) S. 41.//Die Verwaltung der k. k. Stadt Wr.-Neustadt in den Jahren 1907–1911 (Wr. Neustadt 1913) S. 6f.

(128) Biedermeier-Gartenhäuschen

Am äußersten Rande des Stadtparks, nahe dem Maria-Theresien-Ring, ist ein kleines Biedermeier-Gartenhäuschen zu sehen. Vor der Anlage des Stadtparks waren einige Grundstücke des Glacis in Privatbesitz. Als Bauherr des 1838/39 errichteten Gartenhäuschens ist der Textilindustrielle Carl Friedrich Bräunlich überliefert, der außerhalb der südlichen Stadtmauer ein Gartengrundstück erworben hatte. In der zweiten Hälfte des 19. Jhs. kaufte die Stadt die im Privatbesitz befindlichen Realitäten des südlichen Glacis an, um die Parkanlage zu erweitern. Das mit Stuck versehene, kleine zweigeschossige Gebäude blieb bestehen und ziert heute die Südostecke des Parks. Unterhalb des Dachgesimses sind in einer Kartusche die Initialen des Bauherren CB und die Jahreszahl MDCCCXXXVI (1836) zu lesen. Das im Zweiten Weltkrieg beschädigte Häuschen erfuhr zwischen 1968 und 1970 eine Renovierung durch die Technische Bundeslehranstalt Wiener Neustadt.

Literatur: G. Gerhartl, Wiener Neustadt. Niederösterreichischer Kulturführer (Wien 1983) S. 41./ Österreichische Bürgermeisterzeitung 1970, Folge 9, S. 16./Amtsblatt d. Stadt Wiener Neustadt 1997, Folge 11, S. 10.

129 Denkmal Kaiser Joseph II.

An der Promenade gelangt man zu dem Denkmal Kaiser Josephs II. Dieses geht auf eine Stiftung Josef de Centes, der in der Wiener Straße eine Tonwarenfabrik betrieb, zurück. Anlass bot die 100-Jahr-Feier der Thronbesteigung Kaiser Josephs II. Die 1881 der Öffentlichkeit übergebene Portraitbüste, nach einem Modell des Meisters der Wiener Porzellanmanufaktur Anton Grassi, bestand ursprünglich aus Ton. Bereits kurze Zeit später fiel sie einem Vandalenakt zum Opfer. 1883 fertigte die Glockengießerei Hilzer nach dem Modell Grassis einen Abguss aus Bronze. Die Büste des Kaisers Joseph II. trägt auf dem Haupt einen Lorbeerkranz und ist mit einer Toga bekleidet, die von einem Band mit Löwenkopf an der Achsel zusammengehalten wird. Im Jahr 1969 wurde die Kaiserbüste über Anregung des Wiener Neustädter Denkmalschutzvereins an einem besseren, sichtbareren Platz übersiedelt, auf einen neuen Sockel gestellt und von einer Steinbalustrade umgeben. Eine ausführliche Inschrift besagt, dass Kaiser Joseph II. zahlreiche geistliche Niederlassungen in Wiener Neustadt aufhob. Mit einem Schreiben an ausländische Industrielle versuchte er im Gegenzug, von großem Erfolg gekrönt, in den leer stehenden Klostergemäuern Manufakturbetriebe anzusiedeln. Dem Ruf folgten unter anderen die Textilfabrikanten Christoph Andrae aus Mühlheim am Rhein und Karl Friedrich Bräunlich, die im Karmeliterkloster eine Samt-, Seiden- und Florettbandfabrik errichteten.

Literatur: Wr.-Neustädter Wochenblatt, 1881, Folge 19, S. 1.//WNZ, 1883, Folge 34, S. 3.//Amtsblatt vom 1. Juni 1969, Folge 11, S. 152.//G. Gerhartl, Wiener Neustadt. Niederösterreichischer Kulturführer (Wien 1983) S. 52.//Dehio. Niederösterreich südlich der Donau. Teil 2 (Wien 2003) S. 2678.//Rathauskorrespondenz Blatt 130/1969.

130 Schubert-Denkmal

Nahe dem Hauptweg bei den Tennisplätzen steht das Denkmal des großen Musikers und Komponisten Franz Schubert. Das am 4. November 1928 enthüllte Schubert-Denkmal bestand ursprünglich aus dem lyraförmigen Steinsockel mit einem medaillonförmigen Portraitrelief des Künstlers sowie einer Steinplastik in Gestalt eines sitzenden Mädchens, welches ergriffen der Musik lauscht. Das Denkmal geht auf eine Stiftung des Männergesangsvereins zurück. Anlässlich der Übernahme in die Obhut der Stadt gab Bürgermeister Anton Ofenböck bekannt, dass der am Denkmal vorbeiführende Weg in Zukunft den Namen „Schubert-Weg“ erhalte. Bombenangriffe im Zweiten Weltkrieg zogen das Schubert-Denkmal schwer in Mitleidenschaft. Bei der Restaurierung verzichtete man darauf, die zerstörte Mädchenfigur durch eine Nachahmung zu ersetzen und beließ nur den ursprünglichen Denkmalsockel mit dem Relief. Seit 1956 dient ein schmiedeeiserner Blumenkorb als Ersatz für die verlorengegangene Steinplastik. Ein Torso der Mädchenfigur blieb, nebenbei bemerkt, erhalten und befindet sich in Sichtweite zum Denkmal direkt bei einer Parkbank. Das Schubert-Denkmal ist ein Werk des akadem. Bildhauers Heinrich Scholz aus Wien. Es besteht aus Konglomerat, das Relief aus Untersberger Marmor.

Literatur: WNN 1928, Folge 19, S. 3.//WNN 1928, Folge 43, S. 5.//WNN 1928, Folge 44, S. 2f.// WNN 1928, Folge 45, S. 6.//H. Tschakert, Geschichte und Geschehen der Allzeit Getreuen Stadt Wiener Neustadt, Bd. 5 (1956–1960), S. 3.//G. Gerhartl, Wiener Neustadt. Niederösterreichischer Kulturführer (Wien 1983) S. 57.

131 Musikpavillon

Die Stadt Wiener Neustadt veranstaltete um 1900 regelmäßig so genannte Promenadenkonzerte im Stadtpark. Nachdem die Akustik immer wieder Anlass zur Kritik bot, entschied sich die Gemeinde zur Anschaffung eines gedeckten Musikpavillons, da sich die Töne einer im freien konzertierenden Kapelle deutlich verflüchtigen und die Klangwirkung darunter leidet, so der damalige Tenor. Nachdem die Errichtung einer neuen Konstruktion wesentlich teurer gewesen wäre, fragte die Gemeinde in Reichenberg an, wo kurz zuvor eine Ausstellung zu Ende ging. Auf Antrag des Stadtrates Julius Willerth erwarb die Stadt für 1.500 Kronen einen der dort nicht mehr benötigten attraktiven Pavillons, hergestellt von dem Gablonzer Zimmermeister Anton Matzig, und begann nach Demontage in Reichenberg und Transport nach Wiener Neustadt noch im Oktober 1906 mit der Aufstellung im Stadtpark. Im Frühjahr 1907 erhielt das ästhetische Holzkonstrukt einen passenden Anstrich. Wie älteren Ansichtskarten zu entnehmen ist, erfolgte – vermutlich im Zuge von Renovierungsarbeiten – eine optische Veränderung des Rundbaus. Nach einer längeren Zäsur, ausgelöst durch den Zweiten Weltkrieg, fanden im Sommer 1963 auf Initiative des Wiener Neustädter Fremdenverkehrsvereins im Musikpavillon wieder Parkkonzerte statt.

Literatur: Die Verwaltung der k. u. k. Stadt Wr. Neustadt in den Jahren 1902–1906, S. 280f.//Amtsblatt d. Stadt Wr. Neustadt 1972, Folge 5, S. 42.

Jüdische Grabsteine

Betritt man, von der Bahngasse aus kommend am Schubertweg den Stadtpark, so begegnet man bereits nach wenigen Metern mittelalterlicher Stadtgeschichte. Um 1846 wurden sechs Grabsteine des mittelalterlichen Judenfriedhofes in die südwestliche Stadtmauer eingelassen. Sie waren während der Abtragungsarbeiten an der Kapuzinerbastei entdeckt worden. Wiener Neustadt zählte bis in das ausgehende 15. Jahrhundert zu den großen jüdischen Gemeinden des Landes. Der ehemalige jüdische Friedhof erstreckte sich außerhalb der südlichen Stadtmauer in dem Gelände des heutigen Stadtparks bis hin zum Neunkirchner Tor. Im 20. Jahrhundert ersetzte ein 1959 beim Abbruch des Alten Lazaretts aufgefundener Grabstein eine zuvor verlorengegangene Tafel. Diese jüdischen Grabdenkmäler stammen durchwegs aus dem 13. und 14. Jahrhundert: 1252 (Simcha ben Baruch), 1286 (Hanna, Tochter des Jakob), 1285/88 (Gita, Gattin des Schalom), 1353 (Schemarja), 1369 (Ezechiel, Sohn des Rechabja) und 1389 (Israel, Sohn des Jonathan). Eine Restaurierung der Grabsteine ließ die Stadt im Jahr 1982 durch akadem. Bildhauer Heribert Rath durchführen. Die bislang letzte Restaurierung der wichtigen Gedenkstätte geht auf Mag. Christian Gurtner im Jahr 2000 zurück, der die stark von Salzeinlagerungen angegriffenen Steine aus der Stadtmauer lösen musste, um eine umfassende Konservierung vornehmen zu können.
Eine **Gedenktafel** aus jüngerer Zeit, wenige Meter entfernt, besagt:

JÜDISCHE BÜRGER, DIE 1938 DIESE STADT VERLASSEN MUSSTEN,
KEHREN ALS ÜBERLEBENDE ZURÜCK UND FEIERN AM
26. MAI 1995 – I. JAR. 5755 WIEDER SCHABBAT

Sie kamen im Jahre 1995 auf Einladung der Ichthys-Gemeinde Wiener Neustadt und feierten gemeinsam mit Vertretern der Stadt, Ehrengästen und Einwohnern der Allzeit Getreuen Schabbat. Als Versammlungsort wählten die Organisatoren den Platz vor der Stadtmauer, wo die 6 jüdischen Grabsteine eingemauert waren. Die Gedenktafel wurde in Erinnerung an die Zusammenkunft im Oktober 1995 am südwestlichen Eckturm appliziert. Die Tafel, welche den „Baum der Heilung“ zeigt, dessen Wachstum durch die Versöhnung zwischen Juden und Christen zustande kommt, neben dem ein siebenarmiger Leuchter steht, eine Menora, ist ein Werk der österreichischen Keramikkünstlerin Carola Tengler.

Literatur: W. Sulzgruber, Das jüdische Wiener Neustadt (Wien 2010) S. 158ff.//M. Jacobs, Jüdische Grabsteine in Wiener Neustadt.//M. Pollak, Die Juden in Wiener Neustadt. Ein Beitrag zur Geschichte der Juden in Österreich (Wien 1927).//NÖN vom 28. 7. 1998, Folge 31, S. 11.//Amtsblatt der Stadt Wr. Neustadt 1983, Folge 7, S. 37.//Amtsblatt der Stadt Wiener Neustadt 1982, Folge 9, S. 53.//Amtsblatt der Stadt Wr. Neustadt 2000, Folge 6, S. 55.//Dehio. Niederösterreich südlich der Donau. Teil 2 (Wien 2003) S. 2679.

Südwestlicher Eckturm „Jakoberturm“

Zu den steinernen Zeugen des mittelalterlichen Wiener Neustadts im Stadtpark zählen neben den jüdischen Grabsteinen, den Fragmenten der westlichen Stadtmauer auch die Reste eines Turmes, der die südwestliche Ecke der Stadteinfassung bestimmt. Der 1487 von ungarischen Belagerungsgeschützen des Matthias Corvinus zerstörte und später wieder aufgebaute Eckturm ist im Gegensatz zum Reckturm nicht diagonal zur Stadtmauer gestellt. Das Ausmaß der Kriegseinwirkung ist heute noch gut zu sehen, da beim Wiederaufbau um 1500 Buckelquader – charakteristische Bauelemente der Gründungszeit – keine Verwendung mehr fanden. Der unterste Raum des dreigeschossigen Turmes ist von den Kasematten (siehe Bahngasse 27) aus begehbar und zeigt Fischgrät- oder Ährenmauerwerk, so genanntes „opus spicatum“. Eine grundlegende Sanierung erfolgte im Jahr 1994.

Literatur: E. Reidinger, Planung oder Zufall. Wiener Neustadt 1192 (Wiener Neustadt 1995) S. 212f.//G. Gerhartl, Wiener Neustadt. Niederösterreichischer Kulturführer (Wien 1983) S. 57.// Dehio. Niederösterreich südlich der Donau. Teil 2 (Wien 2003), S. 2601.

(134) Matthias-Corvinus-Denkmal

Das jüngste Denkmal im Stadtpark ist dem König von Ungarn, Matthias Corvinus (1437–1490) anlässlich seines 500. Todestages gewidmet. Verantwortlich für das interessante und ansprechende Werk zeichnet der junge Budapester Bildhauer Tamás Vargha. Seiner Form nach ist es einer illustrierten Buchseite aus einer mittelalterlichen Handschrift nachempfunden. Das steinerne Monument hat sowohl auf der Vorderseite als auch auf der Rückseite Schmuckinitialen sowie je eine ausführliche Inschrift. Sie weisen Matthias Corvinus als edelmütigen Sieger aus, der nach der Einnahme Wiener Neustadts am 17. August 1487 die Bevölkerung respektvoll behandelte. Der ungarische Herrscher verstarb im April 1490 in Wien. Die Enthüllung des Gedenksteins am 10. September 1990 nahm Bürgermeister Kraupa unter Beisein von ungarischen Botschaftern und Politikern im Rahmen der Corvinus-Tage vor.

Literatur: WNZ vom 11. 4. 1989, Folge 15, S. 10.//Die niederösterreichische Wirtschaft vom 2. 2. 1996, Folge 4, S. 30.//Rathauskorrespondenz, Blatt 424/1990.

(135) Raptus-Gruppe

Einen Bezug zur antiken Mythologie hat die Raptus-Gruppe, welche unweit des Tennisplatzes situiert ist. Wie der Dichter Plutarch berichtet, raubten der Sage nach die Römer unter Romulus während eines Festes die Frauen der Sabiner, eines Volkes in Mittelitalien, da in Rom ein Mangel an Frauen herrschte. Als die Sabiner später mit einer starken Heerschar Rom belagerten, ergriffen die Sabinerinnen die Partei ihrer Entführer und erzwangen so den Frieden. Historisch überliefert ist nur die kriegerische Auseinandersetzung zwischen Rom und den Sabinern, welche mit der Unterwerfung letzterer im Jahre 290 v. Chr. endete. Die Skulpturen im Stadtpark wurden aus Sandstein gefertigt und in den letzten Jahren restauriert.

Literatur: Der neue Pauly. Enzyklopädie der Antike. Bd. 10, (Stuttgart, Weimar 2001) Sp. 1130–1133.//Amtsblatt d. Stadt Wr. Neustadt 1972, Folge 5, S. 29.

Gedenktafel „Opfer der Gestapo“ (Stadtpark, Promenade 1)

Eine düstere Vergangenheit lastet auf der 1872 errichteten, architektonisch ansprechenden historistischen Villa Promenade 1 des Stadtkämmerers und Begründers der Freiwilligen Feuerwehr Wiener Neustadt, Josef Wedl. In der Zwischenkriegszeit gehörte das exklusive Objekt der jüdischen Industriellengattin Eleonore Heller. Während der NS-Herrschaft arisiert, diente das abgelegene Gebäude von Herbst 1938 bis 1945 als Außenstelle der GESTAPO-Leitstelle Wien. In den Kellerräumen folterten die Schergen der Gestapo die Festgenommenen, um Geständnisse zu erpressen und eventuell weitere im Widerstand agierende Personen in Erfahrung zu bringen. Nach dem Krieg übernahm die Besatzungsmacht das Haus und richtete ein sowjetisches Informationszentrum ein, ehe die Stadt es 1957 erwarb und dem ÖGB verpachtete, der es 1959 als Europahaus der Jugend wiedereröffnete. Im November 1964 ließ der Österreichische Gewerkschaftsbund eine entsprechende Gedenktafel an der Portalfront des Gebäudes applizieren:

NIEMALS VERGESSEN! IN DIESEM HAUSE BEFAND SICH WÄHREND DER NAZISTISCHEN HERRSCHAFT (1938–1945) DIE ZENTRALE DER GEHEIMEN STAATSPOLIZEI (GESTAPO). HIER WURDEN ZAHLLOSE MENSCHEN WEGEN IHRER DEMOKRATISCHEN UND FREIHEITLICHEN GESINNUNG ODER IHRES WIDERSTANDES GEGEN DAS HITLER-REGIME SCHWER MISSHANDELT. ANSCHLIESSEND IN DIE KONZENTRATIONSLAGER UND GEFÄNGNISSE VERSCHICKT, WO VIELE UMS LEBEN KAMEN.

Im Kellergeschoss des heute als Kindergarten genutzten Gebäudes ist ein kleiner Gedenkraum etabliert mit einer historischen Dokumentation.

Literatur: K. Flanner, Privatvilla-Gestapo-Zentrale-Europahaus in Wiener Neustadt. Dokumentationen d. Industrieviertel-Museums 1992/9.//K. Flanner, Die Geheime Staatspolizei. Gefolterte erinnern sich. Dokumentation des Industrieviertel-Museums 1993/31, S. 1f.//G. Gerhartl, Wiener Neustadt. Niederösterreichischer Kulturführer (Wien 1983) S. 53.//WNN vom 22. 5. 1992, Nr. 21, S. 4.

Gedenktafel „Auerbergl“

Sobald Schnee gefallen war, bedeutete für Generationen von Kindern ein kleiner Hügel, der als Rodelberg diente, trotz seiner Randlage das Zentrum des Stadtparkes. Verantwortlich dafür war der Stadtkämmerer Franz Auer (1848–1935), weshalb der Hügel offiziell die Bezeichnung „Auerbergl“ trägt. Der 1980 durch die Firma Hönig restaurierte Gedenkstein mit der Aufschrift „Auerbergl“ erinnert noch an den Initiator.

Literatur: StAWN, Denkmalordner, Gedenktafeln.

(136) Wetterhäuschen

Die Wetterstation am Schubertweg ist einer Stiftung des 1876 gegründeten „Wiener Neustädter Touristenclub“, einem Zweigverein des Österreichischen Touristenclubs, zu verdanken. Neben mehreren Schutzhütten und Aussichtswarten ließen die Mitglieder der Sektion Wiener Neustadt im Juli 1894 ein massiv gebautes Wetterhäuschen im Stadtpark errichten. Zwei Gedenktafeln erinnern an das 100jährige (1976) und 125jährige (2001) Bestehen der Sektion Wiener Neustadt des ÖTK. In seiner Sitzung am 27. November 1894 beschloss der Gemeinderat, das Wetterhäuschen in die Obhut der Stadt zu übernehmen. Die Firma Schleiffelder übernahm für viele Jahre die unentgeltliche Wartung der Wetterstation.

Literatur: Festschrift 100 Jahre ÖTK Sektion Wr. Neustadt (Wr. Neustadt 1978) S. 9f.//Amtsblatt d. Stadt Wr. Neustadt 1972, Folge 5, S. 39.

STAMPFGASSE

Als Stampf bezeichnete man früher Mühlen, die mit ihrem Stampfwerk Hadern für die Papiererzeugung zerkleinerten, oder bei der Pulvererzeugung (so genannte Pulverstampfen) Verwendung fanden. Zum Antrieb benötigten die Betreiber Wasserkraft, sodass diese Mühlen meist an Bächen und Flüssen zu finden waren, wie eben an der Fischa.

137 Bildstock mit St. Nepomuk Statue

In der Stampfgasse mit Blickrichtung zur Fischa gelangt man zu einem alten Bildstock mit verschließbarem Nischenraum. Der desolate Bildstock wurde um das Jahr 2000 von der HTL Wiener Neustadt renoviert und mit einer neuen schmiedeeisernen Türe versehen. Gemeinderat a. D. Horst Neusiedler restaurierte die aus Holz gefertigte Nepomuk-Statue.

SUDETENDEUTSCHER PLATZ (Kreuzung Auge Gottes)

Erinnert an die Sudetendeutschen, die nach dem Zweiten Weltkrieg ermordet oder aus ihrer Heimat vertrieben wurden (siehe: Gedenkstätte der Sudetendeutschen am städtischen Friedhof).

138 Raiffeisen-Brunnen

Die Raiffeisenbank übernahm im Jahre 1983 die Errichtung einer Springbrunnenanlage an der neu gestalteten Kreuzung Sudetendeutscher Platz

(früher Kreuzung Auge Gottes). Die Brunnenanlage aus Kunstsandstein ist ein Werk des Künstlers Architekt Ing. Franz Loistl. Er schuf in Anlehnung an die Auge-Gottes-Darstellung, welche ein Haus im Kreuzungsbereich einst zierte, eine Verbindung zwischen dem Emblem der Raiffeisenbank und dem stilisierten Symbol des Auge Gottes. Eine Tafel trägt die Inschrift:

GEWIDMET VON DER RAIFFEISENBANK WR. NEUSTADT
IM JAHRE 1983.

Die feierliche Übergabe der Springbrunnenanlage an die Stadt Wiener Neustadt erfolgte am 1. Juni 1983 unter Beisein von Obmann KR Erich Allinger und Direktor Otto Kohn von der Raiffeisenbank, sowie Bürgermeister Hans Barwitzius.

Literatur: Amtsblatt d. Stadt Wr. Neustadt 1983, Folge 7, S. 3.//NÖN vom 8. 6. 1983, Folge 23, S. 10.//Rathauskorrespondenz, Blatt 347/1983.

SÜDBAHNGASSE

(139) Einmannbunker

Biegt man von der Neunkirchner Straße (B 17) kommend in die westlich gelegene Südbahngasse ein, gelangt man bald zu einem Bahnübergang. Nahe den Gleisen befindet sich einer von drei in Wiener Neustadt erhaltenen Einmannbunker. Es handelt sich um einen zylindrischen Schutzraum mit massivem Deckel aus Beton und vier Sehschlitzen, der sich in seiner Form doch deutlich von dem etwas kleineren Einmannbunker in der Stadionstraße unterscheidet. Die Bahnanlagen gehörten neben der Rüstungsindustrie im Zweiten Weltkrieg zu den bevorzugten Zielen der alliierten Bomberverbände, so verwundert es nicht, dass hier ein geschützter Beobachtungsposten zum Einsatz kam, von dem aus Treffer und vor allem gefährliche Blindgänger sofort an die Leitstelle gemeldet werden konnten (siehe Einmannbunker Stadionstraße). Ein dritter Einmannbunker ist auf dem Gelände einer Gärtnerei in der Pottendorfer Straße situiert und damit in Privatbesitz.

Literatur: M. Foedrowitz, Einmannbunker – Splitterschutzbauten und Brandwachenstände (Berlin 2007).

SZOKOLLPARK

140 CARL-SZOKOLL-DENKMAL

Eine Grünfläche, umgrenzt von der Grazer Straße, der Neunkirchner Straße und der Bundespolizeidirektion. In diesem Park steht das Carl-Szokoll-Denkmal, eine Installation des Architekten Markus Grabenwöger. Major Carl Szokoll gilt als eine der bedeutendsten Persönlichkeiten des österreichischen Widerstandes gegen den Nationalsozialismus. Er war an dem Militärputsch gegen Hitler, der Operation Walküre, im Jahr 1944 und an der Rettung Wiens, der Operation Radetzky, im Jahr 1945 beteiligt und hat für die Befreiung des Landes sein Leben riskiert. Carl Szokoll wollte, seinen Interessen folgend, Maler oder Schriftsteller werden, musste sich aber dem Wunsch seines Vaters beugen und die Offizierslaufbahn einschlagen. Während seiner Ausbildung besuchte er ab 1936 die Theresianische Militärakademie in Wiener Neustadt. Die Installation des Wiener Neustädter Künstlers und Architekten Mag. Dipl. Ing. Markus Grabenwöger besteht aus vier Lichtsäulen, welche jeweils ein Wort vermitteln: RECHT, PFLICHT, MORAL und GEWISSEN. Auf einer in den Gehweg eingelassenen Steinplatte ist zu lesen:

MAJOR CARL SZOKOLL (1915–2004) ZÄHLT DURCH DIE RETTUNG WIENS 1945 ZU DEN PROMINENTESTEN PERSÖNLICHKEITEN DES ÖSTERREICHISCHEN WIDERSTANDES GEGEN DEN NATIONALSOZIALISMUS RECHT PFLICHT MORAL GEWISSEN – MARKUS GRABENWÖGER 2009.

Die Benennung der Parkanlage und die Enthüllung des Denkmals erfolgten am 29. Mai 2009 unter Beisein von Bundespräsident Dr. Heinz Fischer.

Literatur: Amtsblatt d. Stadt Wr. Neustadt 2009, Folge 5, S. 7.//Spurensuche. Der andere Stadtführer durch Wiener Neustadt (Wr. Neustadt 2011) S. 8.//NÖN vom 18. 5. 2009, Folge 21, S. 53.//I. S. Wanker, Weder bin ich Heiliger noch ein Prophet - Ein Verräter, haben manche gesagt, andere ein Held ... (Wien 2005).

(141) Skulpturengruppe E4 + W4

Der aus Sarajewo stammende Künstler Ljubomir Levacic beschäftigte sich mit dem Thema „Säulen“ in unterschiedlichen Variationen, wie die Säulen als Körper, als menschliches Gebilde, die Säule als einfaches Bauwerk, als Überrest eines Bauwerkes, als unverrückbares Zeichen und Zeitzeugen auf einem Platz. Die Skulpturengruppe E4 + W4 besteht aus acht Säulen. Vier davon befinden sich im Szokollpark in Wiener Neustadt, vier Säulen in Ebenfurth. Die Zahl 4 übt auf den Künstler eine besondere Anziehung aus, die 4 Jahreszeiten, die 4 Elemente, die 4 Himmelsrichtungen, die 4 Lebensabschnitte, die 4 Evangelisten ... Die Säulen im Szokollpark tragen sichtbare Zeichen der Erosion, die vom Künstler nachgebildet wurden und keinem reellen Verfall entsprechen. Die von Levacic geschaffene Skulptur widerspiegelt Zerstörung und Unperfektion, vor allem ist sie jedoch Mahnmal, welches an den Krieg im ehemaligen Jugoslawien erinnern soll. Die symmetrisch auf einem Fundament situierten Säulen hat der Künstler, wie auf einer kleinen Inschriftentafel zu entnehmen ist, im Jahre 1994 geschaffen.

Literatur: K. Blaas-Pratscher, in: Veröffentlichte Kunst – Kunst im öffentlichen Raum. Katalog des NÖ Landesmuseums, Neue Folge Nr. 381 (1995).

UNGARGASSE

Gedenktafel Ferdinand Carl Boeheim (Ungargasse 15)

Der 1794 bei Znaim in Mähren geborene Carl Ferdinand Boeheim besuchte einige Jahre das Gymnasium, ehe er sich auf Grund der elterlichen Finanzen gezwungen sah, mit Kanzleidiensten sein Geld zu verdienen. Als Amtsschreiber bei Erzherzog Leopold hatte er Zugriff zur umfangreichen Bibliothek von Schloss Hernstein. So begann sich der wissbegierige junge Mann mit der Geschichte seiner Umgebung zu befassen. 1821 nahm er die Stellung des städtischen Kanzlisten von Wiener Neustadt an. Beim Ordnen wichtiger Dokumente stieß er auf ein Aktenbündel, das offensichtlich in früheren Jahren als Grundlage eines Geschichtswerkes dienen hätte sollen, aber keine Verwendung gefunden hatte. Vier Jahre benötigte er für die Aufarbeitung und 1830 konnte er die „Chronik von Wiener Neustadt“ veröffentlichen. Später widmete er sich Kunstdenkmälern wie der Spinnerin am Kreuz und verfasste das Buch „Die Burg zu Wiener Neustadt und ihre Denkwürdigkeiten“. Im

Sommer 1834 verstarb seine Gattin, nur wenig später verlor er beim Stadtbrand am 8. September seinen gesamten Besitz einschließlich seiner geliebten Bibliothek. Boeheim starb bald darauf 1835 im Alter von nur 40 Jahren. Auf Anregung von Franz Staub, dem Begründer des Wiener Neustädter Denkmalschutzvereins, ließ die Stadt 50 Jahre nach dem Tode Boeheims an dessen Wohnhaus eine ornamentierte Gedenktafel anbringen:

IN DIESEM HAUSE STARB FERDINAND CARL BOEHEIM VERFASSER DER CHRONIK V. WIENER NEUSTADT AM 30. MAI 1835.

Eine weitere Gedenktafel befindet sich in der dem Stadtchronisten gewidmeten Boeheimgasse.

Literatur: F. C. Boeheim, Chronik von Wiener Neustadt (Wien 1830).//F. C. Boeheim, Die Burg zu Wiener Neustadt und ihre Denkwürdigkeiten. Beiträge zur Landeskunde unter der Enns. 3. Bd. (Wien 1833).//Adressenbuch der Stadt Wiener Neustadt 1937, S.23f.//WNZ vom 18. 5. 1935, Nr. 20, S. 4.//E. Katzer, Ferdinand Carl Boeheim 1794-1835. In: Unser Neustadt, Jg. 22 (1978), Folge 4, S. 3ff. und Jg. 23 (1979), Folge 1, S. 1ff.

(142) St.-Johann-von-Nepomuk-Statue

Die Statue, welche 1732 von Hauptmann Georg Matthias Bauer von Niesenfelt zu Ehren des Weg- und Brückenheiligen Johannes Nepomuk gestiftet wurde, musste im Laufe der Zeit öfters ihren Platz wechseln. Vorerst war das Denkmal beim Stadtgraben vor dem Ungartor aufgestellt, musste um 1800 dem Hafenbecken des Wiener Neustädter Kanals weichen und wanderte nach einer Zwischenstation nahe der Gartenmauer des Stiftes Neukloster auf das Areal des 1832 erbauten Armenhauses in der Ungargasse. Wie eine Inschrift besagt:

HIEHER ÜBERSETZT UND RENOVIERT DEN 4. OKTOBER 1832.

Nach der Schleifung des Armenhauses im Jahr 1967, ließ der Denkmalschutzverein die Statue renovieren und die Neuaufstellung in der Grünanlage neben dem Krankenhausgarten, welche beide infolge der Planierung des Kanalhafenbeckens entstanden, vornehmen. Das Denkmal hatte somit nach über 160 Jahren wieder annähernd seinen Originalstandort erhalten. Die Übernahme durch die Stadt erfolgte am 11. September 1967. Der barock geschwungene, von Voluten gerahmte und von einer sechseckigen Balustrade umgebene Sockel trägt die Statue des Heiligen. An der Frontseite des Sockels sind ein Relief des Martyriums und mehrere Inschriften zu sehen. Das Stiftungsjahr 1732 ergibt sich durch das Chronogramm: TVo honorI pLc obtVLIt GeorgIVs MathIas BaVer De NiesenfeLt CapItaneVs. Der Text auf einer Steintafel teilt die jüngere Geschichte des Denkmals mit:

1967 RENOVIERT U. AM URSPRÜNGLICHEN PLATZ VOR DEM UNGARTOR WIEDER AUFGESTELLT VOM DENKMALSCHUTZVEREIN DER STADTGEMEINDE UND DES BUNDESDENKMALAMTES.

Literatur: J. N. Fronner, Monumenta Novae Civitatis Austriae, De Civitate (Wr. Neustadt 1839) pag. 261, Nr. 170.//Dehio. Niederösterreich südlich der Donau. Teil 2 (Wien 2003), S. 2682.//G. Gerhartl, Wiener Neustadt. Niederösterreichischer Kulturführer (Wien 1983) S. 59f.//Rathauskorrespondenz, Blatt 247/1967.

Gedenktafel „Kanalhafen“

Direkt an der Ungargasse, an der Handelsstraße nach Ungarn gelegen, befand sich gegenüber dem Neukloster der Hafen des 1797–1803 angelegten Wiener Neustädter Schifffahrtskanals. Hier erfolgte die Be- und Entladung der zwei Meter breiten und über 20 Meter langen, von Pferden gezogenen Kähne, welche zwischen Wien und Wiener Neustadt den künstlichen Wasserweg befuhren und auf ihm ihre Waren an das entsprechende Ziel verfrachteten. Zu den Transportgütern zählte neben Steinkohle und Kalk vor allem Brennholz, das über die Schwarza-Schwemme und mittels Trift über den Kehrbach in die Stadt gelangte und auf die Kanalschiffe verladen wurde. Durch den Bau des Elektrizitätswerkes VIII (Am Kanal) kam es zu einer Absperrung der stadtseitigen Kanalstrecke einschließlich des Kanalhafens. Dieser nicht mehr mit Wasser versorgte Kanalabschnitt trocknete aus und fiel schließlich der Planierung zum Opfer. Infolge der Verbauung ist es schwer vorstellbar, dass der Wiener Neustädter Kanal einst bis zum Ungartor führte. An ihn erinnern heute noch die Straßenbezeichnung „Am Kanal“ und die vom Lions-Club 1994 gespendete Gedenktafel, auf der zu lesen ist:

EHEM. KANALHAFEN. HAFENBECKEN DES 1797–1803 GEBAUTEN „WIENER NEUSTÄDTER SCHIFFAHRTSKANALS“, 1927/28 ZUGESCHÜTTET UND GÄRTNERISCH GESTALTET.

Literatur: V. E. Riebe, Der Wiener Neustädter Schiffahrtskanal (Wien 1936) S. 93.//200 Jahre Wiener Neustädter Kanal 1797-1997. Hrsg. v. Industrieviertel-Museum Wiener Neustadt (Wr. Neustadt 1997).//Adressenbuch der Stadt Wiener Neustadt, S. 10.//E. Katzer, Wiener Neustadt als Hafenumschlagplatz. In: Unser Neustadt, 40. Jg. 1996, Folge 4, S. 2ff.

„Programmierte Struktur" von Prof. Kurt Ingerl

(Ungargasse 29, Handelsakademie)
Für das Projekt „Kunst am Bau" entwickelte Kurt Ingerl Stahlreliefs, die aus runden und viereckigen Hohlprofilen bestehen. Es scheint sehr wahrscheinlich, dass der Künstler für die Berechnung der Strukturen den gleichen Algorithmus verwendete wie für seine programmierten Werke, zum Beispiel die Plastik „Stapelungen" in der Herzog Leopold-Straße. 1981 erhält Ingerl den Auftrag, für den Zubau der Bundeshandelsakademie eine Plastik zu schaffen, die nach ihrer Fertigstellung in der Aula ihren Platz fand. Kurt Ingerl realisierte diese und ähnlich geartete Stahlplastiken selbst. So fertigte er sie zunächst in einer Schlosserei an, wo er die notwendige Schweißtechnik dafür erlernte. Später stattete er sein Atelier zweckentsprechend aus. Es handelt sich bei diesen Stahlreliefs um Annäherungen an die Kreisform, welche dem Künstler immer wieder Inspiration verlieh. Bei der 2,28 m großen Plastik für die HAK verwendete er kurze Stücke verschieden dimensionierter Rohre, welche er dann gemäß der computergenerierten Struktur verschweißte. Ingerl nutzte wissenschaftliche und technische Methoden für die Planung seiner Kunst, technische und industrielle Methoden für die Realisation. Er war davon überzeugt: „Die konstruktive Kunst ist die dem technischen Zeitalter adäquate Kunst."

Literatur: J. Köck, Kurt Ingerl – Ein Leben für die Kunst. Teil 1: Biografie und Computerkunst (Mauerbach 2009) S. 135ff.//Festschrift aus Anlass der Eröffnung des Schulzubaues 1981. Bundeshandelsakademie und Bundeshandelsschule Wr. Neustadt (Wr. Neustadt 1981) S. 59ff.

WALTHERGASSE

Als erster Pfarrer wird in den Jahren 1209 bis 1220 Walther genannt.

Oskar-Helmer-Denkmal

Oskar Helmer (1887–1963) lernte in Wiener Neustadt das Schriftsetzerhandwerk und arbeitete sich bei der Zeitung Gleichheit zum Redakteur hoch. Als Mitglied der sozialdemokratischen Partei wurde er 1919 in den Wiener Neustädter Gemeinderat und den niederösterreichischen Landtag gewählt, wo

er von 1927 bis 1934 die Funktion des Landeshauptmann-Stellvertreters ausübte. Nach Ende des Zweiten Weltkrieges entsandte die Sozialistische Partei Helmer in den Nationalrat. Dort bekleidete er das unter den damaligen Verhältnissen besonders schwierige Amt des Innenministers. Zu seinem Aufgabenbereich zählte insbesondere die Rückführung der aus russischer Kriegsgefangenschaft entlassenen Österreicher, die auf dem Wiener Neustädter Bahnhofplatz nach langer Zeit der Kriegsgefangenschaft erstmals wieder österreichischen Boden betraten. Helmer war es ein Anliegen, bei den Ankünften zugegen zu sein und die Heimkehrer persönlich zu begrüßen. Zwei Jahre nach seinem Ableben ließ die Stadt Wiener Neustadt zur Erinnerung an ihn ein würdiges Denkmal errichten. Am 25. Juni 1965, genau 10 Jahre nach der Ankunft des letzten Heimkehrertransportes, nahm Innenminister Hans Czettel unter Beisein von Vizekanzler DDr. Bruno Pittermann und weiterer Regierungsvertreter die Enthüllung der Oskar-Helmer-Büste vor. Das Werk des Wiener Künstlers Prof. Gustinus Ambrosi fand am Bahnhofsplatz seine Aufstellung, wo Helmer einst die Kriegsgefangenen empfing. Im Jahr 1969 beschloss der Gemeinderat von Wiener Neustadt, einen eben fertig gestellten Kindergarten in der Walthergasse nach Oskar Helmer zu benennen. Im Rahmen der Eröffnung ließ die Stadt die Büste vom Bahnhofsplatz in die Grünanlage des Kindergartens transferieren. Eine in die Grünfläche eingelassene Gedenktafel geht auf die Leistungen Helmers im Zusammenhang mit der Rückführung der Kriegsgefangenen ein.

Literatur: Amtsblatt d. Stadt Wr. Neustadt 1987, Folge 12, S. 82f.//G. Gerhartl, Wiener Neustadt. Niederösterreichischer Kulturführer (Wien 1983) S. 60.//Rathauskorrespondenz, Blatt 58/1965.

WALTHER-VON-DER-VOGELWEIDE-PARK

Von Kreuzgasse, Städtischem Friedhof und Wiener Straße umrahmt, befindet sich der kleine Park. Er verdankt seine Entstehung dem imposanten Denkmal „Spinnerin am Kreuz", welches diese Grünfläche ziert. Im ausgehenden 19. Jh. störte der Anblick mehrerer desolater Wirtschaftsgebäude die optische Wirkung der wertvollen gotischen Wegsäule. Als im Jahr 1897 ein Verkauf dieser so genannten Wenninger'schen Realität bevorstand, fasste die

Wiener Neustädter Sparkasse den Beschluss, der Stadt 46.000 Kronen zur Verfügung zu stellen mit der Widmung, die Spinnerin am Kreuz freizulegen und einen Park zu errichten. Dieser wurde im Zuge der Stadterweiterung um 1900 angelegt und erhielt den Namen „Kaiser-Franz-Joseph-Volkspark". Die Umbenennung auf den heute gültigen Namen erfolgte im Jahr 1930, als die untergegangene Monarchie in der Gunst der Bevölkerung an Sympathie eingebüßt hatte. Wie dem Gemeinderatsbeschluss vom 20. Mai 1930 zu entnehmen ist, bot der 700. Todestag des bedeutendsten deutschsprachigen Lyrikers des Mittelalters, Walther von der Vogelweide (geb. um 1170, gest. um 1230), den Anlass zur Umbenennung. Der Begründer der Spruchpoesie weilte vermutlich im Frühjahr 1217 am Hofe Herzog Leopolds VI. in Wiener Neustadt.

Literatur: NÖN vom 29. 5. 1990, Folge 22, S. 6.//Die Verwaltung der k. k. Stadt Wiener Neustadt in den Jahren 1897-1901 (Wr. Neustadt 1902) S. 225.//Gemeinderatssitzung vom 28. Dezember 1897.//Gemeinderatssitzung vom 20. Mai 1930, Punkt 27.

145 SPINNERIN AM KREUZ

Im Zentrum des Parks steht auf einer kleinen Anhöhe eine der schönsten und kunstgeschichtlich wertvollsten gotischen Wegsäulen Mitteleuropas. Ihre Errichtung verdanken wir dem Stifter Wolfhard von Schwarzensee, der Stadtrichter und in den Jahren 1391/92 Bürgermeister von Wiener Neustadt war. Um 1392 dürfte der herzogliche Baumeister Michael Chnab die bedeutende Säule geschaffen haben. Dies ist urkundlich nicht überliefert, wird aber durch die entsprechenden Familienwappen in der zweiten Figurenebene als bestätigt erachtet. Die erste Nennung der Steinsäule steht mit der Übergabe Kaiser Friedrichs III. Mündel, Ladislaus Posthumus, am 4. 12. 1452 an die österreichischen Stände in Zusammenhang. Die erste schriftliche Erwähnung der Bezeichnung „Spinnerin-Kreuz", welche bis dahin nur Kreuz oder „stainen creuz" hieß, geht auf eine Eintragung in einem Ratsprotokoll von 1671 zurück. Einige Geschichten ranken um den eigenwilligen Namen, der sich erst im 19. Jahrhundert durchsetzte. So soll sich der Sage nach die treue Braut eines Kreuzfahrers mit ihrem Spinnrad bei dem Bauwerk niedergelassen haben, um hier die Rückkehr ihres geliebten Mannes abzuwarten. Eine andere Erklärung bietet die Ableitung von Spinus-Kreuz, also einem

dem Heiligen Crispinus geweihten Kreuz. Ferdinand Carl Boeheim, ein verdienter Stadthistoriograph im 19. Jahrhundert, meinte, dass der sechseckige Grundriss der Säule dem Radnetz einer Spinne ähnle und der Name daher stamme. Überliefert ist jedenfalls, dass sich in unmittelbarer Nähe der Wegsäule die alte Richtstätte der Stadt befand.
Die 21 Meter hohe, reich verzierte Steinsäule aus Leithakalk lässt einen fünfzonigen Aufbau erkennen. Über einen mit Blendmaßwerk und Dreipässen verzierten Sockel erheben sich drei Figurengeschosse, die sich nach oben zu einem krabbenbesetzten Turmhelm mit Kreuzrose verjüngen. In der ersten Figurenebene sind mehrere Heilige dargestellt, dahinter Hochreliefs, den Ölberg, die Geißelung und die Kreuzigung zeigend. Die Überleitung zur zweiten Figurenebene erfolgt durch sechs mit Prophetenbüsten (Isaias, Jeremias, Ezechiel, Daniel, David und Salomon) bekrönte Fialen. Das zweite Figurengeschoss besteht aus vier Portraitbüsten. Hier haben sich der Stifter Wolfhard von Schwarzensee, Meister Michael und ihre Ehefrauen verewigt, was die zugehörigen Wappenschilde bestätigen. Die von einem maßwerkverzierten Wimpergkranz abgeschlossenen und von schlanken Strebepfeilern gestützten Nischen enthalten sieben Apostelfiguren. Die dritte und oberste Figurenebene repräsentiert die Marienkrönung.
Bei einem Wirbelsturm im Jahre 1902 brach das obere Drittel der Säule ab. Die aufwändige Wiederherstellung des gotischen Baujuwels dauerte bis 1906. Die letzte umfassende Renovierung geschah 1993/94. Im Zuge einer Kontrolle musste im Jahr 2011 ein Strebepfeiler ersetzt werden. Eine von Manfred Hönig angefertigte Inschriftentafel geht auf die Entstehung der Säule und die zuletzt erfolgte Renovierung ein:

GOTISCHE WEGSÄULE „SPINNERIN AM KREUZ“ GESTIFTET ENDE DES 14. JAHRHUNDERTS VON DEM WIENER NEUSTÄDTER STADTRICHTER UND SPÄTEREN BÜRGERMEISTER WOLFHART VON SCHWARZENSEE. GILT ALS WERK DES HERZOGLICHEN BAUMEISTERS MICHAEL KNAB. MEHRMALS, ZULETZT 1993/94 UNTER BÜRGERMEISTER DR. PETER WITTMANN, ÜBER VERANLASSUNG DES VEREINS ZUR ERHALTUNG DER SPINNERIN AM KREUZ RESTAURIERT UND INSTANDGESETZT.

Literatur: K. Buerklen: Bau- und Kunstdenkmale von Wiener Neustadt in ihrer unterrichtlichen Bedeutung (Wr. Neustadt 1910).//E. Hassmann, Meister Michael. Baumeister der Herzöge von Österreich (Wien 2002) S. 117–193 und Anhang S. 572 ff.// Die Verwaltung der k. k. Stadt Wiener Neustadt in den Jahren 1897–1901 (Wr. Neustadt 1902) S. 225f.//Dehio. Niederösterreich südlich der Donau. Teil 2 (Wien 2003), S. 2679.//J. N. Fronner, Monumenta Novae Civitatis Austriae, De Civitate (Wr. Neustadt 1839) S. 239.//Amtsblatt der Stadt Wr. Neustadt 1969, Folge 22, S. 339f.//

Amtsblatt 1989, Folge 10, S. 50.//Amtsblatt der Stadt Wr. Neustadt 1991, Folge 12, S. 85.// Amtsblatt der Stadt Wr. Neustadt, Folge 11, S. 57.//WNN vom 22. 3. 1991, Folge 12, S. 4.//WNN vom 10. 12. 1993, Folge 49, S. 12.//WNN vom 11. 3. 1994, Folge 10, S. 13.//MORGEN, Nr. 4, 2012, S. 43.

WEIKERSDORFER STRASSE

(146) STEINSÄULE „DAS LUKERTE KREUZ" BZW. „LUKA KREUZ"

An der Weikersdorfer Straße ist eine etwa 3,5 m hohe Säule, bekrönt von einem Steinkreuz, zu besichtigen. Das „Lukerte Kreuz" erhielt seinen Namen möglicherweise dadurch, dass der auf der Säule ruhende Aufbau nicht wie üblich dreiseitig geschlossen ist, sondern nur aus zwei Platten besteht. So ergibt sich anstatt einer kleinen Kapellennische eine Luke, durch die man durchsehen kann. Die Steinplatten tragen jeweils eine Inschrift. Eine davon weist auf die Stifter, den Lederer Hans Paumgartner, Mitglied des Äußeren Rates, und seine Frau Anna hin:

ZU SUNDERLICHEN ERN DEN PITER LEIDEN, STERWEN UND FRELICHEN AUFERSTEHUNG CHRISTI, FIERPIT DER MUTER GOTE(S) MARIA, UND INVERMELTE HEILIGEN HAT HANNS PAUMGARTNER AU(SSEREN) RATSPUR(GER) UND LEDERER ALLHIER, ANNA SEIN HAUSFRAU, DIESE MARTER SÄUL AUFRICHTEN LASSEN AN(N)O 1635 IAHR.

Die andere – ein Ausdruck der Volksfrömmigkeit – ist als Bitte an Gott zu verstehen, die Menschen vor Not und Seuchen zu bewahren, welche als Folge des nicht enden wollenden 30jährigen Krieges entstanden:

O GOTT, DEIN GNAD UND WOLDAT HABE WIER VERACHT, DIESELBIGE MIT DANKSAGUNG NIT BE(T)RACHT, UNS DARUM IST ÜBERKUMEN DIESE JAR, O GOT, KRIEG, PESTILENZ, TEUERUNG UND FEIERSNOT. O LIEBER HERR, LAS FALLEN DE(N) ZORN DEIN, DAS WIR VON SOLCHER STRAF ENTLEDIGT SEIN.

Zwei weitere, jedoch aus dem 20. Jh. stammende Inschriften wurden anlässlich einer Renovierung im Jahr 1956 in den Sockel eingraviert:

ERNEUERT NACH ZEITEN SCHWERER NOT VOM VEREIN ZUR ERHALTUNG DER KUNSTDENKMÄLER IN WIENER NEUSTADT 1956 bzw. als Steintafel appliziert: ZUM ANDENKEN AN DIE AUS DEM KRIEGE 1939–1945 NICHT HEIMGEKEHRTEN.

Die Bezeichnung „Luka“ wird auch im Sinne von Wiese oder Wald (abgeleitet vom lateinischen Wort „lucus“) gedeutet. Damit in Verbindung steht ein Wirtschaftsweg, der Luka-Weg, welcher einst, von südwestlicher Richtung kommend, den Weikersdorfer Weg schneidend, bis zur Neunkirchner Straße verlief und für die Säule Namen gebend sein könnte. Der stark frequentierte Kreuzungspunkt als ehemaliger Aufstellungsort der Denksäule scheint insoferne realistisch, da hier das größte Augenmerk auf die Inschriften fiel. 1976 musste die Steinsäule aus verkehrstechnischen Gründen in eine Grünfläche an der Weikersdorfer Straße versetzt werden.

Literatur: J. N. Fronner, Monumenta Novae Civitatis Austriae I, pag. 251f., Nr. 161.//F. K. Boeheim, Chronik von Wiener Neustadt I, (Wien 1863) S. 228.//Monatsblatt des Alterthums-Vereines zu Wien 1889, Nr. 9, S. 59f.//Amtsblatt d. Stadt Wr. Neustadt 1970, Folge 2, S. 35f.//Amtsblatt d. Stadt Wr. Neustadt 1977, Folge 8, S. 37f.//Amtsblatt d. Stadt Wr. Neustadt 2003, Folge 4, S. 23.//G. Gerhartl, Wiener Neustadt. Niederösterreichischer Kulturführer (Wien 1983) S. 61.//G. Gerhartl, Das „Lukerte Kreuz“. In: Unser Neustadt, Jg. 13 (1969), Folge 4, S. 4.

WERFTGASSE

(147) **Gedenktafel „Schiffswerft“**

Im Bereich der Werftgasse befand sich in der ersten Hälfte des 19. Jhs. eine Werft, in der die Kähne für die Schifffahrt am Wiener Neustädter Kanal gebaut und repariert wurden. Eine Gedenktafel mit einem schematischen Lageplan zeigt, wie die Überstellung der mehr als 20 m langen Kähne über ein Zuleitungsgerinne erfolgte. Die Inschrift besagt:

VON DEM 1803 IN BETRIEB GENOMMENEN WIENER NEUSTÄDTER SCHIFFAHRTSKANAL ZWEIGTE EIN ARM ZUR SCHIFFSWERFT AB, WO LASTENKÄHNE FÜR DEN TRANSPORT SCHWERER GÜTER (KOHLE, ZIEGEL, HOLZ, GESTEIN) ERZEUGT WURDEN: SIE WAREN 23 METER LANG, 2 METER BREIT, KONNTEN EINE LAST BIS ZU 39 TONNEN TRANSPORTIEREN UND WURDEN VON NUR EINEM PFERD GEZOGEN. DIE WERFT WURDE SPÄTER ABGETRAGEN. EIN TEIL DES ZULEITUNGSKANALS BESTEHT NOCH AN DIESER STELLE.

In den Wintermonaten 1915/16 ließen die Daimler-Werke zwecks Errichtung einer Verbindungsbahn den zur ehemaligen Werft abzweigenden und mittlerweile funktionslos gewordenen Arm überbrücken. Die Austro Daimler-Puch Werke AG errichtete im Frühjahr 1930 statt der Brücke einen Damm, wodurch der Zuleitungskanal zur ehemaligen Werft vom Kanal abgetrennt als Torso übrigblieb und heute noch zu sehen ist.

Literatur: V. E. Riebe, Der Wiener Neustädter Schiffahrtskanal (Wien 1936) S. 93f.

WIENER STRASSE

Gedenktafel Gustav von Festenberg (Wiener Straße 9)
Gustav Festenberg, einer der bedeutendsten österreichischen Schriftsteller, Romancier und ein Übersetzer fremdsprachiger Literatur, hatte seine Wurzeln in Wiener Neustadt. Am 13. März 1892 geboren, verbrachte er seine Kindheit und Jugend in der Allzeit Getreuen. Die wohlhabende Anwaltsfamilie entstammte einem alten schlesischen Adelsgeschlecht, sodass Festenberg, trotz des frühen Todes seines Vaters, in gesicherten großbürgerlichen Verhältnissen, erzogen von Mutter und Großmutter, aufwuchs. Seine Kindheit in der Garnisonsstadt beschreibt er in seinem erfolgreichen autobigraphischen Roman „Dosi“ (1931 erschienen) als eine besonders glückliche Zeit. Großen Eindruck machte auf ihn die Theresianische Militärakademie und er genoss Spaziergänge im Akademiepark, welcher vom Wohnhaus in der Wiener Straße 9–11 schnell erreicht werden konnte. Nach der Volksschule absolvierte Festenberg das K. K. Staats-Ober-Gymnasium in der Herzog-Leopold-Straße, wo er 1910 maturierte. Diese Erinnerungen hielt er literarisch in der Novellensammlung „Bimbo“ (1935) fest. Nebenbei nahm er eifrig Violinunterricht und legte 1911 die Staatsprüfung für Violine ab. Nach der Schule folgten das Jus-Studium an der Universität Wien und die Beamtenlaufbahn in Oberös-

terreich und Wien. 1939 veröffentlichte er den (autobiographischen) Roman „Ein Tag wie alle", der von einem Menschen handelt, der sein Ich vor der Welt verbirgt und die innere Emigration einem öffentlichen Leben vorzieht, um seine eigene Persönlichkeit entfalten zu können. Im Jahr 1941 wurde der Sektionsrat Gustav Festenberg aus politischen Gründen verhaftet und von der nationalsozialistischen Regierung vorzeitig in den Ruhestand versetzt. Danach widmet er sich ausschließlich seiner schriftstellerischen Tätigkeit. Als Festenberg 1968 starb und in Wiener Neustadt die letzte Ruhe fand, hatte er viele Ehren erhalten, darunter den Kulturpreis des Landes Niederösterreich und den Titel „Professor". Am 14. Mai 1992 erfolgte, anlässlich des 100. Geburtstages des Literaten, am Wohnhaus in der Wiener Straße, die Enthüllung einer Gedenktafel durch Bürgermeister Kraupa. Darauf ist zu lesen:

IN DIESEM HAUSE WURDE AM 13. MÄRZ 1892 GUSTAV VON FESTENBERG ROMANCIER, ESSAYIST, LYRIKER GEBOREN. MIT WERKEN AUS SEINER FEDER HAT ER DER VATERSTADT EIN LITERARISCHES DENKMAL GESETZT. ER STARB 1968 IN WIEN.

Literatur: C. Mattle, Gustav von Festenberg – zwischen Schöngeist und Beamtentum (Oberhausen 2002).//Amtsblatt d. Stadt Wr. Neustadt 1992, Folge 6, S. 52.//WNN vom 22. 5. 1992, Nr. 21, S. 12.//NÖ Kulturberichte 1964, Nr. 1, S. 6f.//NÖ Kulturberichte 1978, Nr. 10, S. 6f.

148 Fellerer-Brunnen

Anlässlich des 50jährigen Firmenjubiläums des Bauunternehmens Lang und Menhofer übergab der Firmenchef, Dipl. Ing. Friedrich Fellerer diesen Springbrunnen als Geschenk an die Stadt. Unter Beisein von Finanzminister Prof. Dr. Stefan Koren erfolgte am 9. August 1969 die feierliche Übergabe des vor St. Peter an der Sperr errichteten Objektes an Bürgermeister Hans Barwitzius. Der Brunnen aus einem flachen rechteckigen Becken mit einem von zwölf röhrenförmigen Öffnungen durchsetzten und mit Gedenktafel versehenen Steinkubus trägt die Inschrift:

DER STADTGEMEINDE WIENER NEUSTADT ANLÄSSL. DES 50JÄHRIGEN JUBILÄUMS DER BAUFIRMA F. LANG U. K. MENHOFER GEWIDMET VOM INHABER DIPL. ING. FRIEDRICH FELLERER 1969.

Literatur: Amtsblatt d. Stadt Wr. Neustadt vom 1. 8. 1969, S. 217f.//Amtsblatt d. Stadt Wr. Neustadt vom 15. 8. 1969, S. 232.//G. Gerhartl, Wiener Neustadt. Niederösterreichischer Kulturführer (Wien 1983) S. 54.//Rathauskorrespondenz Blatt 228/1969.

Gedenktafel Friedrich von Flotow (Wiener Straße 31)
Der aus Mecklenburg stammende Friedrich Freiherr von Flotow (1812–1883) kam 1870 bereits als berühmter Komponist nach Wiener Neustadt. Sein Schwiegervater, der Rechtsanwalt Dr. Wedl, vermittelte ihm eine Wohnung in der Wiener Straße 31. Der gesellige Flotow war bald Mitglied des Wiener Neustädter Musikvereins, für den er eigene Kompositionen schrieb. Am 23. April 1872 dirigierte er im Stadttheater die Erstaufführung seiner Ouvertüre zur Oper „Indra". Schon im Mai 1873 verließ er Wiener Neustadt und Hirschwang, wo er ebenfalls einen Wohnsitz hatte, und zog mit seiner Gemahlin und seinen beiden Söhnen wieder nach Mecklenburg. 1882 kam er noch einmal nach Wien anlässlich der 200. Aufführung seiner Oper „Martha". Wenige Monate später starb er am 24. Jänner 1883 in Darmstadt. Zur Erinnerung an den berühmten Musiker, der das Kulturleben der Stadt bereicherte, befindet sich an der Fassade des Hauses Wiener Straße 31 eine Tafel mit der Inschrift:

IN DIESEM HAUSE WOHNTE DER TONDICHTER
FRIEDR. V. FLOTOW 1870-1872.

Literatur: Allgemeine Deutsche Biographie (ADB), Bd. 48 (Leipzig 1904) S. 611–613.//Neue Deutsche Biographie (NDB), Bd. 5 (Berlin 1961) S. 256f.//Amtsblatt d. Stadt Wr. Neustadt 1987, Folge 7, S. 70.//WNN vom 19. 11. 1993, Nr. 46, S. 12.//NÖN vom 2. 11. 2010, Nr. 44, S. 8.

(149) **Sgraffito „Wienertor"** (Wiener Straße 44)

An der Westfassade des Hauses Wiener Straße 44 ist ein Werk des Wiener Neustädter Künstlers und Kunstlehrers Prof. Michael Haas (1910–2012) zu bewundern. Dass dieses moderne Sgraffito gerade hier seinen Platz fand, war wohldurchdacht. Denn im Anschluss an die heute freie Westfront des Gebäudes schloss einst das 1864 abgetragene Wienertor an. Übrig blieb nur der in das Haus integrierte flachbogige, öffentliche Fußgängerdurchgang, der um 1835 mit repräsentativen Portalrahmungen versehen worden war. Das polychrome Sgraffito zeigt, von Norden betrachtet, im Zentrum der Darstellung das doppeltürmige Wienertor, rechts davon das ebenfalls nicht mehr existente Haus ohne Nagel (eines der Wiener Neustädter Wunder), dahinter die Stadtmauer und St. Peter an der Sperr. Links vom Wienertor schließt das besagte Haus mit dem Fußgängerdurchgang an. Der im Jahr 2012 mit 101 Jahren verstorbene Prof. Michael Haas gilt als einer der bedeutendsten Wiener Neustädter Künstlerpersönlichkeiten. Sein Œuvre umfasst eine Vielzahl an Gemälden, wobei seine von Lokalkolorit geprägten Bilder hervorzuheben sind. Michael Haas erhielt im Laufe seiner langen Schaffensperiode, die fast bis zu seinem Tod andauerte, viele Auszeichnungen, darunter die Verleihung des Kulturpreises der Stadt Wiener Neustadt (1983), das Goldene Ehrenzeichen für Verdienste um das Land Niederösterreich (1985) und das Österreichische Ehrenkreuz für Wissenschaft und Kunst (1997). 37 Jahre lang fungierte er als Kursleiter an der Volkshochschule, wo er Generationen von Interessierten mit viel Enthusiasmus die Grundlagen der Malerei näher brachte.

Literatur: E. Reidinger, Planung oder Zufall. Wiener Neustadt 1192 (Wr. Neustadt 1995) S. 250f.// Dehio. Niederösterreich südlich der Donau, Bd. 2 (Wien 2003) S. 2664.//Amtsblatt d. Stadt Wr. Neustadt 2012, Folge 5, S. 31.

150 Rest einer Römerstrasse

Im Jahr 1951 fanden Arbeiter bei Kanalgrabungen für einen Neubau im Bereich Wiener Straße – Schilfgasse in etwa 1,5-1,8 m Tiefe ein Teilstück einer alten Straße. Auf Grund des Profils und seiner Lage datierten Archäologen den Verkehrsweg in die römische Epoche. Die Römer hatten jedoch mitunter vorgeschichtliche Handelswege ausgebaut. Bemerkenswert sind die mehrere cm tief in die Steine eingefahrenen Spurrillen, welche wiederum Hinweise auf die damaligen Fahrzeuge geben. Ihr Abstand entspricht der Breite antiker, römerzeitlicher Wagen. Das Fundament bzw. der Untergrund des vorgefundenen Straßenrestes war mit äußerster Sorgfalt ausgeführt. Die Konstruktion (Pflaster samt Unterbau) umfasst eine Stärke von 0,9 m, sodass eine antike Hauptverkehrsader, vermutlich die Straße Scarabantia – Vindobona, vorzuliegen scheint. Ein Teil des Straßenstücks wurde geborgen und als Denkmal in eine Grünfläche vor der Vorstadtkirche übertragen. Aus Platzgründen musste es allerdings um 90 Grad zur ursprünglichen Lage gedreht werden, sodass der tatsächliche Verlauf der Römerstraße annähernd der Nord-Süd-Richtung entsprach und nicht Ost-West, wie man nunmehr annehmen könnte. Ein davor befindlicher Gedenkstein trägt die Aufschrift:

REST EINER RÖMERSTRASSE, ERRICHTET 1951.

Literatur: H. Vetters, Ein römischer Straßenrest in Wiener Neustadt. In: Unsere Heimat, Jg. 1953, S. 109ff.//E. Reidinger, Planung oder Zufall. Wiener Neustadt 1192 (Wr. Neustadt 1995) S. 20ff.// Kulturberichte aus NÖ, vom 15. Juni 1952, Folge 6, S. 46.//E. Brunner, Siedlungs- und Bevölkerungskontinuität im Umland des Steinfeldes vom Neolithikum bis zum 3./4. Jh. In: Unsere Heimat, Jg. 1994, S. 14.//WNZ, Jg. 1951, Nr. 17, S. 3.

(151) Steinkruzifix oder Pestkreuz

In einer Grünanlage vor der Vorstadtkirche St. Leopold ist ein 1951 errichtetes steinernes Kruzifix mit einer davor knienden Marienstatue zu betrachten. Das Postament trägt die Inschrift:

ES HILFT IHNEN DER HERR UND
BEFREIET SIE UND ERRETTET SIE VON
DEN SÜNDERN UND ERLÖSET SIE,
DENN SIE HABEN GEHOFFT AUF IHN.
LIEB. PSALM 35–40.

Bereits in früherer Zeit befand sich an diesem Platz ein Steinkreuz. Das ursprüngliche Denkmal bestand aus einem Kruzifix, umgeben von den Statuen der hl. Maria, des hl. Johannes und der hl. Magdalena und ging auf eine Stiftung des Gastwirts Peter Paul Denk(h)s zurück. Der Besitzer des Gasthauses „Zum Goldenen Brunnen" ließ die Denksäule mit Bewilligung des Magistrats 1710 aufstellen. Als im Jahre 1713 die Pest grassierte, hielten die Bewohner der Wiener Vorstadt hier ihre Bittgottesdienste ab. Die Kreuzsäule wurde 1942 durch einen Lastwagen beschädigt und 1949 durch ein Auto zerstört. Im selben Jahr erhielt der Wiener Neustädter Steinmetz F. Pirzl vom Verein zur Erhaltung der Kunstdenkmäler Wiener Neustadt und der Stadtgemeinde den Auftrag, das Denkmal zu rekonstruieren. Dompropst Uhl weihte am 17. Juni 1951 das neu geschaffene Steinkruzifix.

Literatur: J. N. Fronner, Monumenta Novae Civitatis Austriae I, pag. 218, Nr. 139.//WNN vom 15. 3. 1924, Folge 11, S. 4//WNN vom 26. 4. 1924, Folge 17, S. 3.//WNN vom 24. 5. 1924, Folge 21, S. 3.//WNZ vom 22. 3. 1924, Folge 12, S. 4//WNZ vom 23. 6. 1951, Folge 25, S. 3.

Informationstafel „Jesuitenkirche"

Bei der Einnahme der unter türkischem Einfluss stehenden Stadt Ofen gelang es dem österreichischen Heer, den osmanischen Feldherrn Colak Beg (Czonkabeg) gefangen zu nehmen und nach Wiener Neustadt zu überstellen. Der Heerführer und seine Familienangehörigen konvertierten zum Christentum. Taufpate war niemand geringerer als Kaiser Leopold, der ihn in den Adelsstand erhob und den Namen Zungaberg gab. Die Kooperationsbereitschaft des Konvertierten in militärischen Fragen blieb auch finanziell kein Nachteil. Sein Sohn, Franz Leopold von Zungaberg, der keine Nachkommen hatte, verwendete einen Teil seines elterlichen Vermögens dazu, eine Kirche und ein Kloster zu stiften. 1745 konnte Bischof Graf Hallweil die Weihe des im barocken Stile errichteten Gotteshauses vornehmen. Nach der Aufhebung des Jesuitenordens 1783 behielt die dem Hl. Leopold geweihte Kirche weiterhin ihre sakrale Funktion, während das Klostergebäude als Truppenspital und ab 1904 als Aufbewahrungsstätte für die städtischen Sammlungen und Archivschätze diente. Eine Gedenktafel des Lions-Clubs vermittelt:

EHEMALIGE JESUITENKIRCHE ST. LEOPOLD / STIFTUNG DER FAMILIE DES FREIHERRN LEOPOLD VON ZUNGABERG (CZONKABEG) / GEWEIHT 1745.

Literatur: Amtsblatt d. Stadt Wr. Neustadt 2003, Folge 3, S. 16//Amtsblatt d. Stadt Wr. Neustadt 2004, Folge 4, S. 26//Dehio. Niederösterreich südlich der Donau. Teil 2 (Wien 2003), S. 2630ff.

152 Kaiserbrunnen

Vor dem Stadtarchiv, bei der Gabelung Wiener Straße und Kaiserbrunngasse, steht eine spätbarocke dreiseitige Sandsteinpyramide, welche den Namen Kaiserbrunnen trägt. Dabei handelt es sich um ein über fünf Meter hohes Monument mit schlichten Verzierungen und einer aufsitzenden Steinkugel, auf der ein gekrönter steinerner Adler thront, welcher in seinen Fängen Zepter, Reichsapfel und Reichsschwert hält. Zwei Seiten des Monuments sind mit Medaillons geschmückt. Das eine zeigt ein Portrait Kaiser Friedrichs III. und das andere den Doppeladler sowie Friedrichs III. Besitzzeichen AEIOU. Wie auf alten Ansichten zu erkennen ist, diente das Denkmal in früheren Jahrhunderten als Wasserspender. Die alten Stadtchronisten führen die Bezeichnung Kaiserbrunnen auf Erzherzog Ferdinand I. zurück. Aloys Gleich schrieb 1808: „Dieser Kirche [Vorstadtkirche] links stehet der Kaiser Brunn, er ist eine über eine Quelle errichtete Pyramide aus Granit zum Andenken, dass der Erzherzog Ferdinand der I. am 12. Junius 1522 in Neustadt angekommen ist und sich hier mit einem Trunk Wasser erquickt hatte." Johann Nepomuk Fronner, der die Kunstdenkmäler der Stadt zeichnete und katalogisierte (1839), hält Kaiser Friedrich III. wegen des Portraitbildes und des Eignerzeichens für den Initiator des Brunnens. Leider kann dies aus heutiger Perspektive nicht mehr festgestellt werden, da im 18. Jahrhundert eine barocke Überarbeitung oder Neuerrichtung erfolgte. Auch Ende des 19. Jahrhunderts präsentierte sich die Steinsäule in einem sehr schlechten Zustand. Nach einer umfassenden Renovierung durch den Steinmetzmeister Joseph Trampitsch konnte 1898 anlässlich des 50jährigen Regierungsjubiläums Kaiser Franz Joseph I. die feierliche Enthüllung des wieder erstandenen Denkmals vorgenommen werden. 1899 ließ der örtliche Denkmalschutzverein durch den Schlossermeister Ferdinand Braunstein ein kunstvolles Schmiedeeisengitter anfertigen, das den Brunnen seit damals umgibt. Aus verkehrstechnischen Gründen musste das Denkmal mehrfach seinen Platz wechseln.

Literatur: A. Gleich, Geschichte der k. k. Stadt Wienerisch-Neustadt (Wien 1808) S. 140.//J. N. Fronner, Monumenta Novae Civitatis Austriae I, pag. 228, Nr. 146.//F. K. Boeheim, Chronik von Wiener-Neustadt (Wien 1863) I., S. 178.//G. Gerhartl, Der Kaiserbrunnen. In: Unser Neustadt, 1969, Folge 3, S. 4.//F. Staub, Die Restaurierung des Kaiserbrunnens in Wiener Neustadt. In: Monatsblatt des Alterthums-Vereins zu Wien, Jg. 1899, Nr. 6, 209ff.//J. Mayer, Geschichte von Wiener Neustadt, Bd. 4, S. 159 und 167ff.//Amtsblatt d. Stadt Wr. Neustadt, 15. 5. 1968, Folge 10, S. 78.//Amtsblatt d. Stadt Wr. Neustadt, 1980, Folge 8, S. 39.

153 SCHWABBÄNK

(nahe der Privatschule Sta. Christiana)

In einer Zeit, als es in den Haushalten noch keine Waschmaschinen gab, also durchaus bis weit in das 20. Jahrhundert, war die Reinigung der Wäsche eine äußerst mühevolle Angelegenheit. Vor allem das Waschen, Schwemmen und Trocknen großformatiger Textilien wie Bettzeuge, konnte zu Hause oder am Dienstort oft nicht bewältigt werden. So nutzten vermutlich Generationen von Frauen die umliegenden Bäche für diese Reinigungsaktionen. Schließlich ließ die Stadt die Schwabbänk errichten. Die Schwemme in der Wiener Straße nahe einem Fabrikgebäude, das später einen Funktionswandel zur Schule Sta. Christiana erlebte, geht vermutlich auf das 1. Viertel des 19. Jhs. zurück. Diese Schwabbank befand sich beim so genannten Polierbach, einer für industrielle Zwecke künstlich geschaffenen Abkehrung vom Fischabach. Auf der gegenüberliegenden Seite der Wiener Straße konnten die Wäscherinnen (die „Waschweiber") eine Wiese als Hängeplatz zum Trocknen der Wäsche nutzen. Die Schwemme zeigt sich heute als massive, teilweise aus Beton und Eisengeländer gebaute Anlage, wie sie wohl erst später aus Sicherheitsgründen bzw. als Denkmal zur Ausführung kam. Die ursprünglichen Schwemmen bestanden oft aus Holzstegen, damit die Frauen nicht im Wasser stehen mussten und verfügten meist über eine Überdachung als Wind- und Wetterschutz.

Literatur: Amtsblatt d. Stadt Wr. Neustadt 1980, Folge 9, S. 14.//K. Flanner, Wiener Neustadt G'schichtln und Geschichte (Wr. Neustadt 1998) S. 143f.

154 Dänklkapelle

Die im barocken Stile errichtete Kapelle geht indirekt auf eine Stiftung des Handelsmannes und Ratsherrn Ferdinand Dänkl zurück. Im Jahre 1732 vermachte er 200 Gulden zur Erhaltung des beim Fischabach befindlichen Kruzifixes. Die Errichtung einer Kapelle als Wetterschutz für das Wegkreuz ist 1738 seiner Erbin Maria Theresia Zoller zu verdanken. Die Front des Gebäudes mit quadratischem Grundriss ist mit Gesimsen, hohem Volutengiebel und flankierenden Pilastern harmonisch gegliedert. Bemerkenswert ist das Rundbogenportal mit hochbarocker Schmiedeeisengittertüre. Diese ist mit Floralmotiven, Bandl- und Gitterwerk qualitätsvoll gefertigt. Im oberen Teil des Gitters, in einem mit einer Freiherrenkrone versehenen Oval, liest man die Initialen der Kapellenstifterin M(aria) T(heresia) Z(oller). Ebenfalls hochwertig ausgeführt ist eine polychromierte, vierfigurige Kreuzigungsgruppe, die aus der Bauzeit der Kapelle stammt. Die Figurengruppe, Christus am Kreuz, Johannes, Maria und Maria Magdalena darstellend, verdient besondere Beachtung. Die aufwändige Kapellengestaltung und die skulpturale Ausstattung zeigen auf anschauliche Weise die von der Gegenreformation gelenkte und durch die bildende Kunst stimulierte Volksfrömmigkeit im Barockzeitalter. Die Künstler sind leider nicht überliefert. Schäden durch Luftangriffe im Zweiten Weltkrieg machten eine umfassende Renovierung notwendig. Im Rahmen einer Feier erfolgte am 13. Dezember 1964, im Beisein von Bürgermeister Rudolf Wehrl, die Adaptierung als Gedenkstätte für die zivilen Bombenopfer, indem an der Giebelfront eine Inschrift mit dem Wortlaut

„DANKE FÜR DIE GABE DES LEBENS –
DENKE DER OPFER DES KRIEGES“

appliziert wurde. In den Jahren 2003 bis 2006 kam es auf Grund von erheblichen Feuchtigkeitsschäden zu einer grundlegenden Renovierung der Kapelle.

Viel Arbeit investierten die Restauratoren in die im Laufe der Zeit mehrmals übermalte Figurengruppe. Bei der Entfernung der oberen Malschichten trat eine ältere, viel qualitätvollere und nun sichtbare Fassung zu Tage.

Literatur: J. N. Fronner, Monumenta Novae Civitatis Austriae I, pag. 235, Nr. 150.//A. Höggerl, Wiener Neustadt im Wandel der Zeit (1192–1918) S. 269.//Dehio. Niederösterreich südlich der Donau. Teil 2 (Wien 2003), S. 2682//Gleichheit 1964, Folge 51, S. 1.//WNN 1964, Folge 51, S. 2.// WNZ 1964, Folge 51, S. 1.//Wiener Neustädter Rundschau 1964, Folge 51, S. 9.//H. Groll, Die Dänkl-Kapelle. In: Unser Neustadt 1965, Folge 1, S. 3.//Amtsblatt d. Stadt Wr. Neustadt 2006, Folge 6, S. 35.

155 Maculan-Brunnen

Am 1. Juli 1982 übergab die Firma Hofman und Maculan Bauaktiengesellschaft den in der 1978 neu geschaffenen Grünanlage im Kreuzungsbereich des **Platzes der Menschenrechte** (Kreuzung Wiener Straße – Mießlgasse – Badener Straße) liegenden Brunnen an die Stadt. Die Baufirma hat in Gedenken an den 1955 verstorbenen Seniorchef, Baurat Dr. Rudolf Maculan, den Brunnen errichtet und als Zeichen ihrer Verbundenheit der Stadt Wiener Neustadt zum Geschenk gemacht. Die segelartig geschwungene Skulptur in der Mitte des sechseckigen Beckens geht auf einen Entwurf von Stadtbaudirektor SR Dipl. Ing. Balker zurück.

Literatur: Amtsblatt d. Stadt Wr. Neustadt 1982, Folge 8, S. 7.//Rathauskorrespondenz, Blatt 513/1982.//WNZ vom 14. Juli 1982, S. 3.//Protokoll d. VIII. Gemeinderatssitzung v. 24. 11. 1978, Punkt 27.

STÄDTISCHER FRIEDHOF

Wiener Neustadt besaß im Mittelalter und in der Frühneuzeit mehrere Friedhöfe in zentraler Lage bzw. nahe dem Stadtkern. Zu nennen sind der Friedhof am Hauptplatz bei der St. Niklas-Kapelle, wo später das Grätzl entstand, der Friedhof am Domplatz, der Minoritenfriedhof bei der Kapuzinerkirche, der Friedhof St. Ulrich westlich der Stadtmauer im Bereich der heutigen Bahngasse und der Judenfriedhof an der südlichen Stadtmauer. Per Hofdekret vom 23. August 1784 befahl Kaiser Joseph II. allen Städten des Landes, Friedhöfe innerhalb der Ortskerne aus sanitären Gründen zu schließen und besser geeignete Plätze an der Peripherie zu wählen. In Wiener Neustadt betraf dies den Friedhof in der westlichen Vorstadt St. Ulrich, während die zuvor genannten Totenstätten bereits in früherer Zeit aufgegeben worden waren.

Mitte des 19. Jahrhunderts erwies sich für die wachsende Industriestadt jener in St. Ulrich ohnehin als zu klein, sodass eine Verlegung unumgänglich erschien. Nach einer kontrovers geführten Diskussion betreffend die Lokalität des neuen Gottesackers, entschied sich der Gemeinderat unter Bürgermeister Kindler für das „... Steinfelde zunächst der Spinnkreuzsäule". Bereits im Jahre 1866 bestatteten die Bürger ihre von der grassierenden Choleraepidemie dahingerafften Angehörigen auf dem gewidmeten Areal. Das bei der Demolierung von Teilen der Stadtbefestigung, insbesondere des Wiener Tores, 1862/63 anfallende Baumaterial diente zur Herstellung der östlichen und nördlichen Friedhofsmauer. Die Einweihung des neuen Friedhofes erfolgte erst am 7. September 1871 unter Bürgermeister Moritz Schwendenwein. Viele der ursprünglich bei St. Ulrich beigesetzten Toten wurden exhumiert und am neuen Friedhof begraben. Anlässlich einer Erweiterung im Jahr 1908 unter Eingliederung des aufgelassenen Militärfriedhofes ließ die Stadt eine Einfriedungsmauer mit Portal und eine architektonisch attraktive Kapelle errichten. Bei letzterer handelt es sich um einen neugotischen Zentralbau aus Sichtziegelmauerwerk über regelmäßigem Kreuzgrundriss und achteckigem, monumentalem Mittelturm mit Biforenfenstern. Der von dem Architekten Richard Jordan geplante, 1908 bis 1910 ausgeführte und zu Beginn der 1980er Jahre erweiterte Kapellenbau dient heute als Aufbahrungshalle. Neben der Friedhofskapelle und den nun angeführten Denkmälern sind viele ältere Grabanlagen auf Grund ihrer ästhetischen Gestaltung oder ihrer bemerkenswerten Inschriften einen Spaziergang durch das Friedhofsgelände wert.

Literatur: Amtsblatt d. Stadt Wr. Neustadt 1981, Folge 10, S. 55.//WNN vom 3. 11. 1995, S. 16.// Unser Neustadt 1967, Folge 3, S. 1.ff//Unser Neustadt 1968, Folge 1, S. 5.//Wiener Neustädter Anzeiger 1863, Folge 9, S. 1 und Folge 10, S. 1.//Wiener Neustädter Lokalzeitung 1864, Folge 9, S. 1.//Wiener Neustädter Wochenblatt 1870, Folge 31, S. 2.//Dehio. Niederösterreich südlich der Donau. Teil 2 (Wien 2003), S. 2680.//Wr. Neustädter Wochenschau vom 23. 7. 1870, Nr. 31, S. 1f.//Wr. Neustädter Wochenschau vom 30. 7. 1870, Nr. 32, S. 1f.

Denkmäler am Friedhof

(156) **Denkmal der vertriebenen Sudetendeutschen** (hinter dem Gebäude der Friedhofsverwaltung)

Vom Eingang Wiener Straße kommend, gelangt man rechts des Hauptweges, unmittelbar hinter dem Gebäude der Friedhofsverwaltung, zu einer Gedenkstätte der vertriebenen Sudetendeutschen. Das Grabdenkmal besteht aus einer schwarzen Marmorplatte mit skizziertem Umriss des Sudetenlandes und trägt die Inschrift:

WIR KÖNNEN KEINE BLUMEN LEGEN / AUF EU'RE GRÄBER IM SUDETENLAND /NUN BETEN HIER BEIM STEIN UM GOTTES SEGEN FÜR EUCH, DIE UNS VERKNÜPFT DER LIEBE BAND.

Etwa 2,5 Millionen Sudetendeutsche mussten nach 1945 – genehmigt von den Alliierten – die Tschechoslowakei verlassen, über 160.000 Sudetendeutsche kamen nach Österreich. Die Ursachen für die Vertreibung sind vielschichtig, stehen jedoch primär mit den Verbrechen des NS-Regimes in der Zeit von 1938–1945, an denen sich auch Sudetendeutsche beteiligten, in Zusammenhang. Nach Ende des Zweiten Weltkrieges setzte die zum Teil unmenschliche Vertreibung und ein beispielloses Gemetzel ein. Der aufgestaute Hass galt allen Deutschen und Ungarn. Viele wurden noch in ihren Häusern, die sie nicht freiwillig verlassen wollten, ermordet, zahlreiche Menschen starben infolge der Strapazen bei den langen Fußmärschen. Im Juni 1945 öffnete Österreich nach einigem Zögern seine Grenzen. Die Vertriebenen nahmen Zuflucht in Notquartieren Ober- und Niederösterreichs oder fanden eine Wohnmöglichkeit bei Verwandten. Die österreichische Bundesregierung lehnte zunächst eine Einbürgerung ab. Ein akuter Facharbeitermangel leitete in den kommenden Jahren allerdings einen Umdenkprozess ein, sodass die Sudetendeutschen 1954 die österreichische Staatsbürgerschaft erhielten. Im Zuge der Errichtung der Ortsdurchfahrt Grazer Straße 1949 bis 1954 fasste der Gemeinderat der Stadt Wiener Neustadt den Beschluss, den Kreuzungsbereich Grazer Straße – Fischauergasse – Pottendorfer Straße „Sudetendeutschen Platz" zu benennen.

Literatur: P. Wassertheurer, Flucht und Vertreibung von 160.000 Sudetendeutschen nach Österreich. In: Österreich-Tschechien. Geteilt-Getrennt-Vereint. Katalog der NÖ-Landesausstellung (Schallaburg 2009) S. 98ff.

157 SOWJETISCHER SOLDATENFRIEDHOF

(links, neben Haupteingang Wiener Straße)

Die Befreiung Österreichs von der nationalsozialistischen Herrschaft forderte auf Seiten der sowjetischen Truppen viele Todesopfer, deren ehrendes Andenken durch die Schaffung eines Gedenkortes der Besatzungsmacht ein großes Anliegen war. Am städtischen Friedhof befindet sich in einer rechteckigen, umfriedeten Anlage eine Gedenkstätte gefallener sowjetischer Soldaten, errichtet in den Jahren 1945 bis 1947. Sie wird durch ein Portal mit schmie-

deeisernen Torflügeln und den Buchstaben CCCP betreten. Im Zentrum der regelmäßig konzipierten Anlage, umgeben von 22 Gräbern, steht ein markanter Obelisk. Auf einem Sockel mit Inschriftentafel ist eine konische Säule platziert, welche von einem Sowjetstern bekrönt ist. Um das Monument gruppieren sich die Gräber mit Inschriftentafeln, auf denen die Namen der gefallenen russischen Soldaten verewigt sind. Eine Inschrift besagt:

EWIGER RUHM DEN HELDEN DER ROTEN ARMEE, DIE IN DEN KÄMPFEN FÜR DIE FREIHEIT UND UNABHÄNGIGKEIT DER VÖLKER EUROPAS GEFALLEN SIND.

Unter Beisein eines sowjetischen Generals nahm Bürgermeister Rudolf Wehrl am 23. Februar 1946 die Enthüllung des Heldendenkmals vor und gedachte der Blutopfer seitens der Roten Armee bei der Befreiung Österreichs. Nordöstlich der umfriedeten Gräberanlage sind zahlreiche weitere sowjetische Grabstätten situiert, die jedoch symbolischen Charakter haben, weil die ursprünglichen Kriegsgräber mit den später aufgestellten Grabsteinen nicht überein stimmen.

Literatur: Amtsblatt d. Stadt Wr. Neustadt vom 1. 3. 1946, Folge 5, S. 27.//Dehio. Niederösterreich südlich der Donau. Teil 2 (Wien 2003), S. 2680.//StAWN: Konvolut „Sowjetische Begräbnisstätte", Karton Stadtkommandantur, sowjet. Begräbnisstätte.

(158) Grabdenkmal der Gendarmerie

(nördlich d. Haupteinganges Wiener Straße, Gruppe A, Feld 3)

1921 angelegtes Grabdenkmal für die bei der Burgenland-Landnahme getöteten Gendarmeriebediensteten im nördlichen Teil des Friedhofes. Nach dem Zerfall der Habsburger Monarchie 1918 beanspruchte der neu gegründete Staat Deutschösterreich Deutsch-Westungarn für sich. Im Friedensvertrag von St. Germain erhielt Österreich 1919 dieses Gebiet zugesprochen. Ungarn wurde im Gegenzug im Friedensvertrag von Trianon 1920 ver-

pflichtet, es abzutreten. Dem daraufhin gebildeten ungarischen Widerstand stellten sich das österreichische Bundesheer und die Gendarmerie entgegen. Dem zwölftägigen Kleinkrieg im Herbst 1921 fielen insgesamt 13 österreichische Gendarmeriebeamte zum Opfer. Am 5. Dezember 1921 vollzog der ungarische Staat die offizielle Übergabe des Burgenlandes an Österreich.
Ein dreiteiliger, abgestufter Sockel gliedert das Denkmal, welches die Reliefs des österreichischen Adlers (links) und des burgenländischen Wappens (rechts) zeigt. In einem zentralen, nischenartigen Vorsprung befindet sich eine Grabplatte mit der Inschrift:

DER OPFER TREUER PFLICHTERFÜLLUNG DER GENDARMERIE NIEDERÖSTERREICHS BEI DER ÜBERNAHME DES BURGENLANDES.

Es folgen mehrere Namen der bei den gewaltsamen Auseinandersetzungen getöteten Gendarmen

KARL HEGER (1894–1921), JOHANN HADER (1897–1921), JOSEF SIEGL (1891–1921), JOHANN HOFER (1899–1921), JOHANN JÜTTNER (1892–1922). EHRE IHREM ANSEHEN. ERRICHTET DURCH DIE GENDARMERIE NIEDERÖSTERREICHS DURCH IHRE STANDESVERTRETUNG.

Die Einweihung der gemeinsamen Grabstätte für die fünf gefallenen niederösterreichischen Gendarmeriebeamten nahm Propst Dr. Wildenauer am 9. September 1923 vor. Bürgermeister Anton Ofenböck übernahm die Grabstätte in die Obhut der Stadtgemeinde.

Literatur: G. Schlag, Die Kämpfe um das Burgenland. Militärhistorische Schriftenreihe, Heft 16 (Wien, o. J.).//Die Besitznahme des Burgenlandes. Festnummer der Gendarmerie-Gewerkschaft. S. 41ff.//WNZ vom 15. 9. 1923, Nr. 37, S. 3.//Amtsblatt d. Stadt Wr. Neustadt 1971, Folge 12, S. 8.

159 160 **GEFALLENENDENKMAL „FLAMME“**

(am Beginn der Lindenallee)

Bei der Gemeinderatssitzung am 19. November 1926 fiel auf Initiative des damaligen Vizebürgermeisters Josef Püchler der Beschluss über die Schaffung eines Heldenfriedhofes sowie eines Kriegerdenkmales am städtischen Friedhof. Binnen eines Jahres konnte der Entwurf des Architekten Professor Otto Sträche realisiert werden, der neben den neu angeordneten

Grabstätten der Gefallenen des Ersten Weltkrieges in einer Grünanlage die Errichtung eines Denkmales vorsah. Der Weg zu diesem führt zwischen schlichten, mit den Namen der Kriegsopfer geschmückten Gruftwänden zu einem aus Granitwürfeln gepflasterten Achteck, in dessen Zentrum das gelungene Mahnmal steht. Die Bildhauer Franz Slanetz und Wenzel Jun schufen eine monumentale Sandsteinplastik in Form einer Opferflamme, in der behelmte Soldatenköpfe versinken – den Krieg als Mensch und Leben verzehrendes Feuer versinnbildlichend. Eine Inschrift mahnt, Gewalt und Krieg als Ausdrucksmittel zu vermeiden:

SÄET NICHT HASS, DENN BLUTIG GEHET DIE SAAT AUF. DIENET IN LIEBE DEN BRÜDERN, DENN LIEBE NUR LINDERT DAS LEID DIESER WELT.

Die feierliche Enthüllung erfolgte am 30. Oktober 1927 unter Beisein von Bürgermeister Anton Ofenböck und Landeshauptmann Dr. Karl Buresch. Die Einweihung der Grabstätten und des Denkmals nahm Dompropst Dr. Alois Wildenauer vor. Weitere Gedenktafeln neben der „Flamme“ mit den Namen gefallener ungarischer, kroatischer und deutscher Soldaten des Zweiten Weltkrieges kamen 1964 hinzu (siehe Gedenkstätte für die Opfer des Zweiten Weltkrieges).

Literatur: Amtsblatt d. Stadt Wr. Neustadt vom 15. 11. 1970, S. 413f.//G. Gerhartl, Das Kriegerdenkmal im Städtischen Friedhof. In: Unser Neustadt, Jg. 15, Folge 1 (1971) S. 4.//K. Flanner, Wiener Neustadt G'schichtln und Geschichte (Wr. Neustadt 1998) S. 14.//Spurensuche. Der andere Stadtführer durch Wiener Neustadt (Wr. Neustadt 2011) S. 18.//Gleichheit 1926, Folge 48, S. 5.//WNZ 1927, Nr. 45, S. 4.//WNN 1927, Folge 46, S. 1.

161 Gedenkstätte für die Opfer des Zweiten Weltkrieges

(neben Gefallenendenkmal „Flamme“)

Am 13. November 1964 wurde wenige Meter nordöstlich des Gefallenendenkmals „Flamme“ eine Gedenkstätte für die Opfer des Zweiten Weltkrieges eingeweiht, in deren Gräberanlagen 468 Kriegsopfer der Nichtalliierten (184 Soldaten und 284 Zivilisten) und 195 Kriegsopfer der Alliierten (61 Soldaten und 134 Zivilisten) bestattet sind. Auf mehreren Betonwänden befinden sich Inschriftentafeln mit den Namen der Toten, den Sterbedaten und der Nationalität, dazwischen liegen die Grabreihen. Die Kosten für die Herstellung trug unter Beteiligung der Stadt und des Landes zum Großteil das Innenministerium. Bürgermeister Wehrl erklärte in seiner Ansprache anlässlich der Einweihung, dass die Gedenkstätte der jetzigen und den zukünftigen Generationen die Schrecken und die Sinnlosigkeit kriegerischer Auseinandersetzungen mahnend zum Bewusstsein bringen soll. Der Umfang und die Totalität des Krieges hatten es mit sich gebracht, dass das Hinterland nicht verschont geblieben ist, sodass auch Frauen und Kinder dem Bombenkrieg zum Opfer fielen und hier neben den Soldaten bestattet wurden. Die Einweihung der Gedenkstätte im katholischen und evangelischen Ritus war musikalisch durch zwei Choräle, dargeboten von der Musikkapelle des Bundespolizeikommissariats, begleitet.

Literatur: Österreichische Bürgermeister Zeitung Jg. 17, Dezember 1964, S. 18.//WNZ vom 21. 11. 1964, Nr. 47, S. 4.//WNN vom 20. 11. 1964, Nr. 47, S. 9.

162 Denkmal der Opfer des Faschismus und des Bombenkrieges

(an der Gabelung des Hauptweges)

Geht man den Hauptweg, der an der Friedhofskapelle vorbeiführt Richtung Gefallenendenkmal „Flamme", so gelangt man zu einem weiteren Kriegsdenkmal. Es entstand 1949, wenige Jahre nach Ende des Zweiten Weltkrieges, als Gedenkstätte für die Opfer des Faschismus. Viele Menschen fanden zwischen 1938 und 1945 einen gewaltsamen Tod, weil sie Kritik am herrschenden Regime übten oder versuchten, sich mit friedlichen Mitteln gegen dieses zur Wehr zu setzen. Unzählige wurden wegen ihrer jüdischen Herkunft in die Konzentrationslager deportiert, wo sie auf unsagbar grausame Weise zu Tode kamen. Durch die Bedeutung Wiener Neustadts als wichtiger Rüstungsstandort des Deutschen Reichs litt die Bevölkerung besonders unter den zwischen August 1943 und Frühjahr 1945 immer wiederkehrenden Luftangriffen. Mehr als tausend Bewohner starben im Bombenhagel. Viele Namen ziviler Wiener Neustädter Kriegstoter füllen die Gedenktafeln nordöstlich der „Flamme", zum Teil auch die, nicht identifizierbarer Opfer (siehe

Gedenkstätte der Opfer des Zweiten Weltkrieges). Das Denkmal in Form einer von Reliefs geschmückten Mauer trägt die beiden Inschriften:

NIEMALS VERGESSEN

und

DEN OPFERN DES FASCHISMUS 1934–1945.

Letztere weist darauf hin, dass hier nicht nur den Toten unter nationalsozialistischer Herrschaft, sondern auch den Opfern des austrofaschistischen Regimes unter Engelbert Dollfuß und Kurt Schuschnigg (1934 bis 1938) gedacht wird. Ein erläuternder Text und die Namen einiger Widerstandskämpfer befanden sich ursprünglich im Sockelbereich des Denkmals, sind heute aber nicht mehr lesbar. Vor wenigen Jahren ließ die Stadtgemeinde auf Initiative von Prof. Karl Flanner eine Gedenktafel mit dem Originaltext und den Namen von Personen hinzufügen, die auf Grund ihres Widerstandes gegen den Nationalsozialismus ihr Leben lassen mussten.

Literatur: Spurensuche. Der andere Stadtführer durch Wiener Neustadt (Wr. Neustadt 2011) S. 17.//K. Flanner, Der andere Stadtführer (Wr. Neustadt 1992) S. 48.//WNN 1949, Folge 37, S. 5.//A. Höggerl, Alt-Neustadt. Kunstdenkmäler und historische Gedenkstätten der autonomen Stadt Wiener Neustadt (Wr. Neustadt 1954) S. 87.

(163) Denkmal „Opfer der Wirbelsturmkatastrophe 1916 und Brandkatastrophe in der Wöllersdorfer Munitionsfabrik 1918"

(hinter der Friedhofskapelle, Gruppe H, Feld 5/6)

Unweit hinter der Friedhofskapelle ruht auf einem Sockel ein von einer Pyramide bekrönter Steinwürfel mit zwei an gegenüberliegenden Seiten befindlichen Inschriften. An der der Kapelle zugewandten Seite ist zu lesen:

DEN OPFERN DES
WIRBELSTURMES VOM 10. JULI
1916 / GEWIDMET VON DER
STADTGEMEINDE
WR. NEUSTADT (es folgt eine Auflistung der Opfer). Eine der in unseren klimatischen Breiten ganz selten auftretenden Naturgewalten, ein Tornado, wurde Wiener Neustadt zum Verhängnis. Von Peisching im Piestingtal kommend, verwüstete der Sturm teilweise Dreistetten, traf die Wöllersdorfer Munitionswerke und hätte, seinem Verlauf nach, nördlich der Allzeit Getreuen vorbeiziehen sollen. Doch am Steinfeld änderte der Sturm seinen Kurs, verstärkte sich durch günstige thermische Einflüsse, und steuerte schließlich auf die nördlichen Stadtteile zu. Hier traf der Tornado, dessen Spur der Zerstörung kilometerlang aber nur 250 bis 400 m breit war, die an Einwohnern reiche Josefstadt, den Friedhof und das an der Pottendorfer Straße liegende Industriegebiet. Vor allem die Lokomotivfabrik hatte neben der Vernichtung von Betriebshallen auch Todesopfer zu beklagen. Kriegsbedingt befanden sich viele Heeresangehörige in den kriegswichtigen Betrieben, wodurch die zahlreichen militärischen Opfer zu erklären sind. Nachdem der Sturm Richtung Osten die Stadt verlassen hatte, wütete er noch in der Lichtenwörther Au, löste sich aber alsbald auf.

Deutlich mehr Menschenleben forderte eine furchtbare und den Begleitumständen zufolge als skandalös zu bezeichnende Brandkatastrophe in den Wöllersdorfer Munitionswerken. Im Objekt 143 waren damals über 500 vorwiegend junge Frauen beschäftigt, um Munitionshülsen mit dem dazugehörigen Zündstoff zu beschicken. Kurz vor der Mittagspause bemerkten Augenzeugen über dem Gebäude als Reaktion auf einen Zündschlag eine fächerartige, rosige Stichflamme, die unter heftigem Zischen etwa eine Minute andauerte. In dieser kurzen Zeitspanne dürften die meisten Arbeiterinnen ums Leben gekommen sein. Das Geschützpulver bestand aus Nitrozellulose und Nitroglycerin, Stoffe, welche – nicht unter Druck gesetzt – die Eigenschaft besitzen, statt zu explodieren mit einer Temperatur von deutlich über 2000° Celsius zu verbrennen. Die Möglichkeit, sich davor in Sicherheit zu bringen, ist im näheren Umfeld sehr begrenzt. Dass sich jedoch kaum jemand retten konnte und 382 Todesopfer sowie über 80 Schwerverletzte zu beklagen waren, scheint mit einer Unsitte seitens der Firmenleitung in Zusammenhang gestanden zu haben: Nämlich die Türen verschlossen zu halten, damit vor dem Pausensignal niemand seinen Arbeitsplatz verlassen hätte können. „Als die Rettungsmannschaften und die Feuerwehr, um in das Innere des brennenden Objektes eindringen zu können, die Türen aus den Angeln hoben, bot sich ihnen ein furchtbar grausiger Anblick dar, dem selbst die Nerven der stärksten Männer nicht gewachsen waren. Übereinander aufgeschichtet lagen halbverkohlte und verbrannte, teilweise noch lebende Menschen, die offenbar bei dem Unglück zu den Türen heraus wollten und nicht die Macht hatten, sie zu öffnen“, berichtete die Zeitung Gleichheit. Nur wenige Arbeiterinnen

konnten so lebend geborgen werden, von denen aber einige auf Grund ihrer Verbrennungen bereits Minuten nach der Rettung starben.
Die kurzgefasste Inschrift auf der Rückseite des Monuments besagt:

DEN OPFERN DER BRANDKATASTROPHE VOM 18. IX. 1918.
GEWIDMET VON DER ARBEITER UND BEAMTENSCHAFT
DER WÖLLERSDORFER-WERKE.

Die Bestattung der nicht identifizierbaren Opfer fand unter Beisein von 20.000 Beschäftigten der Wöllersdorfer Munitionsfabrik in Massengräbern am Friedhof in Steinabrückl statt.

Literatur: G. Geissl, Vor 90 Jahren – Eine verheerende Wirbelsturmkatastrophe in Wiener Neustadt. Dokumentation des Industrieviertel-Museums Wr. Neustadt 2006/116.//StAWN, präs. 22424/1916 Konvolut Wirbelsturmkatastrophe.//Gleichheit vom 20. Juli 1916, Nr. 28, S. 1.//S. Augeneder, Arbeiterinnen im Ersten Weltkrieg (Wien 1987) S. 82ff.//Das interessante Blatt vom 20. Juli 1916, Nr. 29, S. 1f.//Unser Neustadt 1958, Folge 2, S. 5f.//Gleichheit vom 27. 9. 1918, Nr. 39, S. 3f.//WNZ vom 21. 9. 1918, Nr. 75, S. 2f.

(164) Grabanlage der italienischen Kriegstoten

(Gruppe F, Feld 5)

In den letzten beiden Kriegsjahren 1917 bis 1918 wurden am städtischen Friedhof auch italienische Kriegsgefangene beerdigt. Dies scheint zunächst überraschend, da in der Umgebung von Wiener Neustadt keine Kämpfe im Ersten Weltkrieg stattfanden. Jedoch gab es mit den Munitionsfabriken sowie zahlreichen weiteren Rüstungs- und kriegswichtigen Betrieben viele Möglichkeiten, um Kriegsgefangene auszubeuten. Ein großes Kriegsgefangenenlager bestand in der Neunkirchner Straße, gegenüber der Firma Bickford & Co (Hausnr. 61). Es war vorwiegend mit russischen und im späteren Verlauf mit italienischen Kriegsgefangenen besetzt. Schwer kranke Kriegsgefangene aus der ganzen Region kamen in das k.k. Kriegsspital an der Pottendorfer Straße. Die Bezeichnung „Kriegsspital" ist für die später entstandene Döttelbachsiedlung der älteren Generation heute noch geläufig. Die im Stadtarchiv aufbewahrten Totenprotokolle offenbaren die Schicksale der verstorbenen Italiener. Der überwiegende Teil verstarb, den prekären hygienischen Verhältnissen und der Mangelernährung zufolge, an Infektionskrankheiten wie Typhus, Lungenentzündung und Tuberkulose bzw. durch Überanstrengung an Herzlähmung oder ähnlichem. Zwangsarbeit verrichten mussten die am städtischen Friedhof beerdigten italienischen

Kriegsgefangenen beispielsweise in der Wöllersdorfer Munitionsfabrik, viele im Braunkohlebergwerk Zillingdorf oder beim Bahnbau.
Nach Ende des Ersten Weltkrieges wurde den verstorbenen italienischen Gefangenen am städtischen Friedhof, westlich der Friedhofskapelle, wo man sie begraben hatte, eine Gedenkstätte, bestehend aus steinernen Grabkreuzen mit den Namen der Opfer und einem Grabdenkmal errichtet. Zu Beginn der 1960er Jahre dürfte die Anlage dem Verfall nahe gewesen sein. 1963 ließ die Stadt Wiener Neustadt die 48 Grabkreuze wieder geradestellen, reinigen sowie die italienischen Nationalfarben und die Savoyensterne auffrischen. Das dreieckige, zentrale Grabdenkmal musste nach Vorbild des Originals neu angefertigt und mit der Inschrift

„HIER RUHEN DIE ITALIENISCHEN KRIEGSTOTEN DES WELTKRIEGES 1914–1918“

versehen werden. Wie eine Plakette verrät, betreut die Kriegsgräberfürsorge, das 1919 gegründete Österreichische Schwarze Kreuz, diese Grabanlage. Die im Zweiten Weltkrieg bestatteten italienischen Kriegstoten wurden am 7. Oktober 1957 exhumiert und auf den neuen italienischen Kriegerfriedhof in Mauthausen (OÖ) überstellt.

Literatur: StAWN, Totenprotokolle 1917, 1918.//StAWN, Püchlers Memoiren (O. O. u. J.) S. 70.// Friedhofsverwaltung, Ordner „Kriegsgräber“.

„84er Obelisk“ (JI Feld 1)

Etwas versteckt von Efeu und Thujen steht der so genannte 84er Obelisk am Wiener Neustädter Friedhof südlich der Kapelle. Das Denkmal, das den Toten des Wiener Neustädter Hausregiments 84 gewidmet ist, besteht aus einer Säule, die auf einem aus Bruchsteinen gemauerten Sockel ruht. Sowohl die Säule als auch der Sockel sind mit einer Gedenktafel der Namen verstorbener Regimentsangehöriger versehen.
Auf Erlass Kaiser Josephs I. vom 5. August 1882 wurde das Infanterieregiment Nr. 84 mit vier Bataillonen neu errichtet. Das Bataillon 4 bezog im September des Jahres seine neue Garnison Wiener Neustadt. Die während ihrer Dienstzeit verstorbenen Soldaten dieses Bataillons erhiel-

ten ein gemeinsames Grab am städtischen Friedhof. Das Offizierskorps beschloss, den im Dienst verunglückten Kameraden ein Denkmal, den besagten 84er Obelisk, zu setzen. Als das Regiment wenige Jahre später, im Jahre 1895, nach Krems verlegt wurde, übernahm die Stadtgemeinde das Denkmal in seine Obhut. Der Platz hinter dem Stadtarchiv, der ehemalige Innenhof des Jesuitenklosters, trägt ebenfalls in Erinnerung an das Regiment den Namen „84er-Platz".

Literatur: K. Pürrer, Der 84er Obelisk am Friedhof Wiener Neustadt. In: Unser Neustadt, Oktober 1958, Nr. 3, S. 6.

166 Grabmonolith „Dragoner-Regiment Nr. 2"

(JE Feld 1)

Unmittelbar gegenüber dem „84er Obelisk" steht auf einem Sockel ein dunkler Monolith aus Naturstein, der den verstorbenen Dragonern des Dragoner-Regiments Graf Pejacsevich Nr. 2 gewidmet ist. Nikolaus Graf Pejacsevich von Veröcze (1833–1890) stieg vom Leutnant im Husarenregiment 1 im Laufe der Jahre zum General der Kavallerie und zum General-Kavallerie Inspektor auf. Er galt als hervorragender Reiter und erwarb sich besondere Verdienste um die Ausbildung der Kavallerie und den militärischen Reitsport. 1883 übernimmt er das Dragonerregiment Nr. 2.

Der Monolith trägt auf vier Seiten Inschriften, wobei ein Großteil auf die Namen der Verstorbenen Regimentsangehörigen entfällt, die in der Zeit der Stationierung in Wiener Neustadt verschieden sind. Zwei Inschriften geben Auskunft:

DAS 2. DRG. RGT. WAR HIER
VON 20. SEPT. 1884 BIS 8. JUNI 1892

und

GEWIDMET VOM OFFIZIERSKORPS
DES REGIMENTS.

Literatur: Österreich. Biograph. Lexikon, Bd. 7 (Wien 1978) S. 394f.

167 Gedenkstätte für totgeborene Kinder und Fehlgeburten

(Eingang Kreuzgasse, rechts an der Mauer)

Totgeborene Kinder mit einem Gewicht unter 500 Gramm sowie Fehlgeburten werden nicht beurkundet, ein gesetzlicher Anspruch auf ein Begräbnis entfällt dadurch. Oft besitzen die Eltern nicht die Kraft, aus eigener Initiative eine Bestattung zu organisieren. In Zusammenarbeit zwischen der Stadt Wiener Neustadt, dem Krankenhaus und der ehrenamtlichen Gruppe des mobilen Hospiz der Caritas entstand im Jahr 2004 eine würdige Gedenkstätte, welche den trauernden Eltern die Möglichkeit zur Verabschiedung bietet. Die Stadtgemeinde stellte am städtischen Friedhof, nahe dem Eingang Kreuzgasse, eine Grabstelle zur Verfügung. Die Kosten für die Errichtung des Grabes übernahm zum Teil der beauftragte Steinmetzbetrieb Hönig. Am 26. November 2004 erfolgte die Einweihung der Gedenkstätte unter Beisein von Bürgermeister Traude Dierdorf. Eine Tafel trägt die Inschrift:

FÜR ALLE KINDER DIE IN
UNSERER ERINNERUNG WEITERLEBEN.

Literatur: Amtsblatt der Stadt Wr. Neustadt, 2005, Folge 1, S. 17.

168 Denkmal im Dienst verunglückter Angehöriger der K. u. K. Artillerie

(Nähe Kreuzgasse, Gruppe O)

Im hinteren Teil des Friedhofes, unweit des Einganges Kreuzgasse, ist, leicht verdeckt von Thujen, das Denkmal im Dienst verunglückter Offiziere und Soldaten situiert. Auf einem Sockel mit Postament steht ein bekränzter, volutenverzierter Monolith. Das Postament trägt auf seiner Frontseite eine Bronzetafel mit der Aufschrift:

DEM ANDENKEN AN DIE AM 19. JULI 1870 IN AUSÜBUNG DES DIENSTES VERUNGLÜCKTEN. / OBERLIEUT. CARL KLEIN & LEONHART V. HERGET / LIEUT. FRIEDRICH GÖTZ & EDUARD KEITL / FEUERWKR. JOSEF WOTTAWA / UNTERKAN. STEF. HORBAL, GREG. DICPECKO, PET. MYSAK / GEWIDMET VON DEN OFFICIEREN UND BEAMTEN DER K. U. K. ARTILLERIE. 1895.

Auch dieses Denkmal bezieht sich indirekt auf die 1895 gegründeten k. u. k. Wöllersdorfer Munitionswerke. Der aus dem Raketendörfl auf der Heide nordwestlich von Wiener Neustadt hervorgegangene Betrieb zur Herstellung von Kriegsraketen erhielt immer wieder einen neuen Namen, wie „k. u. k. Feuerwerksanstalt", um 1870 schließlich „k. u. k. Fabrik für Artilleriemunition" bzw. „k. u. k. Artillerie-Haupt-Laboratorium". Dort erfolgten der Zusammenbau zugelieferter Komponenten und die Endfertigung der Munition. Das Hantieren mit den explosiven und extrem heiß verbrennenden Stoffen barg ständig die Gefahr einer Katastrophe wie sie 1870, 1912 und 1918 auftraten. Bei der Explosion eines Laboratoriums, dem Objekt 24, am 19. Juli 1870 kamen aus unbekannter Ursache die genannten acht Heeresangehörigen ums Leben. Ein Mann konnte zwar noch bei Bewusstsein geborgen werden, starb jedoch einem Bericht zufolge im Spital: „Er soll … seinen abgerissenen, zerschmetterten Fuß in den Armen haltend, dem hiesigen Garnisonsspital eingeliefert worden sein, wo er bald seinen Verletzungen erlag." Der rotbraune Obelisk wurde 25 Jahre später an den Grabstellen der Getöteten errichtet.

Literatur: K.-D. Mulley, H. Leopold, Geschosse-Skandale-Stacheldraht. Arbeiterschaft und Rüstungsindustrie in Wöllersdorf, Enzesfeld und Hirtenberg (Ebenfurt 1999) S. 36f.//WNZ vom 28. 12. 1935, Nr. 52, S. 5

.

(169) Grabtafel „Zrinyi und Frangipani"

(Feld 49, Grab 51, am Ende der Lindenallee)

Nicht nur die menschenunwürdige Hinrichtung der beiden Adeligen (siehe Lederergasse) erregte Aufsehen, sondern auch die wiederholte Umbettung der sterblichen Überreste. Diese machten geradezu eine Odyssee mit, ehe sie 1919 nach Agram überstellt wurden. Die Gebeine der am 30. April 1671 wegen Hochverrats hingerichteten Graf Peter Zrinyi und Markgrafen Franz Christoph

Frangipani fanden zunächst am Friedhof bei der Domkirche ihre (nur vorläufig) letzte Ruhestätte. Das Grab lag direkt neben dem heute nicht mehr vorhandenen St. Michaels-Karner. Als um 1800 der Karner profanen Zwecken dienen sollte, transferierte man die Überreste zu einem vorbereiteten Grab an der Südseite des Domes. Der rote Marmorgrabstein ist heute noch an der Südmauer der Kirche zu betrachten (siehe Domplatz). Aber auch dieser Ort garantierte nicht die ewige Ruhe. Anlässlich der Eingerüstung der schadhaften Domtürme stieß man 1883 wieder auf die Skelette. Bürgermeister Josef Pöck ordnete die Exhumierung und Lagerung in Kisten am städtischen Friedhof an. Die hingerichteten Adeligen galten in ihrer kroatischen Heimat als Nationalhelden, sodass ein großes Interesse bestand, die Gebeine nach Agram zu überführen. Offensichtlich war die österreichische Regierung gegen ein solches Vorhaben. Denn es erfolgte die Anordnung, die Knochen verstreut in einem Schachtgrab unterzubringen, damit eine Identifizierung zukünftig nicht mehr möglich sei. Diese Entscheidung erregte Aufsehen und großen Ärger in Kroatien. Ein dort ansässiger Verein konnte es schließlich durchsetzen, dass die Überreste 1907 erneut exhumiert und in einem Grab mit eisernem Deckel begraben wurden. Aber auch in diesem Grab verbrachten die Skelette nur wenige Jahre. Regelmäßig aufgesucht, entwickelte sich die Grabanlage als Pilgerstätte kroatischer Patrioten. Nach Ende des Ersten Weltkrieges setzten wieder – dieses Mal jedoch mit mehr Erfolg – diplomatische Bemühungen bezüglich einer Überführung ein. Der feierlichen Exhumierung am 26. April 1919 wohnten, neben Bürgermeister Anton Ofenböck, Vertreter der bosnischen und kroatischen Regierung sowie Mitglieder des akademischen Vereines „Zagreb“ bei. Die kroatischen Magnaten Zrinyi und Frangipani erhielten ihre bisher letzte Ruhestätte im Dom zu Agram. Am Wiener Neustädter Friedhof fand 1923 die feierliche Enthüllung jener Gedenktafel statt, die seit 1907 das Grab zierte. Man entdeckt sie nahe der Friedhofsmauer am Ende der Lindenallee. Die Gusseisenplatte trägt zwei Portraitreliefs der Hingerichteten sowie die Aufschrift:

OSSA PETRI QND COM A ZRINIO BANI CROATIAE ET FRANCISCI CHRISTOPHORI QND MARCHIONIS DE FRANGEPANIBUS + 30 IV 1671.

Am unteren Ende der Grabplatte der Hinweis:

-CURA- FRUM DRACONIS CROATHIC 20. VII. 1907 TUMULATA.

Literatur: Amtsblatt der Stadt Wr. Neustadt vom 15. 2. 1970, Folge 4, S. 72ff.//WNZ vom 3. 5. 1919, Nr. 36, S. 2.//WNN vom 30. 4. 1919, Nr. 33, S. 2.

170 Grabdenkmal der Freiwilligen Feuerwehr

(Ende der Lindenallee, an der Friedhofsmauer)
Nur wenige Meter von der Grabplatte Zrinyis und Frangipanis entfernt, gelangt man am Ende der Lindenallee zu dem Grabdenkmal der Freiwilligen Feuerwehr, bestehend aus einem Postament mit Steinkreuz sowie einer Gruft. Dieses Feuerwehr-Gedenkkreuz wurde 1956/1957 errichtet, vermutlich über dem Grab des ersten Kommandanten, Dr. Josef Wedl. Eine Glastafel trägt die Aufschrift:

DEN TOTEN KAMERADEN DER FREIWILLIGEN FEUERWEHR.
IM DIENST VERUNGLÜCKT THOMAS UNGERSBÖCK 1982–1998.

Unmittelbar davor befindet sich in der Grabanlage eine Gedenktafel aus Granit, deren Inschrift an den ersten Kommandanten der Freiwilligen Feuerwehr Wiener Neustadt und ersten Landesfeuerwehrkommandanten von Niederösterreich, Dr. Josef Wedl erinnert. Er gründete 1862 einen Turnverein, dem bald eine größere Zahl junger, sportlicher Männer angehörte. Die Grundsätze – Freude am Turnen, Menschlichkeit und Hilfsbereitschaft – führten zu dem Beschluss, eine aus Turnern bestehende Freiwillige Feuerwehr zu etablieren. Die Furcht vor einem Brand wie im September 1834 bewirkte eine breite Zustimmung seitens der Bevölkerung und der Stadtverwaltung. Unter dem „Turnvater“ und Juristen Dr. Josef Wedl trat ein Komitee zusammen, welches die Satzungen für die „Turnerfeuerwehr“ festlegte. Am 26. Oktober 1862 fand die konstituierende Sitzung statt, bei der Dr. Wedl zum Hauptmann der Wiener Neustädter „Turnerfeuerwehr“ gewählt wurde. In dieser Funktion war er natürlich auch ein Mann der ersten Stunde, als es 1869 um eine Verbandsgründung auf Bezirks- und Landesebene ging. Bei der Wahl zum Obmann des Verbandes der Freiwilligen- und Turner-Feuerwehren Niederösterreichs sprach sich eine Mehrheit für den Wiener Neustädter aus, die Dr. Wedl am 29. Oktober 1876 zum ersten Landesfeuerwehrkommandanten bestimmte. Sein Engagement und sein Wissen als Jurist waren in dieser Institutionalisierungsphase der Freiwilligen Feuerwehr durch die Erstellung von Reglementierungen und der Ausarbeitung eines Grundgesetzes von größtem Nutzen.

Literatur: H. Schanda, Der NÖ Landesfeuerwehrverband und seine Funktionäre. Hrsg. v. NÖ Landesfeuerwehrverband (Tulln 2009) S. 24ff.//NÖN vom 13. 5. 2002, Nr. 20, S. 28.//NÖN vom 20. 5. 2002, Nr. 21, S. 28.//ArchFFWrN: Einladungsschrift zur Jubiläumsveranstaltung „95 Jahre Freiwillige Feuerwehr der Stadt Wiener Neustadt 1862–1957“//ArchFFWrN: Sitzungsprotokoll vom 5. 12. 1960, Punkt 3.

JÜDISCHER FRIEDHOF

(Wiener Straße 95)

Im Jahre 1888 stellte die Israelitische Kultusgemeinde das Ansuchen an die Stadtgemeinde, ein Grundstück an der Wiener Straße, unweit des städtischen Friedhofes, käuflich zu erwerben, um einen jüdischen Friedhof einzurichten. Nach mehreren Anläufen stimmte der Gemeinderat zu und am 11. Dezember 1888 kam es zum Abschluss des Kaufvertrages. Der geplante Friedhof erhielt eine Umfassungsmauer und zwei Gebäude, ein Gärtnerhaus und ein Leichenhaus, welche durch ein eisernes Eingangsportal voneinander getrennt waren. Das erste Begräbnis am jüdischen Friedhof erfolgte am 20. November 1889. Der Gottesacker blieb während der NS- Zeit, abgesehen von einzelnen Bombentreffern, vor Zerstörung weitgehend verschont. Bereits 1946 begann die Instandsetzung durch Verschüttung der Bombentrichter, Anlegen der Wege und Wiederaufbau der Umfriedungsmauer. Gemäß einer Verordnung des Bundesdenkmalamtes vom 19. Juni 2002 wurde der jüdische Friedhof unter Denkmalschutz gestellt.

Literatur: W. Sulzgruber, Das jüdische Wiener Neustadt (Wien 2010) S. 189ff.//Amtsblatt d. Stadt Wr. Neustadt 1989, Folge 11, S. 42.//WNN vom 6. 11. 1992, Nr. 45, S. 12.

MITTELALTERLICHE UND FRÜHNEUZEITLICHE GRABSTEINE

In seinem Buch „Die Juden in Wiener Neustadt“ erwähnte Max Pollak 1927 vier mittelalterliche Grabsteine auf dem jüdischen Friedhof in der Wiener Straße. Diese Tatsache geriet durch die Kriegswirren in Vergessenheit. Ein Lehrer des Bundesrealgymnasiums in Wr. Neustadt, Dr. Werner Sulzgruber, veranstaltete im Jahr 2007 und 2009 Aktionstage zur Pflege des Friedhofes. Dabei konnte er drei der vier Grabsteine wiederentdecken. Durch weitere Nachforschungen kamen noch zwei, bisher in der Literatur unerwähnte Grabsteine, zum Vorschein. Die durch Feuchtigkeit und Verwitterung angegriffenen Steine (13. bis 17. Jh.) wurden von dem Wiener Restaurator Mag. Christian Gurtner restauriert und schließlich unter einer Überdachung auf einem Sockel an der nördlichen Friedhofsmauer wieder aufgestellt.

Literatur: W. Sulzgruber, Das jüdische Wiener Neustadt (Wien 2010) S. 211ff.//M. Pollak, Die Juden in Wiener Neustadt. Ein Beitrag zur Geschichte der Juden in Österreich (Wien 1927) S. 111.//NÖN vom 9. 11. 2009, Nr. 46, S. 49.//NÖN vom 23. 11. 2009, Nr. 48, S. 54.

172 Mahnmal „Februar 1934"

Am 10. Februar 1974 enthüllten Dr. Bruno Kreisky, Rosa Jochmann und Anton Benya auf dem Gelände der ehemaligen Wöllersdorfer Werke ein Mahnmal, welches an die Ereignisse im Februar 1934 erinnern und das Bewusstsein schaffen soll, demokratiepolitische Werte hoch zu halten. Es soll die nachfolgenden Generationen gemahnen, dass in Freiheit zu leben ein Gut ist, dessen Sicherheit auch größte Opfer rechtfertigt. Am 12. Februar 1934, elf Monate nach der Ausschaltung des Parlaments, ließ das faschistische Regime unter Dr. Engelbert Dollfuss in einer bürgerkriegsartigen Situation durch das Bundesheer auf die in die Illegalität gedrängten politischen Gegner schießen und die Überlebenden gefangen nehmen. Tausende Österreicher mussten damals in dem für diesen Zweck eingerichteten Anhaltelager Wöllersdorf unfreiwillig Aufenthalt nehmen. Darunter waren auch der ehemalige Wiener Neustädter Bürgermeister Anton Ofenböck, Hans Barwitzius (Vater d. späteren Bürgermeisters), Franz Brand und viele andere. Das Mahnmal hat nur wenige Meter östlich des Kreisverkehrs an der Bundesstraße 21 und Autobahnauffahrt Wöllersdorf seinen Standort, wo 1934 bis 1938 das Anhaltelager bestand. Es zeigt zwei aus Beton gefertigte Plastiken, welche einem Verschlag aus Brettern nachempfunden, Diktatur und Freiheitsberaubung symbolisieren. Inschriften unterstreichen die eindrückliche Wirkung:

NACH ZERSTÖRUNG DER DEMOKRATIE IN ÖSTERREICH AM
12. FEBRUAR 1934 WURDEN IM ANHALTELAGER WÖLLERSDORF
FUNKTIONÄRE DER ÖSTERREICHISCHEN ARBEITERBEWEGUNG
WIDER RECHT UND GESETZ FESTGEHALTEN. SIE BÜSSTEN HIER
FÜR IHRE AUFRECHTE GESINNUNG UND IHRE
UNVERBRÜCHLICHE TREUE ZUR DEMOKRATIE. IHRE HALTUNG
VERPFLICHTET DARAUF ZU ACHTEN DASS IN UNSERER HEIMAT
NIE WIEDER VOM WEG DER DEMOKRATIE ABGEWICHEN WIRD.
WÖLLERSDORF 12. FEBRUAR 1974.

Der Österreichische Gewerkschaftsbund, die Arbeiterkammer, SPÖ und der Verein „Mahnmal-Februar 1934" setzten sich für die Aufstellung des Denkmals ein. Die Gemeinde Wien als Grundbesitzer vermietete die Fläche an die Stadt Wiener Neustadt. Im Zuge der Errichtung der Umfahrungsstraße

„Nordspange“ musste das Denkmal 1999 versetzt werden, wofür NR a. D. Dr. Johann Stippel den Verein „Mahnmal-Februar 1934“ neu konstituierte und eine ebenfalls erfolgte Renovierung erwirkte.

Literatur: Amtsblatt der Stadt Wr. Neustadt 1974, Folge 2, S. 1.//Amtsblatt der Stadt Wr. Neustadt 1974, Folge 3, S. 7.//Amtsblatt d. Stadt Wr. Neustadt 1994, Folge 3, S. 11.//WNN vom 15. 2. 1974, Nr. 7, S. 7.//K. Flanner, Wiener Neustadt im Ständestaat 1933–1938. Materialien zur Arbeiterbewegung Nr. 31 (Wien 1983).

WÖLLERSDORFER STRASSE

Die Wöllersdorfer Straße führte früher von der Wiener Straße abzweigend über die Heide in den benachbarten Ort Wöllersdorf und das Piestingtal. In der ersten Hälfte des 20. Jhs. kam es zu einer drastischen Kürzung. Der innerstädtische Teil zwischen Wiener Straße und Mießlgasse erhielt den Namen Pernerstorfer Straße, während der über das militärische Flugfeld führende Teil planiert wurde, sodass heute nur noch ein Torso dieses Verkehrsweges übrig ist.

173 TORSO „WIELAND DER SCHMIED“

(Wöllersdorfer Straße, Ecke Äußere Bahnzeile)

Zwischen 1914 und 1917 schufen die bekannten Architekten Siegfried Theiss und Hans Jaksch am Flugfeld in Wiener Neustadt mit einem Kostenaufwand von rund 7 Millionen Kronen eines der größten Kasernenprojekte der Monarchie. Am 11. Oktober 1917 wurde die aus mehreren Bauobjekten bestehende Kasernenanlage feierlich der k. k. Fliegertruppe überantwortet. Das Eingangsportal der Kaiser-Karl-Fliegerkaserne, wie sie nunmehr hieß, zierte eine sechs Meter hohe, martialisch anmutende Wieland-Statue, ein Werk des Wiener Bildhauers Carl Wollek. Wieland der Schmied, eine Figur der deutschen Heldenmythologie, galt der Sage nach als bester Schmied des ganzen Reiches. König Nidung, dessen Untertan er war, ließ ihm die Sehnen der Füße durchschneiden, damit ihm der wertvolle Schmied nie abhanden kommen könne. Dieser rächte sich für das erlittene Leid grausam an der Familie des Königs. Schließlich fertigte er sich ein eisernes Federkleid an, ähnlich Adlerschwingen, und entkam fliegend seinen Verfolgern. Dem mit gewaltigem Aufwand errichteten Kasernenbau war kein langes Dasein beschieden. Der Friedensvertrag von St. Germain sah nämlich unter anderem den Abbruch aller militärischen Fluganlagen vor. Nur wenige Gebäude der Fliegerkaserne, wie eben das Portal mit der Statue, blieben erhalten. Hatte die Wieland-Skulptur die Folgen des Ersten Weltkrieges noch knapp überstanden, so führte ein Bombentreffer im Zweiten Weltkrieg zu ihrer Zerstörung. Gerettet werden konnte nur das Haupt Wielands. Es blieb bis 1972 in militärischem Besitz. Am 22. Dezember des Jahres übergab Burgkommandant Oberst Ing. Rupert Platzer den Torso an das Stadtmuseum, wo er in dem der Aviatik gewidmeten Teil zu besichtigen war. Wenige Jahre später wechselte der Wieland-Kopf erneut seinen Aufstellungsort. Er befindet sich nunmehr auf einem Betonsockel, drapiert in einer Grünfläche an der Wöllersdorfer Straße – Äußere Bahnzeile. Eine Bronzetafel trägt die Aufschrift:

WIELAND DER SCHMIED TORSO DER ZERSTÖRTEN WIELAND
STATUE DES WIENER BILDHAUERS CARL WOLLEK GESCHAFFEN
ALS PORTALBEKRÖNUNG FÜR DIE 1917 ERRICHTETE
FLIEGERKASERNE IN WIENER NEUSTADT, 1983 VON
FA. HÖNIG ERRICHTET.

Zur Zeit der Drucklegung dieses Führers gibt es Bestrebungen seitens des Bundesheeres, den Wieland-Kopf am Gelände der Flugfeld-Kaserne neu aufzustellen, wodurch dieses Denkmal für die Öffentlichkeit nicht mehr zugänglich wäre.

Literatur: G. Schwalm-Theiss, Theiss und Jaksch (Wien 1986) S. 53.//WNN vom 15. 4. 1916, Nr. 16, S. 3 u. 5.//WNN vom 13. 10. 1917, Nr. 42, S. 1ff.//Rathauskorrespondenz, Blatt 568/1972.

Dr. Karl Renner-Hof

Dabei handelt es sich um den ersten großen Wohnblock, den die Stadt nach dem Kriegsende (1947-1951) errichten konnte. Das Baukonzept umfasste 65 Wohnungen und 6 Geschäftslokale. Auf Grund der tristen Versorgung mit Baumaterialien in der Nachkriegszeit kam es erst 1951 zur Realisierung des dritten und letzten Bauabschnitts.

Literatur: K. Flanner, Die Geschichte des öffentlichen Wohnbaus in Wiener Neustadt (Wr. Neustadt 1982) S. 86f.

Gedenktafel Dr. Karl Renner

(Wöllersdorfer Straße 12)
Zu Ehren des großen Politikers stellte die Stadtgemeinde im Innenhof des Dr. Karl Renner-Hofes in der Wöllersdorfer Straße einen Gedenkstein auf. Bundespräsident Renner besuchte nach Kriegsende immer wieder die leidgeprüfte Allzeit Getreue, um sich ein Bild zu machen und von politischer Seite den Wiederaufbau der österreichischen Stadt, die am stärksten unter den Luftangriffen gelitten hatte, zu unterstützen. Dr. Renner gehört die erste Eintragung im Steinernen Buch, das Bürgermeister Rudolf Wehrl 1946 anlegte und das seither im Rathaus aufbewahrt wird. Der Gedenkstein weist folgende Inschrift auf:

DR. KARL RENNER 14.12.1870–31.12.1950 STAATSKANZLER 1918–1920 BUNDESPRÄSIDENT 1945–1950. DEM BAUMEISTER DER ERSTEN UND ZWEITEN REPUBLIK ÖSTERREICH ANLÄSSLICH DER 100. WIEDERKEHR SEINES GEBURTSTAGES GEWIDMET VON DER STADT WIENER NEUSTADT.

Die Enthüllung des Gedenksteins am 12. Dezember 1970 nahm Bürgermeister Hans Barwitzius vor.

Literatur: Amtsblatt d. Stadt Wr. Neustadt vom 2. 1. 1971, Folge 1, S. 11.//Rathauskorrespondenz, Blatt 498/1970.//Rathauskorrespondenz 513/1970.

174 Gedenktafel „Erste kommunale Arbeiterwohnanlage der Republik Österreich"

(Wöllersdorfer Str. 21/Ecke Fliegergasse)
Die Gedenktafel bezieht sich auf eine großzügig angelegte, von dem für Wiener Neustadts jüngere Baugeschichte maßgeblichen Architektenteam Siegfried Theiß und Hans Jaksch geplante und Bürgermeister Hans Ofenböck in Auftrag gegebene Wohnhausanlage. Dieser erste große, 600 Wohnungen umfassende, zwischen 1918 und 1922 errichtete kommunale Wohnbau der Republik Österreich diente den Beschäftigten der Rüstungsunternehmen als Unterkunft. Das Bauwerk weist eine symmetrische Achse im Bereich Wielandgasse auf und ist auf das Portal der Fliegerkaserne (nun Flugfeld-Kaserne) ausgerichtet. Die Wohnhausanlage ist dreigeschossig

ausgeführt und mit Art-Deco-Elementen verziert, wobei der Fassadendekor kriegsbedingt leider eine Reduktion erfuhr. Die von der Firma Nemetz-Guss hergestellte Gedenktafel vermittelt den ideellen Hintergrund der architektonischen Konzeption, die weit mehr als nur Fassadenschmuck beinhaltet: „Die Anlage bringt eine soziale Grundauffassung zum Ausdruck, große Fenster, um den Wohnräumen Luft, Licht und Sonne zuzuführen, halboffene Bauweise, um die Bildung isolierter Ghettos zu vermeiden; Geschäftsfronten in der Wieland- und Matthias-Schönerer-Gasse sowie in der Wöllersdorfer Straße, um die Versorgung der damals noch weit außerhalb der Stadt wohnenden Menschen zu gewährleisten.“ Als Initiator der Gedenktafel, die sich in einer Grünfläche vor dem Wohnobjekt befindet, zeichnet der Wiener Neustädter Denkmalschutzverein verantwortlich, der sie im März 1990 aufstellen ließ.

Literatur: K. Flanner, Geschichte des öffentlichen Wohnbaus (Wiener Neustadt 1983).//K. Flanner, Der andere Stadtführer (Wr. Neustadt 1992) S. 54.//Rathauskorrespondenz, Blatt 108/1990.

ZEHNERGASSE

Der Name „In den Zehnern“ bedeutet so viel wie „in den Zäunen“ und erinnert an die Palissadenverschläge, durch welche um die Vorstädte eine zweite Verteidigungslinie entstand. Seit dem 19. Jh. besaßen viele Neustädter Bürger in der westlichen Vorstadt Gartengrundstücke, wo sie Gemüseanbau pflegten. Diese kleinen Besitzungen wurden, um sie vor fremden Zugriff zu schützen, mit Zäunen umgeben.

175 Ehemaliger Träger der Bahnunterführung

In einem aufwändigen im Jahr 2004 realisierten Bauprojekt musste die alte, den modernen Verkehrsbedingungen und strengen Sicherheitsnormen nicht mehr entsprechenden Unterführung durch eine großzügige Betonkonstruktion ersetzt werden. Im Zuge dessen kam es auch zu einer Neugestaltung der Verkehrssituation bei der Zehnergasse. Anstatt der Verkehrsinseln im Kreuzungsbereich der Wohlfahrtgasse – Pleyergasse – Haidbrunngasse – Trostgasse entstand ein großer Kreisverkehr in Form einer Acht. In dessen Grünfläche ist nun der Schneebergbrunnen eingebettet. Nur wenige Meter vom Brunnen entfernt, stehen auf einem Betonsockel zwei Träger der alten Eisenbahnunterführung, welche um 1930 in Form einer damals üblichen Warmnietkonstruktion hergestellt wurden. Bei seiner Sitzung am 25. Juni 2003 entschied der Gemeinderat der Stadt, die beiden Träger als Industrierelikt zu erhalten. Auf einer Tafel ist die Aufschrift zu lesen:

STEHERKONSTRUKTION DER EHEMALIGEN EISENBAHNBRÜCKE
ÜBER DIE KOLLONITSCHGASSE. ERRICHTET 1931
DEMONTIERT 2004.

Literatur: Amtsblatt d. Stadt Wr. Neustadt 2004, Folge 1, S. 15, Folge 6, S. 15, Folge 12, S. 23.//NÖN vom 29. 11. 2004, Nr. 49, S. 18.//Gemeinderatsprotokoll vom 25. 6. 2003.//Bauarchiv, Durchfahrt Vorstadt Nr. 238.

Schneebergbrunnen

Bei der Neugestaltung der Westeinfahrt in die Stadt im Bereich Zehnergasse-Wohlfahrtgasse-Pleyergasse sah das Verkehrskonzept vor, in die Grünfläche einer Verkehrsinsel einen Springbrunnen zu integrieren. Die geschwungene Brunnenanlage, ein Entwurf des Stadtgartendirektors Schulze, erhielt den Namen Schneebergbrunnen. Die Baukosten übernahm die Firma Neue Reformbaugesellschaft. Die Inbetriebnahme des Brunnens erfolgte am 1. September 1978.

Literatur: Amtsblatt d. Stadt Wr. Neustadt 1978, Folge 10, S. 5.//NÖN vom 6. 9. 1978, Folge 36, S. 1.//Rathauskorrespondenz, Blatt 554/1978.

176 Skulptur „Weibliche Begegnung“

(Zehnergasse 15, Schulgartengasse, Bundesgymnasium)

Der künstlerische Schmuck kam bei der Errichtung des neuen Mädchengymnasiums in der ersten Hälfte d. 60er Jahre des 20. Jhs. in Form eines Wettbewerbs zur Vergabe. Während Maximilian Melcher und Florian Jakowitsch den Zuschlag für Wandmalereien erhielten, bekam Kurt Ingerl den Auftrag, eine Plastik für den Schulgarten zu schaffen. Ingerl begann um 1960 hyperrealistische Figuren aus poliertem Lafarge-Beton, Gips oder, viel seltener, aus Bronze herzustellen. Im Vordergrund stand der weibliche Körper, gewissermaßen als Idol dargestellt, ging es ihm um die reine Form. Im Gegensatz zu anderen hyperrealistischen Figuren, welche in ihrer Gestalt von seinem Frauenwunschbild mit enger Wespentaille gekennzeichnet waren, galt es für die Skulptur am Schulareal das Stichwort „weibliche Integration" künstlerisch umzusetzen. Die 1965/66 realisierte und zwei Meter hohe Plastik besteht aus zwei Einzelfiguren aus polierter Bronze, die zueinander geneigt, den Eindruck vermitteln, in ein Gespräch vertieft zu sein. „*Die Figurengruppe wird zu einem tiefen Symbol der Schule und will sagen, dass es Aufgabe der Schule sei, zum Verständnis des DU zu erziehen. So geben die Figuren Frage und Antwort, Ruf und Echo*", ließ die Schulleitung damals verlautbaren. Die Plastik ist von der Schulgartengasse aus – auch außerhalb des Schulgeländes stehend – gut sichtbar.

Literatur: Jahresbericht 1965/66 des Bundesgymnasium für Mädchen (Wr. Neustadt 1966) S. 16.//J. Köck, Kurt Ingerl – Ein Leben für die Kunst. Teil 1: Biografie und Computerkunst (Mauerbach 2009) S. 33.

Liste einiger Naturdenkmäler in Wr. Neustadt

EZ	Baumart	Standort	Denkmal seit:
1	Schwarzföhre	nächst der Waldschule, zwischen Wehranlage, E-Werkkanal und rückw. Objekt der Waldschule	1927
2	Rotbuche	Akademiebad, 30 m südlich des Schwimmbeckenrandes	1927
3	Rotbuche	Akademiepark, 10 m südlich der Hauptallee, 70 m östlich d. Brücke d. Hauptallee über den Kehrbach	1927
4	Linde	Akademiepark, 10 m nördlich der Hauptallee, 50 m nordöstlich d. Brücke d. Hauptallee über den Kehrbach	1927
6	Blutbuche	Stadtpark, 20 m neben dem Denkmal Kaiser Franz Joseph I., 30 m von d. zum Kreisgericht führenden Fußgängerpassage	1982
7	Fächerblattbaum Ginkgo biloba	Stadtpark, nächst dem Wetterhäuschen, bei der zum Kreisgericht führenden Fußgängerpassage	1982
8	Platane	Stadtpark, nächst dem Wetterhäuschen, bei der zum Kreisgericht führenden Fußgängerpassage	1982
10	Hängeschnurbaum	Stadtpark, an der Hauptallee, zwischen der Teichanlage und dem Kleintierzoo	1982
11	Eibe	Stadtpark, 10 m vor dem Denkmal Joseph II., unmittelbar neben dem Geh- und Radweg	1982
12	Trauerblutbuche	Stadtpark, 50 m westlich des Denkmals Joseph II., neben dem Weg	1982
13	Tulpenbaum	Stadtpark, 20 m östlich des Europahauses	1982
14	Eiche, Camus-Eiche	Freiheitspark, Sudetendeutscher Platz	1977
15	2 Platanen	Wiener Straße zwischen Sta. Christiana und Brücke Fischabach	1988

Quelle: Mag. Abt. XIII, Stadtgartenverwaltung.

LISTE DER DENKMÄLER

Hypo-Brunnen
Maria Theresien-Monument
Denkmal Kaiser Franz Josephs I.
Portraitbüste Franz Josef Graf Kinskys
Denkmal „Der Ritter“
Gedenkstein „Im Dienst verunglückte Offiziere der 2. Republik“
Fliegerstein
Gedenktafel Gottfried Freiherr von Banfield
Gedenktafel „Felber-Eiche“
Wurzerstein
Kaiserstein
Jubiläumsstein 1902
Denkmal der 1.400
Dietrich-Monument
Steinobelisk auf dem Rosenhügel
Der Gnomon
Gedenktafel für Christoph von Habermayer
Haidbrunnen
Gedenktafel Dr. Paul Habetin
Wegkreuz
Wegsäule am Schafflerhof
Schafflerwegbrücke und Gedenktafel
Sgraffito
Portraitbüste Igo Etrich
Liese-Prokop-Brunnen
Gedenkstein „50 Jahre Badener Siedlung“
Gedenktafel Dr. Ludwig Zamenhof
Gedenktafel „Feuerwehrzentrale“
Statue „Göttin Ceres“
Kasematten
Heimkehrer-Gedenktafel
Gedenktafel „Im Kampf gegen den Nationalsozialismus getötete Eisenbahner“
Gedenktafel Anton Proksch
Gedenktafel „Synagoge“
Gedenktafel „Arbeiterheim“

Gedenktafel Otto Glöckel
Rabenturm
Sala Terrena – Barockes Gartenhaus
Teil der südlichen Stadtmauer
Gedenktafel „Historisches Straßenpflaster“
Gedenkstein „Heiliger Martin“
Historische Informationstafel „Burg und St. Georgskirche“
Bundespolizeidirektion – Frührenaissanceportale
Das große Renaissanceportal
Das kleine Renaissanceportal
Steinrelief „Heiliger Georg“
Türkenkugeln
Gedenktafel Prälat Dr. Leopold Ungar
Reste der Stadtbefestigung
Sgraffito „Falkenzucht“
Metallplastik „Der Aufstieg“
Bischofstor
Propsteigarten-Lapidarium
Postreiter
Gedenktafel „Michaelskarner“
Mosesbrunnen
Epitaph des Grabes von Zrinyi und Frangipani
Kriegerdenkmal „Eiserner Ritter“
Wertesäulen
Bodendenkmal „Absteckpunkt Dom“
Plastik „Heiliger Georg“
Gedenktafel Dr. Peter Schuster
Ehemaliger Eiskeller
Installation „Geschlossene Form“
Gustav-Kraupa-Brunnen
Kempen von Fichtenstamm-Kreuz
Gedenkstein zur Erinnerung an den österreichischen Widerstandskampf
Camus-Eiche und Gedenkstein
Schutträumerdenkmal
Sgraffito Friedrich III.
Steinquader mit Tafel „Wiener Neustädter Kanal“

Gedenktafel „Luftangriff 14. März 1945“
Europabrunnen
Wasserturm
Gedenktafel Franz Staub
Kapelle „Zum gefangenen Herrgott“
Barockportal
St.-Johann-von-Nepomuk-Statue
Grabdenkmal U20
Gedenkstein „tödlich verunglückte Militärakademiker“
Keramikmosaik „Heiliger Georg”
Gedenktafel Johann Baptist Haggenmüller
Historische Informationstafel „Rathaus“
Gedenktafel Julius Leopold Kinner
Mariensäule
Schrauthammerbrunnen
Erinnerungsmal „Blutgericht 1522“
Bombengedenksäule
Gedenktafel „Sturmkatastrophe 1946“
Gründungspunkt der Stadtanlage 1192
Gedenktafel Carl Erzherzog von Österreich
Gedenktafel Ludwig Neumayr
Gedenktafel Blasius Höfel
Heimkehrerdenkmal
Metallplastik „Stapelung“
Gedenktafel August Sauer
Gedenktafel „Stadttheater“
Gedenktafel HR Dr. Rudolf Rudolz
Gedenktafel Anton David Steiger
Bodendenkmal „Äußeres Fischauertor“
Büste und Gedenktafel Rudolf Steiner
Plastik „Hommage à Sophia Loren“
Plastik Friedrich II. „Der Streitbare“
Skulptur „Sonne“
St.-Johann-von-Nepomuk-Kapelle
Robert-Stolz-Büste
Dreifaltigkeitssäule
Gedenktafel Paul Johannes Schlesinger
Gedenktafel Ernst Kernstock
Gedenktafel „Utøya-Park“
Gedenktafel Ferdinand Ebner

Gedenktafel „Straßenpflasterung“
Geburtshaus und Gedenktafel Josef Matthias Hauer
Gedenktafel Johann Baptist Zelpi
Gedenktafel Josef Ferdinand Wasshuber
Inschriftentafeln „Zrinyi und Frangipani“
Torbogen „Liesinger Brauhof“
Sgraffito „Hohe Brücke“
Raaber Kreuz
Gedenktafel Prior Alberich Rabensteiner
Gedenktafel Cristobal de Castillejo
Gedenktafel „Mozartrequiem“
Gedenktafel Bernhard Schwindl
Renaissancebrunnen
Gedenktafel „Heinrich von Neustadt“
Gedenktafel Napoleon Bonaparte
Kuckucksuhr
Gedenktafel Peter von Pusika
Meridian- oder Liesganigsäule
Monolith, Nördlicher Basis-Endpunkt
Pernerstorfer Brunnen
Gedenktafel „Arbeiterwohnhäuser“
Römisches Steinkistengrab
Gedenkstein „50 Jahre Gemeindevertreterverband“
Ziegeldenkmal
Gedenktafel Dr. Wilhelm Waldstein
Torbogen der alten Lokomotivfabrik
Werkslokomotive „Fanny“
Denkmal hingerichteter Rax-Werk-Arbeiter
Denkmal betreffend das KZ in der Serbenhalle
Steinsäule
Installation
Sgraffito „Mittelalterliche Stadtbefestigung“
Reckturm
Gedenktafel Franz Staub
Bronzetafel „Priv. unif. Bürgerkorps“
Büste und Inschrift Johann Heinrich Pestalozzi
Gedenktafel Heinrich Himmelberger
Franz-Schubert-Brunnen
Gedenktafel „Luftangriff“
Einmannbunker

Porschedenkmal
Monumentalplastik „Tägliches Brot“
Inschrift „Brand 1834“
Denkmal Kaiser Franz Joseph I.
Biedermeier-Gartenhäuschen
Denkmal Kaiser Joseph II.
Schubert-Denkmal
Musikpavillon
Jüdische Grabsteine
Südwestlicher Eckturm „Jakoberturm“
Matthias-Corvinus-Denkmal
Raptus-Gruppe
Gedenktafel „Opfer der Gestapo“
Gedenktafel „Auerbergl“
Wetterhäuschen
Bildstock mit St. Nepomuk Statue
Raiffeisen-Brunnen
Einmannbunker
Carl-Szokoll-Denkmal
Skulpturengruppe E4 + W4
Gedenktafel Ferdinand Carl Boeheim
St.-Johann-von-Nepomuk-Statue
Gedenktafel „Kanalhafen“
„Programmierte Struktur“ von Prof. Kurt Ingerl
Oskar-Helmer-Denkmal
Spinnerin am Kreuz
Steinsäule „Das lukerte Kreuz“ bzw. „Luka Kreuz“
Gedenktafel „Schiffswerft“
Gedenktafel Gustav von Festenberg
Fellerer-Brunnen
Gedenktafel Friedrich von Flotow
Sgraffito „Wienertor“
Rest einer Römerstraße
Steinkruzifix oder Pestkreuz
Informationstafel „Jesuitenkirche“
Kaiserbrunnen
Schwabbänk
Dänklkapelle
Maculan-Brunnen
Denkmal der vertriebenen Sudetendeutschen

Sowjetischer Soldatenfriedhof
Grabdenkmal der Gendarmerie
Gefallenendenkmal „Flamme“
Gedenkstätte für die Opfer des Zweiten Weltkrieges
Denkmal der Opfer des Faschismus und des Bombenkrieges
Denkmal „Opfer der Wirbelsturmkatastrophe 1916 und Brandkatastrophe in der Wöllersdorfer Munitionsfabrik 1918“
Grabanlage der italienischen Kriegstoten
„84er Obelisk“
Grabmonolith „Dragoner-Regiment Nr. 2“
Gedenkstätte für totgeborene Kinder und Fehlgeburten
Denkmal im Dienst verunglückter Angehöriger der K. u. K. Artillerie
Grabtafel „Zrinyi und Frangipani“
Grabdenkmal der Freiwilligen Feuerwehr
Gedenktafel Dr. Josef Wedl
Mittelalterliche und frühneuzeitliche Grabsteine (Judenfriedhof)
Mahnmal „Februar 1934“
Torso „Wieland der Schmied“
Gedenktafel Dr. Karl Renner
Gedenktafel „Erste kommunale Arbeiterwohnanlage der Republik Österreich“
Ehemaliger Träger der Bahnunterführung
Schneebergbrunnen
Skulptur „Weibliche Begegnung“

BILDQUELLENNACHWEIS

Sammlung Georg Habitsch:
9, 10, 12, 16, 18, 39, 51, 55, 62, 75, 85, 91, 96, 108, 113, 119, 131, 136, 139, 143, 145, 146, 155, 161, 168, 169

Sammlung HR Prof. Dr. Erwin Reidinger:
53, 79, 84

Mag. Abt. 12, Presseamt:
57, 73

Bildungszentrum Traiskirchen:
58

Alle anderen Fotos: Stadtarchiv Wr. Neustadt